Silvio Galli

PER ME ERA MIO PAPÀ

Alberto Galli
il pensiero e le parole di un uomo cattolico
al servizio della politica e della comunità
(1953/1990)

BOOKMOON SAGGI

Ringraziamenti

Alessandro Patelli
Associazione Consiglieri regionali della Lombardia
Fondazione Bergamo nella Storia
Fondazione Dalmine
Mario Fiorendi, C.I.S.L.
Rossana Maffioletti

A mia mamma che ha permesso che tutto questo avvenisse.
A Tullia, Emma e Ilaria che mi hanno aiutato
nel lavoro di preparazione del libro, nel ricordo di un nonno speciale.

ndr
I testi con i relativi titoli che seguono sono stati trascritti integralmente riportando le note e le sottolineature ritrovate nei documenti originali.
La prefazione e le testimonianze sono in ordine alfabetico con le cariche che gli Autori hanno ricoperto negli anni di attività politica di Alberto Galli.
Tutte le citazioni che sono inserite nel libro fanno parte di appunti di Alberto Galli.
Le fotografie di pagg. 39 e 41 sono tratte da "l'Oratorio dell'Immacolata 1903-2003"

Indice

INTRODUZIONE di *Silvio Galli*   13

PREFAZIONE di *Piero Bassetti*,
Primo Presidente Regione Lombardia D.C. 1970/74   19

TESTIMONIANZE di
Daniela Benelli, Consigliere Regione Lombardia P.C.I. 1980/1990   21
Andrea Gibellini, Duca di Piazza Pontida 1981/1986   23
Matteo Morandi, Segretario Provinciale D.C. 1983/1987   29
Carlo Salvioni, Consigliere dal 1975 al 1995
e Vice Sindaco del Comune di Bergamo, P.S.I. 1985/1990   31

BIOGRAFIA   35

DATE STORICHE DI RIFERIMENTO   36

INTERVENTI, DISCORSI, INTERVISTE, RELAZIONI E ARTICOLI
DI ALBERTO GALLI   43

- INTERVENTO IN RAPPRESENTANZA DELLA CISL MAGRINI
al Convegno Unitario delle Commissioni Interne delle aziende
metallurgiche bergamasche, Dalmine, 25 ottobre 1953   45

- RELAZIONE INTRODUTTIVA alla Giornata di studio
della S.A.S. Magrini, Clusane, 21 maggio 1960   47

- TEMPI NUOVI MENTALITÀ VECCHIE, Articolo
da Vita Sindacale Bergamasca, 15 febbraio 1962   53

- INTERVENTO COME SEGRETARIO DEL COMITATO CITTADINO D.C.
Assemblea Nazionale Organizzativa della D.C.,
Sorrento, novembre 1964   54

- RIFLESSIONI SULLA CRISI
La Cittadina, Anno VI n. 3, marzo 1966   58

- Per una D. C. Interprete e Guida della Comunita' Cittadina
Mozione N. 1, Assemblea Cittadina, Bergamo, 3 - 4 dicembre 1966   60

- Discorso Programmatico Al Comitato Cittadino D.C.
come Segretario, 13 gennaio 1967   65

- Il Partito e le Scelte Concrete per i Compiti
degli Anni '70, del Segretario Cittadino D.C. Alberto Galli
Il Campanone, 5 novembre 1967   69

- Punti Fermi contro la Violenza
La Cittadina, Anno IX n. 11 novembre - dicembre 1969   71

- VI Convegno Provinciale di Studio
della Democrazia Cristiana, Discorso Conclusivo
Collegio di Celana, 27 aprile 1969   73

- Partecipazione dei Cittadini all'esercizio
della Funzione Amministrativa, brevi note di Alberto Galli
Il Campanone anno XXV, n. 11, 27 novembre 1971   81

- Per la Riconferma di una Politica di Progresso
al Servizio della Città,
Assemblea Cittadina, Bergamo, 26 novembre 1972   83

- Atti Consiliari Regione Lombarda
I Legislatura - Resoconto delle discussioni, seduta del 13 aprile 1972   88

- Discorso Sulla Resistenza come Consigliere Regionale D.C.
Palazzago, 25 aprile 1973   90

- Discorso in Occasione della Festa Nazionale
del 4 Novembre   93

- Atti Consiliari Regione Lombarda
I Legislatura - Resoconto delle discussioni, seduta del 1° aprile 1974   95

- Per Un Rinnovato Impegno della D. C. al Servizio
delle Diverse e Mutate Esigenze della Societa' Italiana
Relazione al Comitato Regionale Lombardo D.C. come Segretario
5 aprile 1975, *I supplementi di Politica Nuova* n. 1, 1975   101

- Conferenza su Don Luigi Sturzo, Caravaggio, 19 aprile 1975   121

- Intervento alla Direzione Nazionale D.C.
come Segretario Regionale, Roma, 22 luglio 1975   128

- Relazione all'Assemblea del Comitato Regionale Lombardo D.C.
Capriate S. Gervasio, BG, 15 novembre 1975   130

- Zaccagnini all'Assemblea Regionale della Dc tenutasi a
Capriate Tre Domande al Segretario Regionale Dc
La Domenica del Popolo, 30 novembre 1975   157

- Intervento Al Comitato Regionale D.C
come Segretario Regionale, 25 febbraio 1976   159

- Intervento Al Comitato Regionale D.C.
come Consigliere Regionale, Milano, 5 febbraio 1977   170

- Atti Consiliari 2010 Regione Lombarda
II Legislatura - Resoconto delle discussioni - Seduta del 30 giugno 1977   175

- Lettera dell'on. Mario Pedini,
Ministro per i Beni Culturali e Ambientali, Roma, 1 settembre 1977
Risposta all'on. Mario Pedini, Bergamo, 7 settembre 1977
Allegato alla Risposta all'on. Mario Pedini   179

- Atti Consiliari Regione Lombarda
II Legislatura - Resoconto delle discussioni - seduta del 15 dicembre 1977   194

- Discorso in Consiglio Regionale sul Tema dell'Aborto
Milano, 1978   197

- Introduzione al Volume II degli Atti del Convegno *Economia,
Istituzioni, Cultura In Lombardia Nell'età Di Maria Teresa*, 1982   202

- Intervento al Seminario *Istituzioni e Comunicazione:
il Rapporto tra Livelli di Governo e Partecipazione*
Milano, 9 aprile 1984   211

- Intervista all'assessore Regionale alla Cultura
Vita Lions, n.4, 31 gennaio 1985   213

- Cultura e Turismo secondo Galli
Intervista all' Assessore regionale alla Cultura, *La Cervetta*, 1985   216

- Il VI Congresso Regionale
Nuovi Confronti, anno 2 n. 1, gen/febb 1990   219

Inshallah

In šā' Allāh (in arabo: إن شاء الله) è un termine in lingua araba che significa "Se Dio lo vuole" e sta a indicare la speranza di un credente musulmano affinché un evento possa accadere in avvenire. Una traduzione più libera potrebbe essere "a Dio piacendo".

Introduzione
di Silvio Galli

Sono passati vent'anni da quella domenica di luglio. Alberto Galli, il mio papà, era nel pieno della maturità, e aveva ancora davanti a sé tanti anni da vivere. Il destino, tragico e crudele, in uno dei luoghi che più amava - la *verde* Valle Imagna decantata dall'Abate Stoppani -, ha voluto diversamente.

In questo momento i ricordi si accavallano ai rimpianti. Spero di poter dare loro un filo logico e un senso compiuto.

Per me era mio papà.

Il papà che mi ha insegnato ad andare in bicicletta e mi ha dato una linea da seguire nella vita. Che l'abbia individuata e presa con consapevolezza fin da ragazzo questo è un altro discorso. E' il papà che, da ragazzino, mi ha insegnato a leggere il giornale tutti i giorni per essere informato su quello che accadeva nel mondo e non solo nel mio quartiere. Ma, cosa puntualmente avvenuta, ero anche il ragazzino che sapendo che lui avrebbe gradito che frequentassi l'Oratorio dell'Immacolata è finito a S. Giorgio dai Gesuiti; o era altresì certo che avrei imparato a giocare a tennis con i miei amici e non con lui che era stato discreto giocatore a livello provinciale negli anni '50. Di sicuro posso dire che, questa linea, penso di averla ad un certo punto trovata, di averla persa e poi ritrovata, certamente non da adolescente o da giovane uomo.

Ho cominciato a comprendere la figura politica di Alberto Galli quando, fresco di laurea, ho iniziato a lavorare a Milano all'inizio degli anni '80. Ho solo da poco compreso appieno la statura politica di Alberto Galli quando nel sistemare le carte di famiglia, ho aperto i cassetti della libreria nella casa in via Baschenis 7 e ho trovato delle carte che aveva conservato, poche rispetto a quelle che pensavo di trovare. Non so perché lo abbia fatto, non ne abbiamo mai parlato; immagino che se avesse deciso di tenere qualche migliaio di pagine (discorsi, relazioni,

con Silvio al parco della Rocca di Bergamo, dicembre 1962

Alberto Galli ventenne giovane promessa tennistica

articoli, diari) fra le decine di migliaia di una cinquantina d'anni di vita sindacale e politica, un motivo ci sia stato.

Sono partito da questa considerazione per andare alla scoperta (straordinaria per certi versi, anche perché vissuta nella mia piena maturità) di una figura politica che partendo dal basso è diventata qualcuno ma che, anche quando è stata qualcuno, non ha mai perso di vista il proprio punto di origine. E questo, a mio avviso, è stato un gran bel modo di porsi nei confronti della società e della vita.

Per me ragazzino incontrare e frequentare (in casa, a Locatello, in Città Alta, a Bratto, sul Sentierone, all'Atalanta, al Donizetti) tutti quei personaggi cittadini (il Virgilio, il Titta, l'Enrico, il Pippo, il Matteo, il Beppe e cento altri) che solo a posteriori ho scoperto essere "qualcuno" in città, non era cosa che mi dava particolari eccitazioni.

Non ho vissuto certamente in modo tranquillo il rapporto con mio papà negli anni della mia adolescenza. Ho cominciato a ricucire gli strappi di quegli anni quando insieme abbiamo ragionato sulla mia tesi di laurea. Ci siamo confrontati per un annetto nella stesura e ho capito che avevo raggiunto un traguardo per lui significativo e importante quando, a tutti i costi, ha voluto accompagnarmi a Milano il giorno della tesi, acquistando di nascosto e, ovviamente, contro il mio parere, le fotografie della cerimonia. Di lì a pochi mesi ci tenne a ricordare, con malcelato orgoglio, quei momenti al prof. Rainero, il mio relatore, che era andato da lui, assessore alla cultura della Regione Lombardia, per un convegno organizzato dall'Università degli Studi di Milano e non quale altro Ente.

Negli anni successivi ho in mente alcuni episodi della mia vita lavorativa ai quali ha partecipato pur senza alcuna carica pubblica e questi ricordi, quando riaffiorano, mi tengono sempre dolce compagnia: alla Scala, in Santa Maria Maggiore, al Donizetti, a Venezia, al Palazzo della Ragione alla mostra *Tesori Miniati*, a New York al Palazzo delle Nazioni Unite, quando stava vivendo un piccolo ma importante momento pubblico organizzato dal figlio in un luogo simbolo e pieno di significati per chi, come lui, aveva vissuto la guerra e le speranze postbelliche di un mondo nuovo.

alba all'Ahaggar (Sahara algerino) a 2750 metri, marzo 1989

Per me era mio papà.

Mi ricordo ancora la sua faccia stupita quando ha saputo che avrei lavorato a Bergamo, in Comune all'ufficio protocollo come trimestrale nell'estate dopo la laurea, prima di iniziare a lavorare a Milano in autunno. L'averlo saputo a cose fatte è stato per lui motivo di stupore ma anche di orgoglio (confidenze fatte in privato a mia mamma, e non a me direttamente). Già giravano sul Sentierone voci che lui aveva *piazzato* il figlio in Comune per chissà quale lavoro di alto profilo dirigenziale. Il figlio invece era andato all'ufficio di collocamento a sua insaputa (cosa che, peraltro, avveniva normalmente) ad iscriversi nelle liste e da lì era stato "comandato" nel sottotetto di Palazzo Frizzoni a protocollare per tre mesi la posta in arrivo e partenza del Comune.

Per me era mio papà.

E' scomparso troppo presto e il nostro (mio e di Tullia) più grosso rimpianto è per quello che avrebbe potuto dare e dire alle sue nipotine, Emma e Ilaria, e per quello che loro avrebbero potuto fare con il nonno Alberto.

Un altro mio grande rimpianto è non aver potuto parlare con lui della sua vita politica.

L'ho fatto idealmente in questi ultimi due anni dialogando con lui per cercare di capire cosa aveva scritto, cosa voleva dire con quell'appunto sull'Enciclica *Populorum*

con le nipoti Emma e Ilaria, Monte Bondone, estate 1994

Progressio, o con quell'aforisma di Albert Camus citato nel discorso del 1977 in Consiglio Regionale.

Lo faccio adesso con questo libro che contiene una selezione di scritti, discorsi, appunti che coprono una cinquantina d'anni di vita pubblica dell'Alberto Galli sindacalista (Magrini e CISL), uomo politico (della D.C. dalla cittadina a Roma), uomo delle Istituzioni (in Regione Lombardia da Consigliere e Assessore alla Cultura). Gli scritti che ho trovato in casa, cui ne ho aggiunti solo pochi altri, trovati grazie ad alcuni amici, sono tutti di quegli anni. C'è stato anche l'Alberto Galli, animatore della vita dell'Oratorio dell'Immacolata, da dove è partito alla scoperta della vita pubblica ma di quei tempi giovanili, purtroppo, non ho che qualche fotografia e locandina degli spettacoli teatrali in Sala Greppi.

Alberto Galli è figlio di una generazione che ha vissuto gli anni oscuri del fascismo e della guerra con l'occupazione nazifascista. Ha avuto il fratello maggiore, lo zio Gigino primogenito, ucciso tragicamente a Seriate il 27 aprile 1945 in uno scontro a fuoco con la colonna Farinacci che stava scappando da Cremona verso la Svizzera. Nel libro è riportato un discorso sulla Resistenza e sui suoi valori che ha tenuto nel 1973 a Palazzago; c'è un discorso sul 4 novembre; ci sono discorsi e relazioni tenuti in ambiti strettamente politici o pubblici; ci sono discorsi e sono trattate tematiche che a distanza di decenni possono sembrare superate ma che, a mio avviso, sono di una modernità e di una attualità impressionanti. Non sono uno storico politico di professione e va da sé che posso dare una lettura di parte a quanto ho avuto modo di leggere e trascrivere nel libro ma non posso non fare comparazioni con quanto sento e leggo tutti i giorni.

Per me era mio papà.

Non ho rimpianti su quanto mi avrebbe potuto dare in più perché quello che mi ha dato ce l'ho dentro e nulla me lo può portar via. Qualità del rapporto certamente più che quantità dello stesso (ci sono stati anni, tanti, dove, pur dormendo sotto lo stesso tetto, ci si vedeva una volta alla settimana, la domenica, a causa dei suoi mille impegni politici).

Mi piace soprattutto ricordarlo nei luoghi del mondo che lui amava particolarmente.

Della *traditrice* Valle Imagna ho già detto. Ginevra e Algeri sono stati altri suoi luoghi del cuore, città dove abitavano due dei suoi fratelli, per i quali lui si è trovato ancor prima dei vent'anni primogenito e *pater familias*.

Ho avuto la fortuna di fare con lui un viaggio nel deserto del Sahara algerino, il suo vero luogo del cuore.

Abbiamo vissuto un'esperienza *al limite* per dieci giorni -noi due con una guida algerina - dormendo *à la belle étoile*, nel più grande hotel *stellato* del mondo, rifugiandoci solo per una notte nella jeep durante una improvvisa tempesta di sabbia, mangiando quello che ci cucinava Bezra al fuoco del bivacco serale, lanciandoci a perdifiato dalle dune più alte, andando a messa all'alba a 2750 metri, trovando incisioni rupestri preistoriche che in pochissime persone avevano avuto la fortuna di vedere prima di allora. A posteriori posso affermare che è stato il *viaggio della vita*, un qualcosa che ti lascia il segno e che niente e nessuno mi potrà mai togliere.

A sessant'anni posso tranquillamente dire che l'*altro* viaggio della mia esistenza è stato molto "agréable" (ho volutamente usato un termine in francese perché mi ricorda quanto la lingua e la cultura di quel paese siano stati per lui degli importanti punti di riferimento) e riconosco di essere stato molto fortunato ad avere in casa un Maestro di vita come lui. Gli devo tanto e spero che la pubblicazione di questo volume possa anche solo in minima parte ricambiare quanto ho ricevuto.

In questi vent'anni ho avuto tante, bellissime, a volte commoventi testimonianze di Alberto Galli da persone bergamasche ma anche "milanesi" e "romane" che l'hanno conosciuto. Sono certo che la sua figura, le sue parole, le sue opere rimarranno per tanto tempo nella mente di queste persone.

Mi piace pensare che questo libro rappresenti una sorta di testamento pubblico dell'Alberto Galli, uomo cattolico al servizio della comunità, e che la sua statura politica ed umana non vada persa nell'inesorabile scorrere del tempo moderno.

Per me era mio papà ma quanto da lui fatto da personaggio pubblico non può e non deve morire con lui.

visita della Giunta Regionale, Bergamo, 26 novembre 1971
da sinistra Vito Sonzogni, Piero Bassetti, Severino Citaristi, Alberto Galli

Prefazione
di Piero Bassetti

Quando Silvio Galli mi ha chiesto qualche parola di prefazione per il libro sul suo Papà - il caro e certamente non dimenticato Alberto Galli - un'onda di commozione mi ha preso alla gola.
Certo che lo ricordavo!
E so benissimo perché: lo annoveravo, infatti, e lo annovero ancora oggi, tra le persone più care tra quante mi sono state vicine in quella che resta per me l'indimenticabile esperienza della costituzione della Regione Lombardia e della sua prima Presidenza. Di questa il Consigliere Alberto Galli è stato infatti non solo uno dei protagonisti ma certamente anche uno dei più amabili interpreti. In lui dolcezza e determinazione tutta bergamasca si saldavano a perspicacia politica e grande equilibrio.
Basta scorrere gli atti del primo Consiglio Regionale per ricordarsene e persuadersene: mai uno strappo e sempre invece equanimità e equilibrio. Quando c'era bisogno di un contributo di pacatezza e oggettività, al di sopra di ogni malintesa pregiudizialità o faziosità, era a lui che io, ma non soltanto io, bensì tutto il gruppo DC, ricorrevamo con affettuosa convinzione.
Ricordarlo e ricordarmene mi sembra allora, oltre che cosa giusta, anche cosa quanto mai opportuna in questo tempo di così scarsa presenza in politica di serenità, equanimità, rispetto reciproco.
Non è infatti per caso che oggi si senta sempre più spesso rimpiangere la Prima Repubblica!
Il fatto è che il livello di razionalità e rigore morale di quasi tutti gli uomini impegnati a fare politica in quella difficile ma interessante fase storica di riforma della nostra realtà statuale, era ben più alto.
E veniva fornito proprio dalla presenza di uomini che, come il Consigliere Alberto Galli, nella politica volevano coltivare non tanto interessi bensì valori.
Giusto quindi ricordarlo e farlo esaltandone i meriti.
A suo figlio Silvio l'augurio di saperne incarnare l'esempio.

Testimonianze

primum vivere deinde philosophari
(prima vivere, poi filosofare)
Hobbes

ALBERTO GALLI, UN GENTILUOMO D'ALTRI TEMPI
di Daniela Benelli

La prima cosa che mi viene in mente ricordando Alberto Galli a distanza di molti anni è che era una persona garbata, gentile e paziente. Il suo stile di politico era improntato a quella mitezza che Norberto Bobbio, elogiandola, ha definito "la più impolitica delle virtù" ("una virtù debole ma non la virtù dei deboli"). L'esatto opposto di quello che va per la maggiore in politica, oggi assai più di ieri. Ma oggi come ieri i gentiluomini sono merce rara in politica, e Alberto Galli era uno di questi: un gentiluomo d'altri tempi. Credo che questa definizione non gli dispiacerebbe.

L'ho conosciuto in Consiglio regionale nella prima metà degli anni Ottanta, durante il mio primo mandato. Galli aveva già alle spalle una storia politica e istituzionale come dirigente della DC e amministratore, io ero alla prima esperienza amministrativa, ancora in preda ad "astratti furori" (astratti, non eroici, come preciserebbe Vittorini) e a quel tanto di baldanza giovanile che ti fa sentire nel giusto più del dovuto. Il fatto poi di essere nel più forte gruppo all'opposizione, il PCI, e di occuparmi soprattutto di cultura, mi rendeva controparte diretta di Alberto Galli, che in quegli anni era l'assessore alla cultura della Regione. Motivo del contendere era una diversa visione di cosa doveva essere una politica per la cultura: per me un disegno progettuale a tutto tondo, privo di incoerenze e sbavature; per Galli un fare di necessità virtù, esercitando, coi piedi ben piantati a terra, quella capacità che oggi si chiamerebbe resilienza. Ai miei eccessi polemici Galli rispondeva sempre con grande pacatezza e con una famosa citazione latina che era un po' il suo motto: "primum vivere deinde philosophari" . Col senno di poi, e con tanta esperienza amministrativa alle spalle, è facile riconoscere che si trattava di sano pragmatismo e giustificato realismo.

La contesa di fondo, e gli opposti schieramenti, non ci hanno impedito di collaborare quando si trattava di cose importanti. Soprattutto una, che ricordo ancora con soddisfazione: il lavoro di elaborazione della legge regionale sulle biblioteche (Legge regionale 14 dicembre 1985 n.81) condotto, sia pure da opposti versanti, in un vero spirito costruttivo. È stata una delle più importanti leggi di settore, rimasta in vigore invariata per oltre un ventennio, che ha modernizzato il servizio regionale di pubblica lettura e reso le sue biblioteche tra le più curate, attrezzate e apprezzate del Paese. A questo progetto lavorammo fianco a fianco in consiglio regionale e in moltissimi incontri sul territorio, sempre con lealtà e reciproca fiducia. Facemmo insomma della buona politica, quella che mette il bene di tutti al di sopra degli interessi di parte.

Ne è nata una stima, spero ricambiata, che ha reso per me molto triste la sua assenza dal Consiglio regionale nel quinquennio successivo. Mi spiacque sinceramente la sua mancata elezione e volli farglielo sapere. Perché spesso la vita politica riserva immeritate amarezze, soprattutto per chi è dotato della "più impolitica delle virtù". Col rimpianto di non averlo fatto allora vorrei dedicare a Alberto Galli queste parole di Bobbio: "Amo le persone miti perché sono quelle che rendono abitabile questa 'aiuola', tanto da farmi pensare che la città ideale non sia quella fantasticata e descritta sin nei più minuti particolari dagli utopisti, dove regna una giustizia tanto rigida e severa da diventare insopportabile, ma quella in cui la gentilezza dei costumi sia diventata una pratica universale."

riunione conviviale al Ducato di Piazza Pontida, Bergamo, 1985

ALBERTO GALLI E IL DUCATO DI PIAZZA PONTIDA
di Andrea Gibellini

Un giorno del recente passato la conversazione con Silvio Galli, avvenuta in uno dei frequenti viaggi per il Festival Pianistico Internazionale di Brescia e Bergamo, ha toccato il Ducato di Piazza Pontida, le sue origini nella notte di San Silvestro del 1923 davanti alla Torre ai Caduti da poco ultimata, la mia elezione a settimo Duca, deliberata dal Senato Ducale il 21 dicembre 1980, le attività che si realizzarono nel sessennio del mio mandato.
Confesso subito che gli accenni al Ducato di Piazza Pontida nei termini delineati sono ora propedeutici al ricordo che Silvio mi ha chiesto di suo Padre, attingendo ai momenti d'incontro che ebbi con Lui proprio nell'ambito del Ducato.
Fino ai primi giorni del mio impegno in questo nuovo settore di attività non conoscevo Alberto Galli di persona. Lo conoscevo, invece, attraverso la Stampa che informava del suo impegno politico nel partito della Democrazia Cristiana, mi accadeva di salutarlo nelle cerimonie cittadine alle quali partecipavo in rappresentanza della Banca Popolare di Bergamo ed in qualche iniziativa dello stesso partito della Democrazia Cristiana.
Grazie al Ducato, la mia conoscenza di Alberto assunse, via via, contorni sempre più marcati e con essi si svilupparono sentimenti di stima e di cordialità che, nel volgere di poco tempo, si qualificarono come sentimenti di amicizia, attraverso i quali maturò la vicinanza di Alberto al Ducato come sodalizio di cultura e di folclore e come centro cui facevano capo le migliori tradizioni della Terra bergamasca.
Nel 1980 il processo istituzionale della creazione delle regioni a statuto ordinario, avviato con le elezioni del 7 e 8 giugno del 1970, era ormai ultimato da alcuni anni. Il sentimento popolare aveva manifestato il proprio favore con una partecipazione al voto superiore al 92%. Gli elettori iscritti nelle liste furono 30.877.491 ed i votanti 28.547.643. In Lombardia la Democrazia Cristiana fu il primo partito, con un consenso espresso dal 40,9% del votanti, ed il Partito Comunista il secondo, con una percentuale del 23,1%.
Alberto Galli, che aveva da sempre lavorato lealmente nel partito con la predilezione per una delle correnti che si erano formate all'interno dello stesso, godeva di larga stima a tutti i livelli, da quelli locali a quelli centrali fino al Segretario del partito. La sua personalità ed il suo impegno furono valutati positivamente dagli elettori e, una volta entrato nel Consiglio regionale, fu preposto, nel rispetto dei regolamenti, all'Assessorato alla cultura che resse dal 1980 al 1985.
Lui, che mi conosceva per la posizione che rivestivo nella Banca Popolare di Bergamo come condirettore generale, mi aveva fatto sapere, per il tramite del comune amico Avv. Tino Simoncini, che avevo da poco confermato nella funzione di Duca Vicario per la Città di Bergamo, di aver apprezzato la mia decisione di mettermi a disposizione del Ducato di Piazza Pontida con l'obiettivo di svilupparne l'attività secondo il programma annunciato il giorno della mia elezione e confermato, con indicazioni articolate, il 22 febbraio 1981, giorno della cerimonia della mia "incoronazione".

La lettura che diedi a tale riconoscimento mi aveva indotto a ritenere che vi fosse la disponibilità della Regione, ed in via principale dell'assessore Alberto Galli, a sostenere economicamente le iniziative del Ducato. Convinto di ciò, trovai subito il modo di avere un incontro con Lui, favorito dalla presentazione di Tino Simoncini.

Per non entrare direttamente nel merito del sostegno economico alle iniziative del Ducato, avviai e sviluppai la conversazione con Alberto parlando dell'attualità politica, dei movimenti studenteschi nati in Francia nel 1968 ed estesisi, negli anni successivi, ad altri Paesi europei, compresa l'Italia, della formazione delle autodeterminate "brigate rosse" e della crisi economico-finanziaria scatenata dallo shock petrolifero del 1974.

Dalle valutazioni di Alberto Galli, sulle quali, nello svolgersi della conversazione, espressi più volte la mia condivisione, emerse una ricostruzione obiettiva degli accadimenti di quel decennio che impegnarono gli uomini responsabili della politica italiana nella adozione di misure che furono ritenute compatibili con gli interessi del Paese, tenendo conto anche delle pressioni esercitate dalle Organizzazioni sindacali. Lo statuto dei diritti dei lavoratori, promulgato con la legge del 20 maggio 1970, appartiene a quel periodo. Le tensioni sociali, alimentate anche dalle frequenti azioni proditorie e spesso mortali ascritte alle Brigate Rosse, destarono gravi preoccupazioni, al punto che la pace sociale fu preferita alle misure di austerità che sarebbero state necessarie per affrontare la crisi con successo. Tale opzione, però, costò un'inflazione che in pochi anni raggiunse il 25%, causando, di conseguenza, un forte incremento del debito pubblico per effetto, soprattutto, dell'aumento, oltre il 20%, dei tassi d'interesse che il Tesoro dovette corrispondere ai sottoscrittori ed ai portatori dei titoli dello Stato.

La tragica sorte che toccò ad Aldo Moro con l'agguato ed il sequestro del 16 marzo 1978, la lunga prigionia e la spietata uccisione avvenuta il 9 maggio successivo, nonostante l'appello accorato e la preghiera fervente di Papa Paolo VI, venne in quell'incontro evocata da Alberto Galli con grande rispetto e con qualche fremito di emozione che io stesso condivisi.

In quell'occasione non si parlò del possibile compromesso con il Partito Comunista, che sembrava vicino, mentre un rapido accenno venne fatto al Partito Popolare Italiano, a Don Luigi Sturzo, al documento di Alcide de Gasperi che fu assunto, nel 1943, come atto di fondazione della Democrazia Cristiana, adottando lo stemma del Partito Popolare. Furono i nostri, a questo riguardo, soltanto accenni di carattere storico che per Alberto Galli rappresentarono, però, la base sulla quale aveva fondato la sua formazione politica.

A questo punto fu proprio Alberto ad invitarmi a parlare più specificamente del Ducato di Piazza Pontida, facendomi capire che il suo Assessorato avrebbe potuto sostenere qualche iniziativa. All' invito risposi con un grazie suggerito dal cuore, anche perché i miei programmi di sviluppo delle attività del Ducato presupponevano la raccolta di fondi in misura adeguata, oltre alla collaborazione di alcune decine di volontari che si facessero carico della organizzazione e della esecuzione delle singole iniziative, come approvate dall'organo amministrativo presieduto dal Duca, denominato Consiglio della Corona.

Parlare del Ducato, come mi chiese di fare Alberto Galli, significava gettare uno sguardo al passato, soffermarmi brevemente sul presente e guardare avanti per inquadrare il futuro del Sodalizio.

Iniziai la mia esposizione precisando che avevo accettato la carica di Duca con il proposito di fare qualcosa di utile per la comunità bergamasca alla quale appartenevo e dalla quale avevo ricevuto amicizia e tanto bene, come l'educazione, l'istruzione ed il lavoro in posizioni di alte responsabilità. Precisai, altresì, che la decisione di pormi al servizio del Ducato era avvenuta con il consenso della mia famiglia e con l'autorizzazione del Presidente e del Direttore Generale della Banca.

Proseguendo il dialogo con considerazioni di carattere generale, riconobbi che ogni tempo non solo è portatore delle proprie situazioni e delle proprie esigenze, ma ha anche le persone che sanno interpretare le prime e soddisfare le seconde. Così fu per il passato del Ducato, il quale, prima di me ebbe altri sei Duchi che guidarono il suo cammino lungo 57 anni. Tra i suoi aderenti più illustri ricordai, in particolare, Bortolo Belotti, autore della Storia di Bergamo e dei Bergamaschi, ma altre personalità onorarono il Ducato, come Giacinto Gambirasio, Sereno Locatelli Milesi, Ubaldo Riva, Angelo Astolfi, Davide Cugini, Tino Simoncini, Bigio Milesi, Alberto Miraglia, Vittorio Mora, Luigi Gnecchi e tanti, tanti altri, compresi i sei Duchi che mi precedettero, da Alégher a Pichetù, da Borsì a Lodovico, da Esculapio a Orobico 1°.

Il ruolo del Ducato oggi (1981), precisai, si identifica principalmente nella poesia e nel teatro in dialetto: sono decine i poeti che fanno capo al Ducato e pubblicano i loro versi sul Giopì, l'Organo ufficiale del Ducato. Vi è poi un Gruppo teatrale che conta una ventina di attrici e di attori ben coordinati e guidati da Emma Fucili con un repertorio di sei commedie che vengono rappresentate in città ed in tutta la provincia. Da tempo immemorabile si organizza il "Rasgamento della Vecchia" preceduto dalla sfilata di carri allegorici a metà Quaresima.

Questo è un po' il presente del Ducato, commentò Alberto Galli, ammettendo che si trattava di un buon presente. Ma Lei, come nuovo Duca, come vede il futuro del Ducato? La domanda manifestava l'interesse dell'Assessore alla cultura. Lui voleva sapere per orientare i suoi progetti ed io sentivo il bisogno di informarLo per rendere più plausibili le domande di contributo. In un certo senso gli interessi coincidevano, tanto che Alberto replicò la domanda sul futuro del Ducato. A quel punto, toccava proprio a me soddisfare la sua richiesta e lo feci da ottimista, perché di preferenza ho sempre guardato il bicchiere mezzo pieno nella speranza di poterlo colmare, come faccio anche oggi. La mia idea di base fu quella di dare maggiore visibilità al Ducato con nuove iniziative che servissero a promuovere la partecipazione della gente. Fin qui la risposta è di ordine psicologico, sottolineò Alberto, ma in concreto cosa intende fare per sviluppare l'azione del Ducato? In sintesi, risposi, potrei citare un motto che forgiai per la Banca nove anni fa, quando venni nominato Vice Direttore Generale, mettendo il Ducato al posto della Banca. Ecco il motto, precisai, un motto semplice nell'enunciato, ma di sostanza negli obiettivi: "Portare il Ducato alla gente per portare la gente al Ducato". Sembra quasi uno scioglilingua, commentai, ma è molto di più, perché sottintende un programma molto concreto. Non è neppure un sillogismo né un'astrusità –sottolineò a sua volta Alberto- perché la conoscenza sta alla base dei comportamenti e delle scelte di vita. Sta alla base anche dell'amore, il che significa che non si può amare se non si conosce, prescindendo dal valore della fede e dei misteri in ambito religioso. Il riferimento alla fede non venne approfondito con Alberto, ma mi fu subito chiaro che in Lui era presente il senso religioso come postulato della sua adesione alla Democrazia Cristiana. Passando dalla sintesi espressa dal motto che ho citato all'analisi delle iniziative che compongono il mio programma, passai in rassegna le iniziative, focalizzandole su alcuni argomenti di assoluta novità. Prima di tutto la sede, che trovasi in Piazza Pontida, da dove prese le mosse la manifestazione della notte di San Silvestro del 1923 cui si deve la fondazione del Ducato. E' una sede che il mio predecessore Orobico 1°, al secolo Gianfranco Cantini, ottenne in comodato dalla Banca Popolare di Bergamo e che, d'ora in avanti, deve assurgere a cuore pulsante delle attività del Ducato, mediante la sua apertura al pubblico e lo svolgimento settimanale delle riunioni del Consiglio della Corona. Oltre all' arricchimento in varie forme della biblioteca, manifestai ad Alberto la volontà di costituire una galleria d'arte, invitando pittori e scultori ad offrire un'opera a scelta da esporre in via permanente nella sede sulla base di un atto di donazione che verrà all'uopo formalizzato, possibilmente alla presenza delle autorità cittadine.

Poi, il Giopì. Come Organo d'informazione per eccellenza del Ducato, deve essere potenziato con il raddoppio, da 4 a 8 pagine, in modo che esso diventi per tutti la bandiera e la voce del Ducato e continui, ampliandola, la vocazione come veicolo di cultura, di folclore e come centro cui facciano capo le tradizioni della comunità bergamasca. Il Giopì uscirà ogni 15 giorni. Si muoverà in piena autonomia, rispettando esigenze di dignità e di decoro. L'obiettivo è quello di incrementarne la tiratura e la diffusione in misura significativa, possibilmente triplicando o quadruplicando la situazione attuale che si aggira intorno alle 600 copie per ogni numero. In tal modo Ducato e Giornale si renderanno strettamente connessi tra loro al punto che là dove arriverà il Giornale arriverà anche il Ducato, dentro e fuori i suoi confini naturali.

Le due linee programmatiche vennero fatte oggetto di commento da parte di Alberto Galli, che finora aveva osservato una pausa di ascolto foriera di interesse. Prendendo la parola, si avvalse di un detto abbastanza noto per esprimere la sua soddisfazione, dicendo con tono fermo e convinto:" Il buon giorno si vede dal mattino". Con semplici parole ne spiegò il significato, dicendosi certo che le Autorità cittadine e la gente in generale avrebbero apprezzato l'impegno del Duca e dei suoi Collaboratori. Poi seguirono le sue parole di incoraggiamento, assicurando la sua vicinanza al Ducato ed alle sue realizzazioni. Ma le realizzazioni in progetto non finiscono qui. Con questa affermazione intesi suscitare la curiosità di Alberto, il quale si pose di nuovo in ascolto con l'interesse divenuto ormai quasi una costante e che io percepii senza particolari difficoltà. Infatti, ci sono altre idee che stanno approdando con delineazioni concrete nel programma che conto di sottoporre all'approvazione del Consiglio della Corona. Dapprima indicai la salvaguardia del dialetto che fu la lingua dei nostri padri, una lingua originale e completa nei suoi elementi costitutivi, ricca di espressioni vive e capaci, in molti casi, di dare maggiore efficacia all'espressione dei sentimenti. Lo strumento che verrà utilizzato a questo fine sarà una scuola di dizione per gli operatori del teatro e di insegnamento del dialetto scritto e parlato per gli insegnanti delle scuole primarie e per gli appassionati di composizioni in versi ed in prosa. L'idea della scuola piacque all'Assessore Galli il quale, a questo riguardo, si complimentò con me, auspicando che il Consiglio della Corona la traducesse in realtà e ne affidasse il compito a persone idonee già attive nel Ducato.

Altra iniziativa, ritenuta importante, venne da me indicata quasi a titolo di corollario della scuola di dialetto, la istituzione di una Rassegna per la rappresentazione di commedie scritte in dialetto in un teatro della Città ed in un lasso di tempo da concordare con le principali Compagnie operanti sul territorio. All'epoca le Compagnie non disponevano di libretti con stampati i testi delle commedie, ma utilizzavano brogliacci di ogni genere con frequenti annotazioni di correzioni. L'ideale sarebbe stato quello di affrontare l'impegno di dare alle stampe i testi classici, opportunamente aggiornati con il consenso dei rispettivi proprietari, e di metterli a disposizione delle Compagnie, anche di nuova costituzione, con l'obiettivo finale di promuovere la diffusione del teatro dialettale. L'Assessore Galli, come è facile immaginare, commentò con favore anche questa idea, dicendosi certo che sarebbe stata accolta con interesse dal pubblico presso il quale il dialetto continuava ad essere usato o quantomeno ne conservasse la conoscenza. A questo riguardo, l'Assessore mi suggerì l'intuizione, che ritenni felice, di coinvolgere una televisione locale con il compito di registrare le rappresentazioni e di inserirle di volta in volta nei propri palinsesti.

All'appello mancava ancora un settore delle tradizioni popolari, quello del folclore, presente sul territorio con alcune realtà che relazionavano anche con l'estero. Con l'Assessore affrontai questo argomento con il proposito di dar vita ad un Festival internazionale, da collocare nella settimana del Patrono di S.Alessandro con manifestazioni sia in città che in alcuni centri della provincia, affidandone il coordinamento secondo le determinazioni del Consiglio della Corona, alla stregua di quanto si intende fare per il coinvolgimento della provincia nella organizzazione della Sfilata di Mezza Quaresima.

L'incontro con l'Assessore Alberto Galli si concluse dopo alcune ore con lo scambio dei ringraziamenti e dei voti augurali per i nostri impegni, Lui nella gestione dell'Assessorato, io nella conduzione del Ducato. L'ultima parola, però, fu di Alberto che mi promise di partecipare alle iniziative e di contribuire alle stesse come segno concreto del suo apprezzamento per il programma che gli avevo illustrato e che io ero certo di poter realizzare con la sostegno anche di altri Enti, pubblici e privati, e con la collaborazione entusiastica di tanti amici del Ducato.

La regola delle regole e generale leggi delle leggi è che ognuno osservi quella del luogo ove si trova

Montaigne, *Essais*, I-XXII

Lo stile e la passione civile di un democristiano "vero"
di Matteo Morandi

Ricordo Alberto Galli come un grande e infaticabile lavoratore politico. Mai ho conosciuto una persona che dedicasse tante ore ogni giorno al lavoro di tessitura e di raccordo fra i tanti dirigenti di ogni livello impegnati nella Democrazia Cristiana. Era presente a centinaia di riunioni e incontri, sempre calmo e paziente in ogni situazione. Dopo le sedute del consiglio comunale di Bergamo, sul Sentierone si formavano gruppetti di ritardatari per commenti e revisioni critiche di vario genere. Galli era sempre l'ultimo - a notte fonda - che lasciava il lavoro di convincimento e di rifinitura con assessori e consiglieri comunali in preda a dubbi o titubanze. Era segretario della DC cittadina che raggruppava oltre venti Sezioni ognuna con sue specificità e problematiche differenti. Il gruppo consiliare era composto da ben 25 consiglieri sul plenum di 50 del Consiglio comunale di Bergamo eletto con sistema proporzionale puro e ad alta frammentazione fra tutti i partiti dal MSI al PCI, all'estrema sinistra extraparlamentare. Il Sindaco veniva eletto in seno al Consiglio che aveva il potere di sfiducia e la dialettica fra i gruppi consiliari, ricchi della presenza di tutti i leader locali di maggiore prestigio, era di elevata complessità specialmente sui temi della scuola, dell'urbanistica, della lotta alla povertà assai diffusa e pesante. Davvero formidabili la capacità di mediazione e di guida politica di Galli sempre presente fra il pubblico, a tutte le sedute del Consiglio al quale di persona non ha mai voluto far parte per avere la massima possibilità di azione di sintesi e raccordo fra le tante istanze contrastanti. Anche quando i suoi amici lo indussero a candidarsi con successo al Consiglio della Regione Lombardia, continuò a far vivere la sua attenzione carica di vera passione per la politica e la DC "cittadina" alla quale fin dai tempi dell'oratorio dell'Immacolata ha dedicato forse il meglio delle sue risorse intellettuali.
Antifascista intransigente per ragioni culturali e familiari, non ha mai ostentato sentimenti di plateale ostilità personale verso gli epigoni baldanzosi dell'infausto ventennio mussoliniano presenti in città e provincia.
Teneva molto all'eleganza ed allo stile nell'abbigliamento e nei comportamenti oltre che nel linguaggio immune da trivialità e rozzezze. Prediligeva la cultura francese e citando André Gide diceva di amare il deserto del Sahara perché è pulito.
Tra i fondatori della CISL in bergamasca, ha sempre coltivato un'idea alla tedesca del "sindacato" dei lavoratori impegnato su questioni concrete e non pregiudizialmente ostile all'azienda in una preconcetta lotta per la costruzione del socialismo in Italia sul modello dell'Europa dell'Est.
Difficile ricostruire le asprezze e le tensioni sociali degli anni cha vanno dal 1960 sino alla caduta del Muro di Berlino. In quel tempo, che era quello della sua maturità, Galli è sempre stato un punto di riferimento per il suo equilibrio ed il suo genuino popolarismo democratico.
Amico dei migliori intellettuali bergamaschi e lombardi ha onorato il suo alto ufficio di Assessore alla Cultura della Lombardia in una vasta gamma di registri diversi. Qui

voglio solo ricordare il suo impegno a favore del bimillenario di Virgilio massimo poeta in lingua latina e imprescindibile riferimento di ogni letterato dell'Occidente, maestro di Dante, Petrarca e Manzoni.

Alla guida della DC regionale a Milano, Alberto Galli ha incontrato particolari amarezze e difficoltà che spesso bersagliano le persone che esercitano funzioni di vertice, ma questi sono prezzi umani che pagano le persone impegnate a favore della comunità in buona fede.

La sua generosità ed il suo esempio lo collocano nei Campi Elisi dei democristiani eminenti al servizio della Repubblica.

Magnos homines virtute metimur, non fortuna

(I grandi uomini non si misurano dalla fortuna, ma dalla virtù)
Cornelio Nepote, *Eumena*

Un ricordo di Alberto Galli
di Carlo Salvioni

Quando suo figlio Silvio ha avuto la cortesia di chiedermi un ricordo del padre, ho visto immediatamente, come in una vecchia fotografia dai colori un po' sbiaditi, l'allampanata figura di Alberto Galli, avvolto in un soprabito scuro, che faceva risaltare i suoi candidi capelli, mentre sedeva, tutto solo, nello spazio destinato al pubblico dell'aula consiliare di Palazzo Frizzoni. Erano gli anni settanta del secolo scorso e la sua presenza, praticamente costante a tutte le riunioni del Consiglio Comunale, era, per noi consiglieri, la testimonianza che quanto andavamo discutendo e deliberando interessava almeno a qualcuno. Certo, Alberto Galli non era un cittadino qualsiasi. Era stato il segretario cittadino della DC e poi, dopo la nascita delle Regioni, faceva parte dell'assemblea lombarda, divenendo successivamente anche Assessore alla Cultura di quell'importante consesso. Ma nonostante i suoi incarichi regionali, non aveva dimenticato la sua principale passione. L'attenzione per tutto quello che avveniva nella sua città. E a questo proposito vorrei ricordare la sua firma sulla proposta di legge regionale istitutiva del parco dei colli di Bergamo, il cui primo firmatario era l'ing. Parigi, che consentì la realizzazione di questa importantissima conquista ambientale del nostro territorio. Ogni tanto, qualcuno di noi, di maggioranza o di opposizione, lasciava il proprio banco del Consiglio e lo raggiungeva nel posto del pubblico, alleviando, nel contempo, la sua solitudine e la propria noia per le lunghe diatribe consiliari. Con Galli, in quelle serate, si parlava di tutto. Degli argomenti in discussione davanti al Consiglio, come di politica generale. Aveva sempre un punto di vista originale sul quale era possibile consentire o, per me, più sovente, dissentire, ma sempre in termini di pacato e civile confronto. Ricordo anche gli appassionati dibattiti che tenemmo, l'un contro l'altro armato, in molti luoghi della provincia durante la campagna referendaria sulla legge del divorzio nel 1974. Galli fu uno dei non molti dirigenti democristiani di Bergamo che si spese in quei confronti, dimostrando il suo attaccamento al valore democratico della discussione. Noi socialisti vivevamo una condizione difficile. Al governo con la DC a Roma e a Milano, anche se negli anni settanta il primo centro-sinistra era stato accantonato e sostituito dalla solidarietà nazionale, ma all'opposizione a Bergamo. Solo dopo le elezioni amministrative del 1985 tornammo in Giunta con DC e PRI, da dove mancavamo dal 1969. Ricordo che durante la laboriosa trattativa per formare l'esecutivo cittadino, Galli si dimostrò convinto assertore dell'importanza del rapporto coi socialisti e si adoperò per portare a buon fine la trattativa, riconoscendo il nostro diritto, come secondo partito per importanza della coalizione, a esprimere il vice-sindaco. Vorrei, infine, ricordare due profondi convincimenti di Alberto, che mi sembra giusto sottolineare in questo breve mio ricordo. Il primo era il suo concetto di "buon governo", la cui ispirazione immagino gli fosse ispirata dalla visione dei celeberrimi affreschi sull' "Allegoria ed effetti del Buono e del Cattivo Governo" di Ambrogio Lorenzetti, che adornano il Palazzo Pubblico di Siena. Per lui credo significasse che l'azione politica doveva essere diretta a perseguire un solo fine. Il benessere dei cittadini. L'altro, che pure è strettamente connesso al primo, era che l'impegno politico non poteva andare disgiunto da un forte sentimento di pubblica etica. E le sue famose lacrime, da segretario regionale della DC, di fronte a uno dei vari scandaletti di quel periodo, lo dimostrarono.

Dirò del denaro quello che si diceva di Caligola: che non c'era mai stato uno schiavo così buono e un padrone così cattivo (pecunia fidens)

Montesquieu, *Pensieri inediti*

Biografia

Alberto Galli, nasce, secondo di sette fratelli, a Villongo S. Filastro (Bergamo) il 10 gennaio 1925 da Emilio Galli (fornaio) e Concetta Dolfini (ostetrica-levatrice).
1938 si trasferisce da Villongo a Bergamo presso la zia Benedetta Dolfini con quattro dei suoi sei fratelli: Benedetto, Vittoria, Ignazio, Luigi. Gli altri due, Armando e Rosa, restano a Villongo con il padre.
1940 l'8 febbraio inizia a lavorare alla Magrini SAS, dove rimarrà fino al 1970, anno della prima elezione al Consiglio Regionale.
1944 inizia ad occuparsi di questioni sociali e formative nelle ACLI.
1945 il 27 aprile a Seriate viene ucciso il fratello, Armando detto Gigino, ventunenne e primogenito, in uno scontro a fuoco tra i partigiani e la Brigata Farinacci in fuga da Cremona verso la Valtellina.
Fin dal 1945 lavorando alla Magrini svolge una intensa attività sindacale nelle file della C.I.S.L. Dagli anni '50 fino al 1968 è stato componente del direttivo del Sindacato Metalmeccanici della C.I.S.L. e membro per molti anni del Consiglio Provinciale C.I.S.L. Nella lunga frequentazione dell'Oratorio dell'Immacolata, iniziata subito dopo l'essere arrivato a Bergamo, trova l'ambiente ideale per la sua formazione umana e cristiana, quest'ultima poi maturata nel suo impegno come catechista. La prima trovò modo di esplicarsi nella filodrammatica "Silvio Pellico" portandolo a sostenere parti non facili (impersonò la figura di Giuseppe Greppi in un lavoro di Macetti) e dandogli modo di esprimere brillanti doti nei diversi ruoli interpretati.
1956 si sposa con Ausilia Gigliola Melocchi
1957 nasce il figlio Silvio
Negli anni '60 è stato vice-Segretario provinciale e membro del Comitato Provinciale della Democrazia Cristiana.
Dal 1965 al 1973 Segretario cittadino della Democrazia Cristiana.
1970 viene eletto nel Consiglio Regionale della Lombardia nella neonata Istituzione ove sarebbe rimasto fino al 1985 per tre legislature.
Dal 1973 al 1976 è Segretario regionale e membro del Consiglio Nazionale della Democrazia Cristiana.
Dal 1980 al 1985 è Assessore alla Cultura e all'Informazione della Regione Lombardia ed entra nel Consiglio Nazionale dei Beni Culturali.
Promotore e vice-Presidente dal 1983 al 1994 dell'Ente Fiera Bergamo.
Dal 1990 al 1994 è Presidente di Sezione del Collegio dei Probiviri della D.C. a Roma
1997 il 13 luglio muore a Locatello Valle Imagna per una caduta su un sentiero.

DATE STORICHE DI RIFERIMENTO (della vita di Alberto Galli)

1939 inizia la II Guerra Mondiale
1943 caduta di Mussolini
1943 dopo l'8 settembre l'Italia è sotto la dominazione nazifascista
1945 il 25 aprile il C.L.N. assume il controllo della città di Bergamo dopo che i tedeschi senza spargimento di sangue abbandonano la città.
1945 De Gasperi forma il suo primo Governo. Resterà in carica come presidente del Consiglio dei Ministri fino alla morte avvenuta nell' agosto 1953.
1945 nasce l'O.N.U.
1946 referendum istituzionale della Repubblica Italiana
1947 trattato di Pace di Parigi tra l'Italia e gli Alleati
1948 entra in vigore la nuova Costituzione repubblicana
1948 si tengono le prime elezioni politiche della neonata Repubblica Italiana
1949 viene firmato il trattato istitutivo del Patto Atlantico (N.A.T.O.)
1953 muore Josif Stalin
1957 vengono firmati i trattati costitutivi della C.E.E. Comunità Economica Europea
1958 viene eletto Papa Giovanni XXIII
1960 si svolgono a Roma i XVII Giochi Olimpici
1961 enciclica Mater et Magistra
1962 a Cuba crisi dei missili
1963 enciclica Pacem in Terris
1963 muore Papa Giovanni XXIII e viene eletto Paolo VI
1963 viene assassinato John Fitzgerald Kennedy
1963 Aldo Moro vara il I governo organico di centro sinistra
1964 Kruscev viene destituito dalla carica di Segretario del PCUS.
1966 alluvione a Firenze, Venezia e nel Polesine
1966 Mao avvia la "Rivoluzione Culturale"
1967 enciclica Populorum Progressio
1968 enciclica Humanae Vitae
1968 vengono assassinati Martin Luther King e Robert Kennedy
1969 viene approvato lo Statuto dei Lavoratori
1969 Neil Armstrong sbarca sulla Luna
1970 viene approvata la legge Fortuna-Baslini che introduce il divorzio
1971 Nixon pone fine alla convertibilità del dollaro statunitense con l'oro
1972 a Segrate sotto un traliccio dell'ENEL viene trovato morto Giangiacomo Feltrinelli
1973 conferenza sulla sicurezza e la cooperazione in Europa a Helsinki
1973 golpe in Cile
1973 guerra del Khippur
1973 varo del piano di austerity economica a causa della crisi petrolifera
1974 referendum sul divorzio
1974 in Grecia Karamanlis ritorna dopo la caduta dei colonnelli
1974 in Portogallo Soares ritorna dopo la rivoluzione dei garofani
1975 termina la guerra in Vietnam
1975 il P.C.I. si aggiudica le elezioni nelle grandi città
1975 Zaccagnini diventa segretario politico della DC al posto di Fanfani
1976 terremoto del Friuli
1976 alle elezioni politiche la D.C. resta il partito di maggioranza ma viene avvicinata dal P.C.I.

1978 rapimento e uccisione di Aldo Moro da parte delle Brigate Rosse
1978 viene approvata la L. 194/78 sull'interruzione volontaria di gravidanza (legge sull'aborto)
1978 ad agosto muore Paolo VI. Nello stesso mese viene eletto Papa Giovanni Paolo I che muore dopo soli 33 giorni dalla sua elezione. Nell'ottobre il cardinale Karol Wojtyla verrà eletto con il nome di Papa Giovanni Paolo II
1980 terremoto dell'Irpinia
1981 si insedia alla Casa Bianca Ronald Reagan
1981 attentato in piazza S. Pietro a Giovanni Paolo II
1984 Gorbaciov diventa Segretario del PCUS
1989 caduta del Muro di Berlino
1990 invasione del Kuwait
1990 riunificazione della Germania Ovest con quella dell'Est

PRESIDENTI GIUNTA REGIONALE
1970/1974 Piero Bassetti
1974/1979 Cesare Golfari
1979/1987 Giuseppe Guzzetti

COMUNE DI BERGAMO
Sindaco Giacomo Pezzotta fino al 1979
dal 1966 al 1970 Giunta DC – P.S.I. – Socialismo
dal 1970 al 1975 Giunta DC – PSU - PRI
dal 1975 al 1980 Giunta DC – PSDI

Sindaco Giorgio Zaccarelli dal 1979
dal 1980 al 1985 Giunta DC – PRI
dal 1985 al 1990 Giunta DC – PSI – PRI

SEGRETARI POLITICI D.C.
Aldo Moro 1959/1964
Mariano Rumor 1964/1969
Arnaldo Forlani 1969/1973
Amintore Fanfani 1973/1975
Benigno Zaccagnini 1975/1980
Flaminio Piccoli 1980/1982
Ciriaco De Mita 1982/1989

CONGRESSI NAZIONALI D.C.
IX Roma settembre 1964
X Milano novembre 1967
XI Roma giugno 1969
XII Roma giugno 1973
XIII Roma marzo 1976
XIV Roma febbraio 1980
XV Roma maggio 1982
XVI Roma febbraio 1984
XVII Roma maggio 1986
XVIII Roma febbraio 1989

il giorno delle nozze con Gigliola, Bergamo, 2 giugno 1956

foto di gruppo con i fratelli al matrimonio di Benedetto e Assunta, Bergamo, 25 aprile 1955

foto di gruppo dei maestri catechisti dell'Oratorio Immacolata, anni '50

con Ilaria, Monte Bondone, 1993

con Emma, Monte Bondone, 1993

spettacolo teatrale in Sala Greppi, 1946    Cervinia 1950

alla scoperta delle incisioni rupestri, Algeria, marzo 1989

con Silvio e la guida Bezra all'aeroporto di Tamanraset, marzo 1989

corsa a perdifiato sulle dune del Sahara, Algeria, marzo 1989

Interventi
Discorsi
Interviste
Relazioni
Articoli

di Alberto Galli

visita alla fabbrica Cogne, Aosta, 1950

...bisogna tendere a far sì che l'impresa diventi una comunità di persone, nelle relazioni, nelle funzioni e nella situazione di tutti i suoi componenti.

Giovanni XXIII, cap. 28 *Populorum Progressio*, Mater et Magistra

Intervento in rappresentanza della CISL Magrini
al Convegno Unitario delle Commissioni Interne delle aziende metallurgiche bergamasche tenutosi al Teatro ENAL di Dalmine il 25 ottobre 1953 (da L'intesa nella Fabbrica a cura della Commissione Interna della Dalmine S.p.A. del 25 ottobre 1953)

Non credevo di essere il primo a rompere il ghiaccio, spero però di essere seguito da altri colleghi.

Dopo la relazione dell'amico Sorti sulla situazione generale fra le CC. II. e le Direzioni, ed in particolare sulla situazione esistente a Dalmine ho la sensazione che si sia diffusa in questa assemblea una situazione di basso morale. Il mio intervento vuole avere lo scopo di sollevarlo poiché fortunatamente non in tutte le aziende metallurgiche la situazione presenta aspetti analoghi, anche se rimane ancora molto da fare. Alla Magrini - ed i miei colleghi presenti possono darne atto - non è così grigia.

Analizzeremo in seguito le cause che hanno determinato i rapporti che possiamo definire buoni.

La nostra, forse, è una delle poche industrie che anche sul terreno commerciale non conosce distinzioni né sipari, perché manda i suoi prodotti in Cecoslovacchia, in Ungheria e in Russia.

I nostri buoni rapporti sono soprattutto determinati dall'unità esistente tra i membri della C. I. i quali nell'ambito della fabbrica vogliono soprattutto l'interesse dei lavoratori. Mi voglio soffermare su questo aspetto e cioè che ogni membro della C. I. deve essere cosciente e deve convincersi che un membro di C.I., rappresenta i lavoratori e non è inferiore a coloro che rappresentano la parte opposta e perciò si deve a questi rappresentanti tutto il rispetto che è convenuto, anche da coloro che hanno interessi opposti.

Un'altra necessità è quella di essere seguiti dai lavoratori. Troppi membri di C.I. sono demoralizzati, taluni vorrebbero ritirarsi, sospendere l'attività, uscire dalla responsabilità assunta; questo è un dato negativo.

Non tutti i lavoratori danno individualmente quell'appoggio che necessita ai loro rappresentanti, quando manca questo appoggio chi ride è colui che siede dall'altra parte del tavolo.

Non posso parlare della situazione di altre aziende, data la mia mancanza di esperienza, però posso dire che in talune fabbriche, con la scusante della esigenza tecnica, viene svolta da parte della Direzione un' azione di repressione quale complemento della disciplina, partendo da essa la scusante che non siamo più nel periodo 1945-46; perciò vediamo i lavoratori trattati come semplici mezzi di produzione, togliendo loro ogni personalità, come se questa fosse un bagaglio che si possa lasciare in portineria.

L'azione della C.I. è l'azione sindacale più pura e potrebbe essere un elemento positivo anche per quanto riguarda lo sviluppo tecnico della fabbrica, per quanto riguarda i mezzi di produzione.

Il comma 3. - art. 2 - dell'accordo sulle CC. II. 8-5-1953, dice di collaborare alla stesura del regolamento interno ed alla produzione. E' inutile dirci questo se poi le porte delle Direzioni restano chiuse; e quando diamo dei suggerimenti ci sentiamo rispondere che la nostra azione è limitata a controllare se è garantito ai lavoratori il minimo sindacale. Se si dovessero irrigidire, chi ne soffre è la produzione, perché piuttosto di diminuire le rendite essi smobilitano l'azienda, non curandosi di chi ha fame e ha diritto a vivere.

Io mi auguro che nella grigia atmosfera appaia un raggio di giustizia sociale.

foto di gruppo dei partecipanti alla Giornata di Studio della S.A.S. Magrini, Clusane, 1960

Relazione Introduttiva
Giornata di studio della S.A.S. Magrini, Clusane, 21 maggio 1960

Questa riunione straordinaria della S.A.S. consentitaci dai mezzi posti a nostra disposizione dalla Confederazione, ci consente di analizzare con sufficiente ampiezza le nostre impostazioni e, sulla base dei risultati fin qui conseguiti, porci di fronte ai problemi della fabbrica quali si presentano oggi e possibilmente come si prospetteranno in avvenire, con tutte le risultanze che ne verranno.

Prima di passare ad esaminare il problema sindacale della nostra fabbrica conviene che premettiamo un discorso a grandi linee sulle nostre azioni ed accennare sia pur brevemente ai problemi sindacali ai vari livelli, allo scopo d'inquadrare la nostra azione aziendale nei più vasti campi, dell'azione, sia cioè nazionali e provinciali.

<u>SINDACATO E COMMISSIONE INTERNA</u>

La nostra capacità di rappresentanza all' interno della fabbrica nell' organismo <u>unitario</u> attualmente esistente - la Commissione Interna - <u>è mutuata dal Sindacato</u>. Affermato questo non possiamo nasconderci che le attuali strozzature delle vita sindacale italiana non consentono un diretto inserimento nella trattativa aziendale dal Sindacato e quindi il mondo padronale non accetta altra rappresentanza in fabbrica se non quella tradizionale: la Commissione Interna. Non riteniamo che questa realtà sia facilmente modificabile, almeno in un futuro immediato, e gli <u>eventuali tentativi in questo senso presuppongono un approfondito esame che potrà essere compiuto al più presto possibile nei superiori organi provinciali del Sindacato</u>, magari in fase di analisi degli strumenti da porre in atto per il cosiddetto "Piano del triangolo".

Salvo diverso svolgimento dell'attuale corso sindacale, pensiamo che ci si debba avvalere, come sin qui si è fatto e con discreto successo, degli istituti in nostro possesso, augurandoci comunque una modifica effettiva e non soltanto a parole della situazione attuale.

Quindi valorizzazione della C.I. e potenziamento della S.A.S., attualmente supporto indispensabile alla nostra rappresentanza nella Commissione Interna e negli altri organismi di fabbrica.

Potenziamento della S.A.S. per i due momenti:

a) l'attuale: supporto della C.I. (riferito alla nostra rappresentanza) e "trait d'union" tra il Sindacato di Categoria e la fabbrica

b) il futuro: assunzione dell'azione diretta di rappresentanza del Sindacato nella fabbrica, per i <u>compiti d'istituto</u> (trattativa sindacale integrativa a livello aziendale-azione contrattuale, ecc.) nel quadro di una mutata realtà sindacale, quale abbiamo tentato di delinearla e quale è nei deliberata della Confederazione. Si comprende benissimo quali importanti compiti sarebbero riservati alla S.A.S. in caso di assunzione di questo schema di azione e le responsabilità che ne discendono.

Permettetemi di invitare ciascuno di voi a prendere in approfondita considerazione le prospetive che si presentano alla nostra azione di fabbrica.

In primo luogo occorre rivedere tutta la nostra preparazione sviluppandone gli aspetti tecnico-sindacali, perché nel nuovo rapporto sindacale possiamo prestare la nostra piena capacità al Sindacato che direttamente sarà chiamato ad intervenire nell'unità produttiva.

La nostra esperienza di fabbrica potrebbe renderci polemici nei confronti di questo nuovo corso sindacale, anche se ha lo scopo di superare gli angusti limiti e le congenite debolezze in cui si trovano ad operare le rappresentanze attuali di fabbrica.

Ripetiamo però che non possiamo che augurarci un diverso sviluppo dei rapporti fra sindacati e padronato, anche se, purtroppo, oggi non è possibile vedere come potrà avvenire.

Intanto a noi conviene prepararci in modo <u>che un nuovo corso sindacale non ci trovi con le mani in mano.</u> In questa giornata non ci sarà forse consentito di svolgere una lunga discussione su questo argomento, che però non mancheremo di fare in sede di S.A.S. indicendo all'uopo riunioni straordinarie.

Prima di passare a parlare dei nostri problemi di fabbrica mi permetto di accennare ad alcuni problemi di carattere generale che pure ci interessano molto da vicino e precisamente:

a) <u>livello nazionale</u>

1° revisione dell'assetto zonale dei salari nel settore industriale con particolare riferimento alla nostra provincia (in proposito vedasi "Vita Sindacale" n. 10 dell'1 maggio 60). Si considera positivo lo svilupparsi di un processo di omogeneizzazione delle varie zone economiche, presupposto indispensabile di un livellamento il più largo possibile delle varie zone del territorio nazionale.

2°revisione del carico tributario dei salari dei lavoratori dell'industria per renderlo più conforme a giustizia, soprattutto in rapporto al reddito di altre categorie di cittadini 3° difesa del salario e del suo reale potere di acquisto da acquisirsi mediante politica di revisione dei costi e di una revisione dei criteri di distribuzione delle merci e del loro passaggio dalla produzione al consumo

b) <u>livello provinciale</u>

La C.I.S.L. Provinciale è attualmente impegnata nel tradurre in azione il "Piano del triangolo" ed a questo riguardo se ne riparlerà in sede di S.A.S. quando entrerà in fase di applicazione e per gli aspetti che ci potranno interessare. Intanto si tenga presente che il "Piano" dovrebbe portare a sviluppare secondo nuovi strumenti e facendo leva sulle possibilità dei vari settori, il grado di sindacalizzazione delle zone del triangolo industriale Milano-Torino-Genova, che presentano rispetto al rimanente del territorio industriale un più alto grado di sviluppo.

Comunque anche a livello provinciale riteniamo si debba intervenire per:

1° difesa del salario e del suo potere reale di acquisto mediante compressione dei prezzi da attuarsi soprattutto nel capoluogo della Provincia.

2° <u>formarsi di una mentalità che tenda a ridurre al minimo possibile il permanere di ipoteche sul sindacato, favorendo altresì la possibilità di un incontro con altri organismi sindacali (rapporti con la FIOM), nel rispetto delle rispettive personalità ed ideologie, proprio in rapporto all' eventuale mutarsi della realtà sindacale del nostro Paese.</u>

c) Livello aziendale

Questa è la parte per noi di viva attualità ed il motivo per la quale ci battiamo, consci come siamo che sono in ballo gli interessi di tutti noi e dei nostri compagni che ci seguono come anche degli altri che non sono aderenti al nostro Sindacato.

<u>L'azienda</u>

Premesso che l'industria elettrotecnica mondiale da alcuni anni, per ragioni che tutti comprendete benissimo (sviluppo industriale di tutti i continenti ed in particolare delle aree arretrate - sviluppo dei consumi - aumento del tenore di vita dei popoli - ecc.), è in fase di ottima congiuntura e poiché le previsioni confermano che la congiuntura è lungi dall'esaurirsi, ne consegue che la Magrini, per la sua rinomanza ormai pienamente acquisita sia sul mercato interno che internazionale, risente felicemente di questa fase di sviluppo. Nella fabbrica è infatti tutto un fervore di iniziative che vanno dall'ammodernamento degli impianti e dei fabbricati, alla sostituzione dei macchinari arretrati con altri più moderni, ad aumenti degli investimenti (aumenti di capitale azionario, emissione di obbligazioni, forme di collaborazione e compartecipazione a livello europeo e mondiale), espansione della capacità produttiva con la creazione in corso di altre unità, insomma tutto un processo di sviluppo che ci deve trovare attenti ad intervenire per prevenire sul nascere situazioni che alla lunga potrebbero portare a storture deleterie nei nostri confronti. Per quel senso di realismo che dobbiamo sempre avere diciamo che ai lavoratori ed alla loro rappresentanza non è dato d'inserirsi in questo processo, anzi, siamo tentati di dire, che tutto si svolge all'infuori di noi<u>. Se gli industriali intendendo nel vero senso la collaborazione accettassero forme di democrazia, quale vantaggio ne deriverebbe di fatto a tutto il complesso aziendale</u>. Ma tant'è; loro intendono soltanto- ed a modo loro- <u>il clima di "relazioni umane"</u>! ; ed allora non vale la pena di condurci al muro del pianto per le rituali lamentazioni.

Vigiliamo ed in tutte le forme interveniamo per correggere gli eventuali difetti che <u>possono sorgere nel sistema</u>, per non trovarci poi costretti a pesanti azione di recupero, quando (vedi ad esempio accordo cottimi) questi errori o difetti si rivelassero dannosi ai lavoratori.

Detto questo passiamo ad analizzare la nostra situazione attuale.

a) esaurita nel modo che ci è noto la vertenza che va sotto il nome di premio di R. da qualche mese ci troviamo in un periodo <u>di tregua effettiva anche se non conclamata</u>. Riteniamo che questa stasi, peraltro solo apparente, perché nel frattempo si sono affrontate e risolte alcune grosse questioni anche di principio (vd questione cottimi in relazione alla formazione dei tempi) ,potrà giocare il suo ruolo nelle trattative a venire ed abbia servito a dimostrare che i lavoratori non sono gli eterni piagnoni incontentabili, sempre pronti a volere denari e non comprensivi delle esigenze (quando sono di qualche fondatezza) del datore di lavoro, ma pongono i problemi e premono per la loro risoluzione con notevole senso di capacità e di maturità, più consapevoli di quanto non si pensi della realtà dell'azienda nella quale si trovano ad operare e dalla quale traggono il salario ed i mezzi per la loro vita e per quella delle loro famiglie.

C.I. e S.A.S.

Nella C.I. siamo da alcuni anni in maggioranza ed abbiamo consolidato tale posizione sviluppando le adesioni dei lavoratori alla C.I.S.L., per cui possiamo affermare che abbiamo raggiunto anche la maggioranza degli iscritti alla C.I.S.L. nella fabbrica.

Si deve naturalmente alla nostra rappresentanza in C.I. la risoluzione di molti ed importanti problemi ed a tale proposito Vi potrà relazionare con maggior conoscenza di causa l'amico Pezzotta che da parecchio tempo guida con capacità la C.I.

La S.A.S. ha progressivamente assunto il ruolo che le era stato assegnato dal Sindacato dopo la trasformazione del Comitato Sindacale di Azienda, organismo similare alla S.A.S.

Infatti la S.A.S. ha costituito il supporto ineliminabile ed ha determinato la condotta dei nostri membri in C.I., oltre a sviluppare, con un'azione capillare, affidata ai responsabili di Reparto, l'adesione dei lavoratori al nostro Sindacato.

Dire le benemerenze dei nostri amici della S.A.S. e la loro passione è cosa subito fatta. Sono stati bravissimi se si pensa al mutato clima che si è creato in fabbrica ed al rispetto del quale la nostra azione è circondata, allora la loro azione è di sicura e provata fede nella libertà sindacale e nella democrazia senza aggettivi, riconoscimento questo che credo valga loro più di ogni altra cosa. La libertà si salva nelle fabbriche ed a noi tutti compete il compito di lavorare in avvenire con inalterato entusiasmo per l'espansione del sindacato libero e democratico e per tutti i nostri compagni di lavoro.

La struttura organizzativa della S.A.S.:

a) Comitato Direttivo eletto annualmente dalla S.A.S. (le nostre riunioni sono avvenute quasi sempre con tutta la S.A.S. al completo vuoi anche per non moltiplicare riunioni od impegni ai nostri incaricati che ne sono già tanto oberati). Bisognerà però studiare in avvenire di dare vita a queste riunioni di direttivo, specialmente per esaminare con sufficiente ampiezza le prospettive di azione nella fabbrica ed il modo di incidervi.

b) la S.A.S. si compone dei responsabili di Reparto e dei membri che occupano cariche in seno agli organismi sindacali provinciali, nonché dei membri di C.I. Si riunisce mediamente una volta al mese ed, ovviamente, qualora se ne riscontri la necessità.

c) l'assistenza del Sindacato di categoria alla S.A.S. è quanto di meglio si possa di desiderare ed il grado di collaborazione è ottimo.

Devo a questo punto fare alcune osservazioni che ritengo utili per una migliore azione ed efficienza della S.A.S.:

1° esigenza di formare un Esecutivo ristretto che possa convocarsi sollecitamente. Questo toglierebbe al Presidente (o Segretario) la responsabilità di condurre a titolo personale delle azioni che la S.A.S. forse potrebbe ritenere abusi di potere e che potrebbero portare a suddivisioni dannose all'interno della S.A.S.

Non dobbiamo dimenticare che in una corretta impostazione dei rapporti S.A.S.-nostri membri di Commissione Interna, la S.A.S. deve agire in completa autonomia e pur non prescindendo dalle visioni di C.I. deve vedere in una prospettiva molto più ampia i problemi.

2° il Responsabile Sindacale deve essere meglio lumeggiato nella sua figura, perché abbiamo la tendenza a considerarlo solo nominalmente. I suoi compiti sono stati svolti sin qui dall'amico Pezzotta, Segretario di C.I. per considerazioni di ordine pratico. Si tratterà quindi di vedere meglio come utilizzarlo e quali compiti affidargli perché non sia investito solo nominalmente di una attribuzione.

3° necessità che pensiamo a ricambiare con un certo dinamismo i nostri dirigenti. Da noi la cosa avviene lentamente per cui quando uno viene eletto ad una carica, si sta col cuore in pace perché il caso di coscienza ha trovato una sua soluzione. Un organismo sano ed efficiente quale dovrebbe essere la S.A.S., per i compiti a cui attiene, deve ricambiare con una certa dinamicità i suoi dirigenti.

Non ci possono essere "canonicati" nei nostri organismi. Sono deleteri!

Ricordiamo che il progresso tecnologico e le varie evoluzioni nella vita di ogni giorno alla quali assistiamo impongono un sano dinamismo ed un continuo aggiornamento di tesi e di metodi. Dobbiamo liberarci da quei complessi d'inferiorità cosi tipici fra i nostri amici e la riluttanza ad assumere incarichi perché sinonimo di "grane". Pensiamo che nella misura in cui sapremo assumerci le nostre responsabilità faremo camminare i lavoratori e noi stessi verso un maggior progresso.

Lo so' che non è facile fare del "Sindacato" e specialmente in fabbrica! Vale però la pena di farlo perché, in nessun campo come in questo è forse in ballo l'interesse di ciascuno di noi e di tutti i lavoratori.

4° istruzione: ci adopreremo perché gli incontri sul tipo di quello di oggi divengano più frequenti. I nuovi compiti che il Sindacato affida alle S.A.S. richiederanno in un avvenire non lontano il massimo di preparazione tecnico-sindacale da parte dei componenti le S.A.S. Prendiamo l'esempio di come sono complicati i nuovi sistemi di organizzazione aziendale e di retribuzione. D'accordo che abbiamo sempre l'assistenza del Sindacato, ma negli incontri con la controparte, oggi in C.I. e domani direttamente, dobbiamo pur essere in grado di dimostrare il nostro grado di capacità a rappresentare i lavoratori. Quindi qualificarsi.

5° prepararsi per essere presenti in tutte le istituzioni aziendali. Già oggi possiamo dire che la C.I. è presente con sua rappresentanza in vari organismi aziendali (ENAL, Fondo Assistenza Operai ed Impiegati).

Vi è quindi grande bisogno di giovani e di non più giovani per i vasti compiti di rappresentanza che la fabbrica ed i suoi organismi richiedono.

Il panorama sarà stato un po' confuso, ma sufficiente ad offrire gli spunti per una discussione che non potrà ovviamente esaurirsi oggi. La giornata di oggi, nel consentirci di dedicare un po' più di spazio ai nostri problemi sindacali, ci auguriamo abbia servito a cementare la nostra solidarietà ed amicizia, a renderci più entusiasti nel nostro lavoro di sindacalisti, a renderci coscienti dei problemi che stanno di fronte a noi, a dare impulso alla nostra volontà di servire i lavoratori della "Magrini" e farli progredire con tutti i lavoratori verso l'unità sotto l'insegna di un sindacato libero e democratico.

Central Park, New York, ottobre 1982

Tempi Nuovi Mentalità Vecchie
Articolo da Vita Sindacale Bergamasca, quindicinale della Unione Sindacale Provinciale C.I.S.L., anno IV n. 3, 15 febbraio 1962

Alcune serie considerazioni ci sembra di dover fare in ordine alla "campagna elettorale" della FIOM per il rinnovo della Commissione Interna della Magrini (v. "L'Unità" del 10 febbraio 1962 e "Sindacato Unitario" del gennaio 1962).

Queste elezioni, va detto che sono, come tutte le elezioni democratiche, degne del massimo rispetto e dovrebbero dare per acquisito ormai, anche nei loro aspetti esterni – quali la propaganda – il senso della misura e del rispetto della verità; in una parola, di un gioco leale delle parti.

Per i tempi nuovi nei quali ci inoltriamo il servire la verità è essenziale ai fini di una elevazione dei lavoratori.

Si può essere d'accordo su una certa liceità da parte di ognuno dei contendenti di condurre il proprio giuoco nel modo ritenuto più consono ai suoi interessi, però non sarebbero da oltrepassare i confini dell'ossequio alla verità dei fatti, con interpretazioni più o meno capziose ed ipotesi infondate.

Non vuole essere una lezione, ma l'amara riflessione su alcune constatazioni, cioè sul permanere di mentalità vecchie a schemi antiquati e puramente tatticistici una realtà che pur tende, con maggior dinamismo, alla modificazione profonda e democratica delle condizioni per l'ulteriore sviluppo della classe lavoratrice.

Quante volte nelle fabbriche si è tentati di concludere negativamente sulla comprensibilità che i compagni della FIOM hanno della capacità di rappresentanza dei membri CISL di C.I.! Quale scoramento per la degnazione di cui si è gratificati ad ogni impostazione seria e corretta dei problemi della fabbrica! Ed il tutto mentre si proclama ad ogni piè sospinto la necessità dell'unione di tutti i lavoratori.

Non si pensa al fatto che, forse, i lavoratori apprezzano il rispetto della verità e che si può far loro torto capovolgendola con così sconcertante disinvoltura?

D'altronde la CISL, e per essa i suoi membri della C.I. della Magrini (che sono la maggioranza della stessa C.I.) ha coscienza di aver operato con costanza e serietà nell'interesse di tutti i lavoratori. La comprensione e la fiducia dei lavoratori della Magrini sono per la CISL il più ambito riconoscimento per l'opera dei suoi rappresentanti nella Commissione Interna.

Soltanto ci si augura che per i nuovi tempi, da parte della FIOM non si ricreino, per scopi non identificabili con i veri interessi sindacali, vecchie mentalità.

Né, infine, si può oltre consentire che il possibilismo senza limiti sia alla base del comportamento degli uomini della FIOM, necessitando l'introduzione di un diverso stile nel nuovo corso dei rapporti fra sindacati, all'insegna della correttezza.

Concludendo quindi con l'augurio per ciascuna parte che per i nuovi tempi siano disponibili mentalità nuove.

> *Da un lato l'urgenza e l'importanza del politico e dall'altro*
> *i suoi limiti e la sua relatività*
>
> Pierre EYT, *Per una riflessione in materia politica....*

Intervento come Segretario del Comitato Cittadino D.C.
Assemblea Nazionale Organizzativa della D.C.
Sorrento, novembre 1964

Siccome abbiamo lavorato molto nelle sezioni in Provincia e nella Regione per la preparazione desidereremmo che l'Assemblea Nazionale non rimanesse negli annuali come... "la fiera delle illusioni". Quello che ho sentito qui nell' Assemblea e nelle Commissioni mi conforta almeno in una cosa: che tutte le critiche fin qui fatte, tutto sommato, testimoniano che la D.C. fino a Sorrento non ha fatto granché male.

Quindi la D.C. era prima di Sorrento, e, sicuramente, sarà anche dopo un grande Partito, sempre che non capiti ancora, soprattutto a certi livelli, quello che capitò nel dicembre scorso.

Perché non vorrei che questa Assemblea fosse ritenuta un po' un superamento delle colpe gravi di qualcuno del nostro Partito che stavano per procurare al nostro Paese serissimi guai.

Questa la premessa. Io dirò, in sintesi, alcune cose; queste sono:

1) Le Sezioni e le loro strutture attuali vanno ancora bene. Nei grandi centri occorrono iniziative per categorie e ceti che ne sono facilmente raggiungibili dalle singole Sezioni. Quindi, iniziative integrative a livello generale, come ad esempio relazioni di massa (vedasi l'esempio del partito comunista che, per questo tipo di iniziative, è veramente maestro); poi, circoli di cultura, convegni di studio su problemi vari, incontri di ambiente, ecc.

2) E' utile dare ai comitati comunali e cittadini maggiori poteri politici: costituzione o soppressione delle sezioni, tesseramento, ecc.; cioè avere delegati un po' dei poteri previsti all'articolo 31 dello Statuto per i Comitati provinciali. Sulle forme di elezione dei comitati comunali è pienamente valido l'attuale sistema di elezione indiretta.

3) Occorre dar vita nel nostro partito, magari istituzionalizzandolo, al momento elaborativo ai vari livelli e per far ciò è necessario modificare il modo di composizione del Comitato Provinciale; introduzione dall'istituzione della cooptazione, da attuarsi con elezioni a "quorum" elevato, di persone di larga esperienza e di grande preparazione. Dar vita, al tempo stesso, ad un diverso metodo di lavoro nel Comitato Provinciale, con l'istituzione di commissioni permanenti e con l'apporto che su singoli problemi possono dare anche amici esterni membri del Comitato Provinciale.

4) Ridurre drasticamente il numero dei componenti il Consiglio Nazionale. Comun-

que la si pensi ad alto livello, gli amici iscritti al Partito, la periferia insomma, la base ed anche la sua base organica del partito, desiderano si eviti in futuro la manifesta paralisi di detto importante organo, come spesso da qualche tempo avviene e come si verificò, caso clamoroso, nel febbraio scorso, quando il Consiglio Nazionale, a nostra edificazione, se ne stette tre giorni ad aspettare che gli accordi, presi da ristrette oligarchie di partito, venissero ratificati da quell' importante assemblea composta da altrettanto importanti amici.

5) Per l'elezione del Segretario Politico del Partito, comunque, è chiaro che bisogna studiare qualche cosa, e subito, sul metodo di elezione. Dirò, senza molte parafrasi, come ho fatto fin qui, che la DC ha bisogno del Segretario Politico "leader" : soprattutto ne ha bisogno il Paese e ne ha bisogno nei momenti delle grandi decisioni; quando la vita è tranquilla e tutto procede normalmente, allora bisogni di questo tipo non ce ne sono; ma quando si tratta di un grande partito, con grandi responsabilità, deve dimostrare che risponde ai reali motivi e alle ragioni prime della sua presenza, al servizio del Paese per il suo progredire democratico.

Questo è il Partito. E se non è questo il partito, a cosa serve? Quindi, è nei momenti drammatici che il Partito ho bisogno di una guida sicura e pertanto bisogna studiare subito e bene formule adeguate che non sarebbe difficile trovare.

Una proposta: si potrebbe avere una proclamazione da parte del Consiglio Nazionale in sede di congresso nazionale, ancora formalmente aperto cioè dopo l'avvenuta elezione del Comitato Nazionale. Comunque, quello di cui si ha bisogno, e subito, è di studiare un qualche cosa che dia a questo grande partito che è la D.C. una sua vera guida al servizio del Paese, così come ha fatto in questi lunghi 20 anni.

La prima definizione che Platone da della politica è senza dubbio umoristica.

"La politica – dice Platone all'inizio del dialogo su questo nome - è l'arte di elevare (innalzare degli armenti) un branco, il branco dividendosi innanzitutto in bestie cornute e non cornute, poi in bipedi e in quadrupedi. La politica è l'arte di condurre dei bipedi senza corna e senza piume".

Ciò valse a Platone la sensazionale confutazione di DIOGENE il quale gettò al centro

dell'ACCADEMIA un gallo pennuto gridando:
"Ecco l'uomo di Platone"
L'arte di governare con la forza si chiama "tirannia".
L'arte di governare persuadendo gli uomini si chiamerà "politica".
Quindi siamo pervenuti alla precisa e valevole nozione che "LA POLITICA E' L'ARTE DI GOVERNARE GLI UOMINI CON IL LORO CONSENSO". Ciò che fa il politico non è l'esercizio di una funzione, ma (ndr l'esercizio) delle qualità dell'uomo.

La parola democrazia è stata sempre usata da Erodoto ai nostri giorni a denotare quella forma di governo nella quale la sovranità dello Stato è <u>legalmente</u> devoluta non ad una o a certe classi particolari, ma ai membri tutti della comunità

J. Brice, *Democrazie moderne*

Riflessioni sulla Crisi

La Cittadina, Periodico mensile di informazione del Comitato cittadino della Democrazia Cristiana, Anno VI n. 3, marzo 1966

Con il voto di fiducia alla Camera il nuovo Governo presieduto dall'on. Moro inizia un nuovo periodo di ...attività. Più che un auspicio, doveroso e di prammatica, noi formuliamo all' on. Moro e al Governo da Lui intelligentemente presieduto, l'augurio più sincero che possa "durare" ed operare intensamente alla direzione del nostro Paese per il restante periodo dell'attuale legislatura.

Ne hanno bisogno tutti: istituzioni e cittadini. E maggiormente bisogno ne hanno i partiti, soprattutto quelli che con la loro determinale volontà collaborano per l'attuazione della politica del centro-sinistra.

Dobbiamo però subito dire, a mo' di riflessione che, attenti come ci sforziamo di essere alla realtà politica italiana, non riteniamo che la periodicità sistematica delle crisi politiche e per motivi non sempre comprensibili, giovi ulteriormente alla causa della democrazia nel nostro Paese.

E se non siamo i soli a considerare che la crisi recentemente conclusasi poteva rimanere soltanto una verifica ristretta nei termini di tempo occorrenti a tale operazione politica, questo non ci esime dal congratularci per la soluzione della crisi e dal trarre occasione per alcune altre osservazioni su quello che c'è da fare nell'immediato futuro. Innanzitutto occorre che il Governo ed il Parlamento si adoperino affinché in questo periodo di tempo che ci separa dalla fine della legislatura, ci si metta sul serio a dare concreta attuazione almeno ad alcune delle riforme di cui il nostro Stato ha urgente bisogno. A costo di passare per gli eterni "provinciali" non mancheremo in questa occasione di dover nuovamente ricordare a tutti gli "autorevoli" amici che ci rappresentano, che gli iscritti ed i simpatizzanti del nostro Partito hanno diritto a non veder rimandate continuamente lo loro giuste aspettative.

Ed il nostro augurio di prima, perché il Governo presieduto dall'on. Moro abbia a durare fino al 1968, parte proprio dal presupposto che un lavoro serio ed efficace sia possibile solo se si avrà <u>una reale stabilità governativa</u>.

Altra osservazione da fare è sul Partito. E' convocato finalmente il Consiglio Nazionale!

Più che equilibri da ricreare ed unanimità da ricercare o riproporre in perpetuo ci sembra necessaria la chiarezza.

Vorrei ricordare a chi di dovere alcuni dei propositi espressi dall'on. Rumor nel vigoroso discorso di chiusura dell'Assemblea di Sorrento.

Soprattutto ci sembra che non abbiamo bisogno che ci si ricordi in continuità che siamo in un grande Partito, il quale ancora per lunghi anni svolgerà una parte importante e insostituibile alla vita del nostro Paese, del che siamo consci, quanto piuttosto di poter constatare che la politica della D.C. s'impone alla considerazione ed al rispetto di tutti: amici ed avversari.

E' da tempo che si sta aspettando una riprova di quello che talvolta è stato un bilancio positivo che è venuto all'Italia dalla politica del nostro Partito.

con Enrico Riva al parco Sigurtà, Valeggio sul Mincio, ottobre 1979

Per una D. C. Interprete e Guida della Comunita' Cittadina
Mozione N. 1, Assemblea Cittadina, Bergamo, 3 - 4 dicembre 1966
GALLI ALBERTO Quartiere Carnovali con altre 23 persone nella lista

Amici Delegati,

la nostra presenza all'Assembla Cittadina vuole essere in primo luogo un atto di responsabilità e di coerenza politica. Ci sentiamo pienamente partecipi dell'impegno di tutta la Democrazia Cristiana, che quale grande forza popolare al servizio del Paese è chiamata ancora una volta a garantire una somma di valori morali, civili e politici, essenziali per un autentico progresso della comunità nazionale. Intendiamo riaffermare, con fermezza di convinzioni e di propositi, la nostra fedeltà al patrimonio ideale del nostro Partito, alla sua continuità storica, alla sua permanente funzione di guida e di salvaguardia delle istituzioni democratiche.

Siamo consapevoli delle profonde trasformazioni della società italiana, che pongono alla Democrazia Cristiana nuovi problemi e nuove prospettive; ma con uguale convinzione riteniamo che proprio le mutate condizioni del mondo in cui siamo chiamati ad operare esigono non l'attenuazione o la rinuncia, ma la riscoperta e la valorizzazione di ciò che è di più caratteristicamente nostro, di ciò che contraddistingue la nostra ideologia e la rende ancora oggi illuminante, efficace ed attuale.

Anche i fatti nuovi che hanno accompagnato la più recente fase della politica italiana, come l'unificazione socialista, lungi dal mettere fuori giuoco nelle prospettive di breve o lungo termine la Democrazia Cristiana, ne avvalorano la insostituibile funzione storica nel nostro Paese. Pur nel rispetto per la funzione delle altre forze politiche, siamo convinti che la D. C. rimane, in esemplare coerenza con se stessa (coerenza che gli elettori, hanno mostrato di apprezzare anche nei giorni scorsi), la forza, la guida, la garanzia della democrazia italiana. Essa, a differenza del marxismo, non ha nulla da attenuare, nulla da rinnegare; ma ha solo da guadagnare dall'affermare integralmente e coerentemente la ricchezza e l'equilibrio della sua dottrina e dei suoi programmi.

Sentiamo profondamente il dovere dell'unità. Una unità che non sia pretesto effimero, ma realtà. Una unità che non sia meccanica ripetizione di formule astratte, ma coerente impegno morale e politico. Una unità che non significa equivoche confusioni di maggioranza e minoranza, ma che le une e le altre, con le proprie inconfondibili responsabilità, compone in una efficace realtà operativa.

Riaffermiamo infine la nostra coerente fedeltà ad una linea politica aperta e coraggiosa, che abbiamo seguito con uguale impegno e con uguale fiducia quando su di essa era più facile il consenso e quando sono sopraggiunte le inevitabili difficoltà. La nostra adesione alla politica di centro-sinistra è una adesione convinta e senza incertezze. Essa è nella logica di un impegno politico che, nato prima e fuori della politica, nelle battaglie dei nostri padri e nostre per l'affermazione nel nostro Paese dei principi cattolici, ha trovato nella Resistenza -negli ideali, nei sacrifici, negli eroismi della Resistenza- la sua prima e non più rinnegabile qualificazione politica, che si traduce in una scelta definitiva contro la conservazione, contro l'immobilismo, contro il privilegio, a favore del progresso, della giustizia sociale, della solidarietà democratica.

In questo spirito vi proponiamo, Amici delegati all'Assemblea Cittadina, il seguente programma.

1) LA NOSTRA LINEA DI CONDOTTA NEGLI ORGANISMI CITTADINI DEL PARTITO

L'azione degli organismi cittadini del Partito sarà, come per il passato, conforme ai criteri che riteniamo fondamentali per una seria ed illuminata gestione politica. Essi sono: la libertà interna, il rispetto per le opinioni di ciascuno, la circolazione delle idee, la libera e approfondita discussione dei temi politici.

Ribadiamo il nostro impegno ad assicurare, anche a livello di Direzione, così come abbiamo coerentemente fatto per il passato, la presenza di tutte le forze in grado di portare un valido contributo di idee e di uomini, senza esclusioni pregiudiziali o artificiose discriminazioni, Verrà in particolare incoraggiato e favorito l'inserimento dei giovani, non in una prospettiva di utilizzazione strumentale, ma per acquisire il contributo originale delle loro idee e delle loro esperienze e per assicurare al Partito un incessante rinnovamento e una sempre viva tensione ideale.

2) L'AZIONE DEL PARTITO VERSO L'ESTERNO: MODI E FORME DELLA NOSTRA PRESENZA NEL TESSUTO SOCIALE DELLA CITTA'

Fine primario della nostra azione come partito politico è la presenza efficace e determinante nel tessuto sociale della città, in un rapporto aperto con i ceti, i gruppi sociali, l'opinione pubblica, i cittadini. Respingiamo, come estranea alla nostra concezione della D. C. come partito popolare nel più ricco significato del termine, l'idea di un'azione politica chiusa in se stessa, quasi che al partito spettasse uno sterile compito di autoconservazione. Intendiamo invece rimanere fedeli, in uno sforzo di costante adeguamento di strumenti e metodi operativi, al principio sempre seguito sino ad ora, di una ricerca di contatti molteplici con la realtà della vita cittadina, cosi come essa si presenta in concreto, al di fuori di ogni astrazione intellettualistica e di ogni schematismo improduttivo. La Città per essere guidata deve essere in primo luogo capita e interpretata: per questo la nostra azione politica dovrà necessariamente essere differenziata ed articolata, essendo appunto la realtà sociale cittadina una realtà complessa che presenta aspetti diversi, esigenze diverse, condizioni diverse per la nostra azione di presenza politica.

A) - Esiste nella nostra Città, specialmente nella periferia o semiperiferia più antica, una prima area sociologicamente caratterizzata dalla presenza di centri di coesione tuttora vivi, con rapporti di vicinato ancora sufficientemente diffusi, con una vita religiosa ancora incentrata nella Parrocchia, con modelli di comportamento relativamente stabili nonostante le cospicue trasformazioni intervenute. In queste zone il Partito trova una solida base naturale di adesioni e di consensi. Dovrà essere nostra cura prioritaria difendere questa realtà, non certo nell'illusione di fermare i mutamenti e le trasformazioni, ma nella convinzione che un partito popolare come il nostro non può sottrarsi al dovere politico di difendere un patrimonio di valori umani e civili ancora così ricco e così valido, tanto più ricco e più valido quanto più forte diventa di giorno in giorno l'esigenza di salvare i ceti urbani dal meccanico livellamento proprio della cosiddetta civiltà dei consumi, dalla crescente spersonalizzazione, dall'indifferenza, dallo scetticismo.

B) - C'è poi una seconda area, quella dei nuovi quartieri, investita in pieno, a differenza della precedente, dalla rapida crescita urbana; un'area nella quale i cittadini stentano a ritrovarsi, privi come sono di centri naturali di coesione. E' questa l'area socialmente e politicamente più difficile, e nella quale per inevitabile conseguenza più deboli sono le posizioni elettorali della D. C. In questo settore il Partito dovrà impegnarsi a fondo, proseguendo l'azione sin qui compiuta, per favorire lo stabilirsi di condizioni di maggiore omogeneità e di maggiore disponibilità alla nostra influenza politica. Ciò sarà possibile non già con iniziative sul tipo dei Comitati di quartiere, che rispondono a modelli estranei, applicati altrove con risultati quanto meno incerti, e che finiscono per rimettere in gioco forze politiche avverse prive sin qui di seri agganci popolari; ma con una coraggiosa iniziativa nostra, senza complessi di inferiorità. Dobbiamo dimostrare, e ne abbiamo tutta la possibilità, che la D.C. è la vera forza politica capace non solo di far propri e risolvere i problemi urgenti delle comunità nuove, ma di portare ricchezza di rapporti umani e civili là dove sembra non esserci altro che isolamento e dispersione.

C) - Esiste infine la realtà tipicamente urbana dei ceti e categorie professionali, realtà che si sottrae a una precisa configurazione territoriale ma che ha grande influenza sul piano dell'opinione pubblica. In questo campo la nostra azione dovrà essere duplice; da un lato dovremo sempre più accrescere il prestigio del Partito. Già molto è stato fatto in questo campo; e riteniamo che si sia raggiunto, attraverso una efficace anche se non sempre appariscente opera di pubbliche relazioni, un apprezzabile miglioramento dei rapporti tra opinione pubblica e Partito.

Il nostro impegno sarà nel prossimo futuro diretto a una incisiva presenza soprattutto nel settore culturale, dove contiamo di realizzare iniziative nuove adatte alle esigenze di oggi. Dall'altro lato dovremo continuare ed estendere l'azione già intrapresa con favorevoli risultati, diretta ad acquisire alla sfera politica della D. C. energie qualificate per competenza professionale e per prestigio. Il settore delle pubbliche amministrazioni ha offerto eccellenti possibilità in questo senso; e il conferimento di responsabilità a persone tecnicamente capaci, lungi dal depotenziare la forza politica del Partito, ne ha accresciuto l'influenza specialmente in quei settori della pubblica opinione che sono più sensibili alle esigenze proprie di una società progredita. Su questa strada ci proponiamo di camminare ancora, in una larga e moderna visione della funzione del Partito.

3) L'ORGANIZZAZIONE DEL PARTITO IN CITTA': PER UNA SEMPRE MAGGIORE EFFICIENZA POLITICA DELLE SEZIONI

L'analisi delle condizioni attuali del tessuto sociale della nostra città ci rende convinti che la Sezione rappresenta ancora uno strumento valido ed efficace per la presenza politica della D. C. Non il solo, certamente; ma comunque uno strumento dal quale non possiamo prescindere. Attraverso le Sezioni, concepite non come semplici centri di reclutamento di iscritti, ma come centri di formazione e di orientamento politico, di coesione sociale, di organizzazione e di direzione della società, il Partito è ancora in grado di raggiungere, a Bergamo assai più che altrove, i suoi fondamentali obiettivi organizzativi e politici.

Constatiamo con soddisfazione che la maggior parte delle Sezioni della Città, dotate di sede propria, con efficienti quadri dirigenti, adempie egregiamente ai propri compiti; e ciò non soltanto nelle aree periferiche, ma anche nelle zone centrali. E' nostro proposito accrescere ulteriormente la vitalità delle Sezioni, favorendo l'adeguamento degli strumenti di lavoro alle mutate condizioni operative, in modo che esse continuino ad essere centri operanti della nostra azione politica, capaci di interpretare i bisogni della comunità locale, di scoprirne i problemi, di orientarne le soluzioni.

In particolare ci proponiamo:

- di interessare i vari ceti sociali, con incontri su temi specifici, come già lodevolmente fatto in alcune sezioni, così da rendere sempre più incisivo e caratterizzato il dialogo con i cittadini

- di destinare in via prioritaria, alle Sezioni e specialmente a quelle periferiche, come si è fatto per il passato, i mezzi finanziari a disposizione;

- di aiutare le Sezioni a procurarsi una sede idonea, convenientemente attrezzata per essere realmente un accogliente luogo di incontro; e ciò come ulteriore traguardo rispetto al programma già attuato per la dotazione di sedi alle Sezioni.

4) LE RESPONSABILITA' PUBBLICHE DEL PARTITO: PARTITO E AMMINISTRAZIONE COMUNALE

L'impegno che ci assumiamo discende direttamente da quello che gli organi cittadini del Partito hanno assolto negli scorsi due anni e mezzo, dalle scelte politiche compiute, scelte che confermiamo pienamente a cominciare dalla forme di collaborazione instaurata a Palazzo Frizzoni dopo le elezioni amministrative del 1964, dal programma amministrativo da noi elaborato e proposto, le cui linee si sono tradotte nel programma quinquennale dell'Amministrazione.

Continuando l'indirizzo sin qui seguito, ci impegniamo:

- a garantire il collegamento tra l'azione generale politica del Partito e dei suoi organi da una parte, e l'azione degli amministratori democratici cristiani dall'altra, così da favorire una sempre maggiore incisività politica della nostra presenza nella civica amministrazione, in relazione anche ai problemi posti dal rapporto di coalizione;

- a fornire il necessario supporto politico alle decisioni più significative e caratterizzanti in tema di attuazione del programma quinquennale; in particolare per quanto riguarda la politica di bilancio, la politica urbanistica e in specie la revisione del Piano regolatore generale, la gestione delle aziende municipalizzate, gli investimenti di carattere sociale soprattutto quelli a vantaggio dei quartieri periferici;

- a stabilire un organico rapporto tra cittadini e amministrazione, secondo la funzione propria di un partito politico a larga base popolare, raccordando politicamente opinione pubblica e potere amministrativo, in un costante interscambio democratico.

Amici Delegati,

Vi abbiamo esposto le linee del nostro programma di azione nel Partito, per il Partito. Esse rappresentano lo sviluppo di quanto già abbiamo compiuto, in coerenza con le nostre opinioni che non abbiamo mai mancato di esporre francamente nelle passate Assemblee. Con la modestia delle nostre forze, ma senza risparmiarci, e con il conforto di una comprensione e una collaborazione sempre più larga, abbiamo lavorato in questi due anni perseguendo con passione l'ideale di un partito moderno, vivo, efficiente, capace insieme di pensare e di agire, capace di mobilitare attorno a sé tutte le energie oneste e valide, capace di interpretare fedelmente le esigenze della grande maggioranza di cittadini onesti, laboriosi, attivi che chiedono di essere guidati con saggezza e con coraggio.

Ora, nel momento del bilancio, del giudizio, della scelta, per l'avvenire, chiediamo a voi di sostenerci col vostro consenso, di riconfermarci la vostra fiducia.

inaugurazione della mostra antologica di Trento Longaretti al Palazzo della Permanente, Milano, 15 ottobre 1980

Discorso Programmatico Al Comitato Cittadino D.C.
come Segretario, 13 gennaio 1967

Cari Amici,

come già dicemmo all'Assemblea Cittadina la Democrazia Cristiana, questa grande forza popolare, è chiamata a servizio della comunità cittadina, garantendo ad essa la somma di valori morali civili e politici essenziali al suo autentico progresso.

È una singolare fortuna ed al tempo stesso un pesante onere quello che a noi è dato. L'onere e l'onore cioè di fare il grande Partito della nuova società. Perché è ben vero che sulla DC gravano da più di vent'anni le gravi responsabilità connesse alla parte di protagonista della vicenda politica nazionale, ma è altresì certo che oggi noi possiamo constatare quale carica di idealità e di originalità, quante potenziali possibilità può liberare il Partito per servire la comunità.

Potrà sembrare una premessa ridondante di retorica o di spirito pattriottardo, ma alla luce invero scialba del crepuscolo di alcuni dei miti della nostra società, e caduti al nostro interno alcuni infelici luoghi comuni che avevano appesantito e reso affannoso il nostro cammino, noi oggi possiamo sentire che la competizione con le altre forze politiche ci trova attenti a cogliere i più importanti e positivi aspetti e ci esalta come soltanto possono farlo le vigili contese della democrazia. Questo è il clima nel quale il nostro Comitato Cittadino è chiamato ad operare. Ed è importante per noi trovare una giusta consonanza con lo spirito che anima questa presenza. Anche l'unità più vera del Partito trova in questo clima l'ossigeno che rende vivo il tessuto connettivo del nostro Partito. E' con l'unità o nella unità il vero solidarismo degasperiano che dà all'esterno una visione di omogeneità sicuramente feconda di risultati.

Ed ora veniamo alle cose concrete che dal tono della nostra vita interna riceveranno corretta prospettazione ed adeguata soluzione. È solo per lasciare agli apporti della discussione che limiteremo queste dichiarazioni programmatiche della Segreteria, alla nostra città, anche se siamo ben consci che altre e maggiori realtà ci trovano compartecipi e non solo spettatori svagati. Ed è perciò che, a malincuore, non possiamo soffermarci sull'importante contributo offerto all'assemblea cittadina dall'amico dr. Longhi in ordine al P.S.U. ed ai nuovi aspetti della polemica e del dibattito politico del nostro Paese.

Non ci mancherà l'occasione per riprendere quel discorso.

Ed intanto diamo un rapido sguardo al nostro intorno; <u>alle altre forze politiche della nostra città,</u> la situazione è la seguente:

	1963	1958	1964
DC	45,37%	51,3%	47,64%
PCI	9,18%	8,4%	8,91%
PSI-PSDI	21,68%	20,2%	18,6 % PSIUP 2,40%
MSI	6,49%	7,1%	6,49%
PDIUM	2,04%		1,61%
PLI	14,20%	6,6%	14,89%

Risulta abbastanza comprensibile, che in termini di competizione, data anche l'imminenza delle elezioni politiche generali che, salvo sorprese dovrebbero tenersi nella primavera del 1968, il nostro esame deve guardare le formazioni politiche che per capacità organizzativa e di incidenza politica possono sul piano elettorale, essere di una qualche preoccupazione.

Contiamo è vero sulla <u>stasi delle posizioni del PCI</u> e del MSI ma di questi Partiti, e soprattutto del MSI ci deve preoccupare una certa vitalità nel settore giovanile studentesco. Per tutti e due questi Partiti vale però la pena di non sottovalutarli nel nostro esame proprio perché è dalla riduzione delle loro presenze ed influenza che ne trarrà vantaggio la competizione democratica.

Anche per il PSIUP vale il discorso sul PCI, con la differenza che è un discorso che riguarda molto il nuovo Partito socialista, soprattutto nella nostra città, anche perché <u>vi ritroviamo una notevole componente sindacale</u>. Quindi la nostra valutazione si restringe ai due Partiti che in Città hanno raccolto nelle ultime elezioni il 33% dei suffragi.

Per il PLI possiamo ragionevolmente prevedere, salvo qualche grosso guaio al centrosinistra o alla Dc e senza i notevoli interventi della grande stampa indipendente come nel 1963-1964, che possa vedere ridotti i suffragi. Poiché il sogno di fare del PLI un Partito di massa non poteva che essere una pia illusione, non ci resta che favorire il moto di riflusso di quei voti verso più sicure forme del progresso democratico. Ciò in una visione generale che tende ad eliminare l'assunzione da parte del PLI di forme tipiche del qualunquismo politico e della politica del dispetto. Di ciò si hanno molti esempi, uno di questi esempi da ben meditare è l'episodio delle elezioni dell'avvocato Pezzotta a Sindaco di Bergamo. Ma la competizione, che noi auspichiamo sinceramente rimanga sempre in termini altamente civili, è aperta con il PSU, il Partito che sanziona la fusione del PSI-PSDI e con il quale è in corso da oltre due anni la collaborazione nell'Amministrazione Comunale sulla base di un preciso accordo programmatico che la DC non ritiene allo stato attuale mettere in discussione.

Occorre ripetere a questo punto per dovere di obiettività che i risultati della collaborazione con i socialisti nell'Amministrazione Comunale sono stati positivi compatibilmente con le inevitabili difficoltà connesse all'inizio di una nuova formula. Dobbiamo con tutta franchezza ammettere che i loro rappresentanti in Giunta danno prova di notevole dinamismo e di grande disponibilità e questo può favorire una certa convergenza di consensi.

A queste note positive per i socialisti, dobbiamo però metterne altre che riducono di molto l'incidenza sul piano competitivo. Hanno infatti una scarsa organizzazione capillare e per di più l'unificazione ha portato, data la composizione del PSDI e del PSI a Bergamo, ad alcune difficoltà che ne rendono più problematica l'omogeneità.

Quindi il quadro delle forze politiche presentate sia pure in forme notevolmente sintetiche ci dice che la vicenda politica in Città ci vedrà ancora sicuri protagonisti, sempreché sappiamo sviluppare una presenza efficace e determinante nel tessuto sociale della Città, in un rapporto aperto con i ceti, i gruppi sociali, l'opinione pubblica, i cittadini.

Ed ecco il discorso sulla complessa realtà della Città che richiede un'azione politica necessariamente differenziata ed articolata ed i problemi che derivano all'organizzazione del Partito per una accresciuta efficienza e presenza politica.

Crediamo che correttamente, si possa riassumere la visione sociologica della nostra città in questi tre punti:

a) <u>Esiste nelle nostre Città, specialmente nella periferia</u> e semiperiferia più antica, una prima area sociologicamente <u>caratterizzata</u> dalla presenza di centri di coesione tuttora vivi, con rapporti di vicinato ancora sufficientemente diffusi, con una vita religiosa ancora incentrata sulla Parrocchia, con modelli di comportamento relativamente stabili nonostante le cospicue trasformazioni intervenute. In queste zone il Partito trova una solida base naturale di adesioni e di consensi. Dovrà essere nostra cura prioritaria diffondere questa realtà, non certo nella illusione di fermare i mutamenti e le trasformazioni, ma nella convinzione che un Partito popolare come il nostro non può sottrarsi al dovere politico di difendere un patrimonio di valori umani e civili ancora così ricco e così valido, tanto più ricco e più valido quanto più forte diventa di giorno in giorno l'esigenza di salvare i ceti urbani dal meccanico livellamento proprio della cosiddetta civiltà dei consumi, dalla crescente spersonalizzazione, dall'indifferenza, dallo scetticismo.

b) C'è poi una seconda area, quella dei nuovi quartieri, investita in pieno, a differenza della precedente, dalla rapida crescita urbana; un'area nella quale i cittadini stentano a ritrovarsi, privi come sono di centri naturali di coesione. È questa l'area socialmente e politicamente più difficile, e nella quale per inevitabile conseguenza più deboli sono le posizioni elettorali della DC. In questo settore il partito dovrà impegnarsi a fondo, proseguendo l'azione sin qui compiuta, per favorire lo stabilirsi di condizioni di maggiore omogeneità e di maggiore disponibilità alla nostra influenza politica. Ciò sarà possibile non già con iniziative sul tipo dei Comitati di quartiere, che rispondono a modelli estranei, applicati altrove con risultati quanto meno incerti, e che finiscono per rimettere in gioco forze politiche avverse prive sin qui di seri agganci popolari; ma con una coraggiosa iniziativa nostra, senza complessi di inferiorità.

Dobbiamo dimostrare, e ne abbiamo tutta la possibilità, che la DC è la vera forza politica capace non solo di far propri e risolvere i problemi urgenti delle comunità nuove, ma di portare ricchezza di rapporti umani e civili là dove sembra non esserci altro che isolamento e dispersione.

c) Esiste infine la realtà tipicamente urbana dei ceti e categorie professionali, realtà che si sottrae a una precisa configurazione territoriale ma che ha grande influenza sul piano dell'opinione pubblica. In questo campo la nostra azione dovrà essere duplice. Da un lato dovremo sempre più accrescere il prestigio del Partito. Già molto è stato fatto in questo campo; e riteniamo che si sia già raggiunto, attraverso una efficace anche se non sempre appariscente opera di relazioni pubbliche, un apprezzabile miglioramento dei rapporti tra opinione pubblica e Partito. Il nostro impegno sarà nel prossimo futuro diretto a una incisiva presenza soprattutto nel settore culturale.

È da questa formulazione il discorso viene ad incentrarsi sulla Sezione, anche in rapporto alle mutate esigenze della comunità cittadina. Siamo un Partito politico e quindi non possiamo sottrarci a realistiche valutazioni circa l'opportunità nell'adozione di un indirizzo piuttosto che l'altro.

Comunque sia ben chiaro che ogni novità circa le nuove forme di presenza in Città, non può prescindere dall'efficienza e dall'alta qualità del lavoro di Sezione. Solo così è possibile studiare i modi di questa presenza ed operare con efficacia a tutto vantaggio della Dc e della comunità, senza rimettere in gioco forze politiche avverse prive di seri agganci popolari. Perché tale può essere il risultato. A ben guardare oltre la realtà odierna, a cui arrivano anche le stesse iniziative sul tipo dei "Comitati di Quartiere" nella nostra Città, queste iniziative oltre che a giocare inizialmente a favore del PCI, a lungo andare possono dare agganci al PSU il quale sta cercando di apprestare quella organizzazione che fino a ieri aveva dato in appalto al PCI.

Questo però non ci esime da uno studio serio del problema della rappresentanza nei quartieri cittadini, anche in rapporto alle esistenti istituzioni e alla realtà dei molteplici centri di coesione. All'uopo verrà costituita una Commissione di studio così come proposto in sede di Assemblea Cittadina. E poiché si parla di studio riteniamo in concreto di dare vita a commissioni di studio, su singoli problemi che via via si presentano alla nostra attenzione, che si avvalgono del contributo di amici esperti dei vari problemi, anche se esterni al Comitato Cittadino. E nel contempo proponiamo di destinare come per il passato alle Sezioni, i mezzi finanziari disponibili e soddisfacendo prioritariamente alle esigenze di dare la possibilità di una sede che sia almeno un luogo di incontro. E con il problema della sede ci proponiamo di studiare con gli amici Segretari di Sezione le forme d'aiuto per rendere sempre più efficienti politicamente le nostre Sezioni e rendere efficaci e produttive le iniziative che le Sezioni vorranno intraprendere.

Poiché stiamo proponendo come migliorarci, la Sezione è il principale dei nostri strumenti in questa azione, un particolare cenno merita il problema dei giovani. Il problema è grosso, ma è un problema che ci riguarda da vicino, anche perché è il problema della sopravvivenza del Partito come espressione organizzata. Rispettosi come siamo dell'autonomia del M.G. non possiamo tuttavia ignorare che doveva dobbiamo fare ogni sforzo per aiutare il M. G. ed i giovani con iniziative di formazione e con attività che ne favoriscono l'incontro e, perché no, un costruttivo dialogo. Ed allo scopo ci sembra che il Circolo Culturale ed iniziative di tale tipo siano il primo ed il più importante degli obiettivi da raggiungere. A questo proposito sembra doveroso informarvi che nei prossimi giorni si spera di portare a positiva conclusione l'iter per la costituzione del Circolo Culturale che in Città potrebbe svolgere la sua importante attività presso il Civico Teatro Donizetti.

Il Partito e le Scelte Concrete per i Compiti degli Anni '70
del Segretario Cittadino D.C. Alberto Galli
Il Campanone, La Tribuna del dibattito precongressuale, 5 novembre 1967
(ndr Congresso Provinciale D.C. 12 novembre 1967)

Le Assemblee sezionali che preparano il 10° Congresso Nazionale della Democrazia Cristiana mi sembrano, proprio per il senso del concreto che deve animare tutti gli Amici, la migliore delle occasioni che fin qui ci sono state offerte per il discorso intorno ad alcune serie prospettive degli anni '70. E che debba essere un discorso diverso da quello di precedenti incontri lo si sente nell'aria. È il clima che permea questa competizione elettorale interna. Ci stiamo rapidamente avvicinando a quello che dal Convegno di Celana ci viene indicato come il fatto fondamentale per il reale e permanente progredire del nostro Partito ed il suo adeguarsi alle mutevoli realtà della società in cui ci troviamo ad operare: prende corpo l'esigenza di rendere istituzionale il "momento elaborativo". Formula peraltro suggestiva e certamente impegnativa, ma prescindendo dalla quale non si ha effettiva evoluzione delle forme di rappresentatività verso quella che, sia pure imperfetta, come tutte le umane istituzioni, viene a definirsi "democrazia di partecipazione". Si pensi soltanto alle esigenze del nostro Stato, e quindi dei partiti che istituzionalmente ne sono il supporto inscindibile, di sostituire nel nostro sistema rappresentativo l'istituto del consenso che pure è stato e può ancora ritenersi sostanza di democrazia, per avviare, con piena coscienza, il processo di integrazione che tende ad eliminare le lamentate carenza di rappresentatività dei normali canali e strumenti di formazione della volontà politica e cioè delle forme di mediazione e di espressione della sovranità popolare.

intervento alla XVII Assemblea ANUU, Bergamo, aprile 1975

Perché il nocciolo della questione sta proprio in questo. E' che la Democrazia Cristiana con puntigliosa volontà si sia mossa su questa strada, lo stanno a dimostrare i convegni che in questi ultimi anni si sono svolti ai vari livelli, anche se il disegno politico che alla base di quest'operazione è finora appannaggio di gruppi ristretti di iniziati.

Ma il discorso ci riguarda troppo da vicino per classificarlo fra quelli riservati alle "élites" o a ristrette oligarchie.

E non è la Democrazia Cristiana il vero Partito popolare del nostro Paese? Se sì, e noi lo crediamo, la partecipazione di più larghi ceti agli strumenti di formazione della volontà politica nel senso sopra richiamato, mi sembra abbia un vero significato di concretezza. A questo punto facendomi eco ad alcune esigenze tipiche dei nuovi ceti che si affacciano alla ribalta della storia del nostro Paese, potremmo dire che questo è il discorso che veramente interessa. Il resto è tutto un corollario.

E conseguentemente in questo quadro trova giusta collocazione il discorso sulla classe dirigente politica ed amministrativa democristiana chiamata ad operare per il congresso della nostra società nel futuro mediante i canali della formazione di una corretta volontà politica. Risulta fin troppo evidente che ho voluto solo accennare e, peraltro, in modo frammentario a tutta la vasta problematica che il discorso sulla rappresentatività e quindi sulla democrazia di partecipazione pone oggi. Ma è un discorso che oggi più che per il passato si pone in tutta urgenza, anche perché non possiamo nasconderci che le accelerate trasformazioni di cui siamo spettatori consumano ad un tempo e con rapidità impressionante esperienze ed energie. Per le responsabilità che il Paese ha affidato alla DC nelle comunità locali e su fino alle comunità nazionale, occorre che siano moltiplicate le occasioni e gli incontri intesi a preparare il più largo numero di amici disposti a mettere al servizio di una prospettiva sicuramente finalizzata al bene comune tutte le loro personali doti di inventiva e di fantasia creatrice unite alla capacità di ripensare continuamente l'esperienza personale e l'esperienza storica del movimento dei cattolici alla luce dei principi essenziali da cui prende forza la nostra azione e che danno una connotazione precisa, alla nostra presenza organizzata. Cioè il problema degli uomini per le forme nuove del nostro tempo. Il 10° Congresso Nazionale che ha fra i suoi obiettivi soprattutto quello di rappresentare tutta la volontà e la capacità del Partito di porsi come strumento politico indispensabile di progresso civile del nostro Paese, offre a noi e alle nostre assemblee l'importante occasione di affinare la nostra qualità di politici ponendo l'accento sul fondamentale problema dell'evoluzione del sistema rappresentativo e della crescita della classe dirigente che a breve e lungo tempo porterà a nuovi traguardi tale processo. Così facendo la "politica" affiderà sempre meno il suo successo alla "teoria delle apparenze" e riacquisterà nell'opinione dei nostri amici e dei cittadini onesti la considerazione che le compete come "scienza di governo". Anche questo sarà un passo in avanti nella costruzione di più stabili istituzioni democratiche. Ecco il modesto contributo su una tematica che fin qui raramente era oggetto di discorsi ad ampia partecipazione. È un discorso non facile, veramente da "momento elaborativo", ma l'auspicio che almeno per l'avvenire si possa constatare una più ampia iniziazione a tale riguardo.

La scelta mi sembra chiara, e perfettamente in linea con l'impegno che ciascuno di noi è chiamato a dare per le fortune della DC e, oltre a queste, e nell'interesse generale, di accelerare il processo evolutivo verso le forme postulate da una democrazia che sia di vera partecipazione oltre che di consenso.

Punti Fermi contro la Violenza
La Cittadina, periodico mensile di informazione del Comitato cittadino della Democrazia Cristiana Anno IX n. 11, novembre - dicembre 1969

Quanto sembra lontano il tempo in cui un grande Papa, nostro conterraneo, nella enciclica "Pacem in terris" richiamava tutti gli uomini alla reciprocità di diritti e di doveri fra persone diverse in mutua collaborazione! E come sono stati presto emarginati dai comportamenti sia dei singoli che della collettività i sapienti cenni agli aspetti fondamentali del bene comune ed all'esercizio della autorità! E' questo il segno dei tempi? E' forse l'ora in cui la violenza sta per avere ancora ragione del "buon senso" e delle istituzioni democratiche e si appresta a celebrare i suoi nefasti?

Da tanti episodi della cronaca ciascuno di noi potrebbe trarre conclusioni amare e pessimistiche al riguardo. Ne è mio desiderio essere il solito inguaribile ottimista nei riguardi di una situazione che indubbiamente presenta parecchi motivi di incertezza e di perplessità, per dirla con parole buone. C'è una cosa però che mi sembra doveroso dire a tutti gli Amici.

La violenza, esercizio quanto mai nefasto per la civile convivenza, è sempre opera di minoranze pugnaci e avventurose e fonda i presupposti per il suo affermarsi sulla paura o sulla rinuncia della stragrande maggioranza dei cittadini. Se così è, e la storia ci fornisce un'abbondante esemplificazione al riguardo, occorre che tutti i cittadini

intervento conviviale con gli avvocati lombardi, Milano, gennaio 1981

di buon senso ed i nostri Amici in particolare prendano coscienza della realtà e, lungi dai facili allarmismi o dai conseguenti ancor comodi alibi, stabiliscano dei punti fermi.

Il primo di questi punti fermi è il no alla violenza; rifiuto quindi in noi stessi e nei nostri comportamenti alla tentazione della violenza come mezzo per risolvere le contese che si sviluppano nel corpo sociale.

Il secondo punto fermo è: esercizio del dovere di governare, di indirizzare la comunità all' attuazione del bene comune. L'esercizio cioè del buon governo! E se è vero che siamo ininfluenti rispetto al potere centrale e quindi non ci resta che formulare dei fervidi auspici a tale riguardo, altrettanto vero è che nel nostro ambito possiamo offrire ai cittadini positivi esempi in ordine all'esercizio responsabile del governo della cosa pubblica.

Terzo punto fermo è: l'esercizio delle civiche libertà, pervenutoci come imperativo morale dalla Resistenza, desideriamo che sia superiore a qualsiasi bene individuale o di gruppo e come tale è nostro dovere trasmetterlo a chi verrà dopo di noi anche se, lo ammettiamo, molto dobbiamo ancora fare per rendere il godimento di tale bene il più generalizzato possibile.

Ed infine il punto fermo invalicabile per ogni comunità democratica: l'esercizio dei diritti di ogni singola persona, settore o categoria non può ignorare il dovere della composizione dei rispettivi interessi in quello che è l'interesse generale. Solo in questa visione noi potremo pensare che le contese e le giuste contrapposizioni daranno frutti duraturi e saranno elementi di vero progresso civile.

Questi i punti fermi ed il nostro responsabile impegno è a questo scopo. Può essere poca cosa se lo spirito di abdicazione è ormai in noi; ma se saremo ancora in molti ed uniti, nello spirito e con la volontà di sempre, avremo dato un contributo determinante al superamento delle presenti difficoltà. Pensiamo che questo sia il nostro dovere di democratici cristiani. E che il Partito, a tutti i livelli, ritrovi le sue migliori capacità di guida politica è più di un auspicio.

Diventa certamente un sincero augurio di cui per primo abbisogna l'on. Arnaldo Forlani, Segretario Politico, il quale in un momento tanto delicato ha assunto una così grande responsabilità ed al quale va doverosamente tutta la nostra solidarietà.

VI Convegno Provinciale di Studio
della Democrazia Cristiana, Discorso Conclusivo

come Presidente del 1° Gruppo di lavoro
Collegio di Celana, 27 aprile 1969

Il 1° gruppo trattava delle esigenze di rinnovamento delle strutture del partito; è stata accettata una premessa che credo possa ritenersi fondamentale non soltanto per il lavoro di questo gruppo ma probabilmente anche per i lavori che in altre sedi noi andremo a fare per il partito, per rinnovarlo e per dare delle strutture adeguate perché nonostante il tono di pessimismo, quella sorta di autolesionismo che talvolta prende noi nelle diagnosi, dobbiamo però premettere che la realtà è certamente più confortante e per i politici la realtà è un dato fondamentale.

Quindi la premessa era questa, non sono state sollevate delle obiezioni e penso possa valere anche per noi come premessa proprio a conclusione dei nostri lavori e cioè si conviene che i partiti sono e restano il solo strumento fino ad oggi inventato dalla scienza e dall'esperienza politica che consentano a milioni di cittadini elettori di sapere soggettivamente che essi hanno le stesse idee, condividono gli stessi valori e sono d'accordo sugli stessi fini. E' normale che ci siano altri modi di espressione popolare; ad esempio, la recente esperienza della Francia insegna che è facile ottenere un sì,

inaugurazione mostra Baratti, Cremona, gennaio 1981

il no è l'ignoto. Quindi, quando si assume come punto di riferimento preciso che il principio dei partiti è un buon principio, tuttora valido, ci siamo poi risparmiati, nella discussione che successivamente ha preso avvio, delle considerazioni che potevano avere un non so ché di utopistico e conseguentemente di inseguire altre ipotesi di lavoro realistiche.

Ciò premesso non penso che si debba entrare nel vivo di alcuni problemi affacciati anche se devo dire ritorna in modo in curioso quella polemica che noi speravamo fosse superata; anche qui dobbiamo dire che c'è in tutte le cose una componente umana che emerge, probabilmente corroborata da alcuni valori, ed è la sola che permette di affrontare esigenze di rinnovamento e il cambiamento di strutture del partito per renderlo adeguato ai tempi nostri; infatti la polemica curiosa che emerge anche dalle segnalazioni degli interventi degli amici, è stato quello di curare ancora soprattutto quelli che sono i livelli delle nostre comunità di base, quelli che sono i loro piccoli problemi; sarà per una strana deformazione mentale che così ci è venuta da un lavoro di tanti anni al servizio delle nostre comunità; io dirò che è una benefica deformazione mentale quella che ci fa considerare i problemi, i piccoli problemi della comunità, talvolta le piccole cose della comunità come non soltanto incombenti ma come quelli a cui vale la pena di pensare perché sono le cose che riguardano da vicino gli uomini che come noi sono nella comunità e per i quali noi assieme a loro costruiamo veramente una società più progredita e speriamo, per quel che attiene le società umane, più giusta.

Allo stato esigenziale è affiorato il problema dei giovani!

In tutti è presente questo problema: la ricerca del come fare perché i giovani si occupino delle cose della politica, delle cose dell'amministrazione. Del come fare perché nei giovani ci sia questo impegno civico che i giovani della generazione a cui io appartengo e delle generazioni che hanno preceduto la mia evidentemente sentivano proprio; per come fare perché questi giovani sentano questo impegno civile, a come rispondere in modo adeguato a queste esigenze, al richiamare questi giovani al partito perché si abbiano a occupare della politica del partito e della comunità; diciamo così che sono affiorate un po' allo stato esigenziale indicazioni circa il come fare perché i giovani tendano questo dovere dell'impegno civile ma non mi è sembrato di poterne cogliere indicazioni concrete e formulazioni precise . Dirò che non c'è questa ansia, questo bisogno che a un dato momento noi potremmo definire fisiologico, di trovare dei ricambi adeguati, magari dei ricambi migliori che sappiano fare meglio di quanto noi abbiamo potuto saper fare o non siamo riusciti a fare perché la nostra comunità cresca meglio, cresca più ordinata, cresca più libera e quindi cresca giusta. Questa è una esigenza e c'é questa ansia di ricerca. Si è pensato, si è detto, si è discusso che dobbiamo in tutti i modi coltivare questa esigenza perché dia dei risultati concreti; probabilmente il fatto è che non siamo in grado di definire con esattezza quali sono gli strumenti che possano rimediare lo stato di cose e possano segnare questa saldatura, questo inserimento dei giovani nelle comunità, per questo lavoro di impegno civile e di impegno politico.

Il lavoro svolto oggi ci dice che probabilmente molto è lasciato o molto va lasciato a quelle che sono le qualità umane che ciascun dirigente politico, ciascun dirigente, ciascun amministratore sa dare; probabilmente anche qui è vero come era vero ieri che soltanto la fantasia, l'inventiva, la passione, l'impegno di ciascuno sono ancora le qualità che possono supplire, a mio avviso, ad avviso di tanti amici, aiutare a superare quelle esigenze di modificazione delle strutture che ciascuno reclama affidando all'autonomicità dei loro funzionamenti cose che, probabilmente per quanto attiene alla vita di relazione e per quanto attiene alla vita di comunità, sono proprie degli uomini e dell'impegno e della tensione corale che loro mettono nell'esercitare determinati doveri.

Un secondo argomento che è emerso e che io porto qui perché io credo sia veramente una esigenza unanime è l'argomento delle primarie nel nostro partito. In questo momento per una vita di partecipazione, per rimediare a talune insufficienze, a talune carenze, a questa mancanza di interesse per le cose della politica e della comunità si pensa che uno degli strumenti, accanto a quelli dell'impegno dei singoli (ineliminabile come le qualità umane che noi dobbiamo mettere in misura elevata nel nostro impegno civile), è questo delle primarie cioè questa sorta di consultazione preventiva in ordine ai problemi che si affacciano via via nella vita della comunità, in ordine, per esempio, ai momenti decisionali che la comunità è chiamata a corrispondere.

Per esempio, adesso ci sono le amministrative; il problema delle primarie è visto proprio alla luce anche di questa scadenza oltre che di altre successive. Le primarie sono intese come forma di partecipazione di tutti gli amici del partito e anche allargate successivamente (alla comunità), come forma di partecipazione di tutti i cittadini a quelle che sono le decisioni e la vita quotidiana della comunità stessa. Orbene dicevo che l'esigenza di questa consultazione primaria è stata avvertita da tutti sia pur con toni diversi, con sfumature diverse, anche con qualche preoccupazione; da parte di taluno si è ritenuto però che le primarie possano essere usate in modo conveniente; vorrei dire che se applicate secondo le circostanze, secondo il principio della gradualità possono essere uno strumento vero di partecipazione, possono rimediare proprio a questa carenza di interessamento che da più parti è lamentata; quindi io penso che già in sede di dibattito congressuale si possa arrivare a questo tipo di consultazioni che va sotto l'etichetta di primarie. Anche qui non si scopre niente di nuovo. Alcuni amici l'hanno ricordato, m'è stato confermato, anche da amici ieri e anche questa mattina, io stesso ho l'esperienza di alcuni rioni della città, che alcuni amici erano indirizzati su questa strada ancor prima di sentire che esisteva una problema delle primarie; ci sono alcuni segretari di sezione e anche alcuni che sono sindaci oggi che nelle passate consultazioni elettorali e soprattutto amministrative avevano già dato vita a questa richiesta di indicazioni per quanto attiene ai programmi e per quanto attiene alle liste; se queste primarie servissero domani a far confluire sulla lista dello scudo crociato più consensi -e quindi più solidarietà -, e questo senza etichettature, io non credo che oggi questo strumento, in modo corale e quindi proposto a tutto il partito, possa essere lasciato da parte per alcune paure che noi potremmo avere. Anche qui varrà la regola della applicazione del caso per caso; là dove ci siano delle difficoltà obbiettive, per l'applicazione alla città per esempio, si dovrà valutare seriamente se l'acquisizione nei metodi di lavoro del sistema delle primarie sia veramente redditizio per la formazione della lista, la formazione degli stessi programmi tenuto conto della complessa realtà che è propria di una città. Credo però sia assolutamente fondamentale che questa realtà delle primarie trovi per esempio in alcuni paesi quella omogeneità che è certamente una delle sue caratteristiche costanti; penso possa trovare una sua precisa collocazione e vorrei dire che possa attuare una benefica sperimentazione e attuazione; quindi il problema delle primarie adesso verrà portato nelle sedi apposite e penso che dovrà essere così almeno a parere di tutti gli amici della commissione.

Dopo questa partecipazione che potremmo già sperimentare nelle prossime amministrative e successivamente stendere alle forme più notevoli di vita della comunità è emersa poi una terza considerazione: l'introduzione della proporzionale a tutti i livelli. Qui evidentemente ci sono stati accenti diversi; però credo che vi sia questo unanime desiderio di una presenza, vorrei dire più significativa, un po' a tutti i livelli sia sezionali che provinciali che zonali ecc.; nelle varie forze che compongono la democrazia cristiana c'è ancora una incrostazione e cioè vorrei dire ancora una deformazione in questo modo di vedere la proporzionale a tutti i livelli e questo attiene al problema delle correnti e alla loro organizzazione rigida che, dobbiamo dirlo, pesa sul partito ancora oggi e noi speriamo per non molto tempo; stiamo facendo anche qui i conti con quelli che sono i dati offertici dalla realtà, che pesa ancora in modo vorrei dire troppo grave e condiziona troppo spesso quelli che sono i momenti della vita del partito; infatti taluno accennava e auspicava che le correnti non già venissero abolite, perché se le aboliamo come correnti rispuntano come gruppi, come tendenze; riteneva che si dovesse fare come a Celana nel 1965, allorquando era stato detto molto chiaramente, ben oltre uno stato di auspicio, che le correnti diventassero veramente delle tendenze cioè dei gruppi di espressione. Un partito come il nostro non può fare a meno di queste tendenze, di questi gruppi di espressione proprio la sua natura composita; un partito come il nostro reclama che esso debba avere al proprio interno questi gruppi che rappresentano così in modo quasi fotografico quella che è la realtà della società che ci circonda. Siamo un partito popolare, viviamo in una società pluralistica e quindi noi ci facciamo carico di tutte queste istanze. E' chiaro che tutte le istanze della società si manifestano in modo diverso e talvolta in modo dialettico fra di loro; il partito deve operare questa sintesi ma per arrivare alla sintesi occorre che esistano questi gruppi, queste tendenze che esprimano delle idee, più che esprimere delle organizzazioni. Queste "organizzazioni" invece di portare avanti delle idee e questo processo di elevazione affidato appunto alla dialettica fra i gruppi, portano avanti quelli che sono i motivi di scontro che ci hanno visti l'un contro l'altro armati. Questi motivi di scontro hanno portato al nostro partito, e credo più ancora al paese, quei guai che noi oggi lamentiamo; purtroppo per noi non sono ancora finiti anche se sappiamo che la Provvidenza non consente agli uomini di sbagliare più del dovuto.

Sono emerse poi delle esigenze legate ad un problema che si è affacciato da più parti e si ricollega ancora al problema delle correnti: il problema della stampa dei fogli di corrente. Questi fogli di corrente percorrono in modo frenetico tutte le vie del partito in modo da confondere le idee dei nostri iscritti; per cui su una verità, per esempio mi diceva un amico ieri, sui fatti di Battipaglia, noi del nostro partito abbiamo ormai avuto 3 o 4 versioni; abbiamo la versione del ministro degli Interni, abbiamo la versione ufficiale del ministro degli Interni, abbiamo la versione politica e, chiamiamo la cose con il loro nome, abbiamo la versione del popolo, abbiamo la versione della nuova D.C. e abbiamo la versione di politica nuova. Quattro, cinque, sei, sette versioni su fatti che per quanto riguarda le cause possiamo anche ritenere che abbiano motivi diversi e quindi fare delle diagnosi magari anche differenti; ma, ad un dato momento, dicevano questi nostri amici, la verità sia pur essa quella con la v minuscola, che è tipica delle cose politiche, deve pur avere una sua precisa collocazione e formulazione perché se no a chi dobbiamo credere?

Ad un dato momento a chi spetta farsi carico di responsabilità, in ordine ad alcuni fatti che succedono nel paese, lamentava una certa strozzatura in quella che è la circolazione delle idee. E' stato richiesto da taluni che i partiti in sede provinciale probabilmente ovvino ad inconvenienti di questo tipo; almeno per quel che riguarda la nostra provincia è stato richiesto da taluni che ci sia un giornale unico di partito con una tribuna permanente di opinioni in libertà o, come la si voglia chiamare, una tribuna delle idee dove compaiano le diverse espressioni ma siano queste in modo che accanto all'opinione di un amico ci possa essere l'opinione di un altro amico, in modo che sia il confronto per tutti i nostri amici, e, soprattutto per la base, vi sia il confronto sulle idee; ed anche se queste idee vengono prospettate in modo diverso, visto che compaiono sul giornale del partito, sul giornale ufficiale, danno almeno un' impressione di omogeneità di presentazione verso l'esterno; fin qui questa omogeneità non c'è assolutamente stata e quindi i nostri amici potrebbero veramente far emergere quel dibattito veramente fecondo che consente alle idee di circolare e non far sentire invece il peso di una organizzazione che purtroppo prevale su quella che è la presentazione delle idee. Quindi c'è questa esigenza, e in sede provinciale la segreteria attuale ha ritenuto d' accordo con il direttore del campanone che si possa e si debba dar vita a questo comitato di redazione senza chiedere pregiudizialmente, anche perché la cosa realisticamente non è possibile, che siano soppressi i fogli provinciali di corrente. Se questo comitato di redazione, come ci auguriamo soprattutto per la buona volontà degli amici che parteciperanno a questo tipo di iniziativa, saprà veramente corrispondere a questa esigenza, emersa prima e certamente molto sentita nella base del partito, io credo che probabilmente ciascuno di noi non abdicherà a sue visioni proprie in ordine alla realtà, in ordine alle problematiche che sono oggi sul tappeto; in questo modo noi avremo certamente la possibilità di offrire almeno un quadro di questa dialettica interna, di questa mirabile dialettica interna che però attiene a quelli che 'sono' liberi confronti delle idee più che a presenze organizzate, che sono certamente di disturbo a una crescita razionale, vorrei dire a una corretto intendersi fra di noi.

C'è in fine questa esigenza che ha trovato qualche sostenitore. Dirò che è nella presentazione che è emerso che il partito mai come in questo momento sente il bisogno di un leader e qui il discorso salta da un livello dal livello della base a un livello nazionale. Il partito, possiamo tranquillamente affermarlo ed è emerso ed è stato anche sottolineato, manca di un segretario politico veramente leader. Noi dai tempi di De Gasperi non abbiamo più avuto un leader per cui assistiamo al paradosso che talvolta le minoranze sono più forti delle maggioranze. Questo lo si ha quando non vi sia una situazione di vera maggioranza e quando i rapporti correnti fra maggioranza e minoranza all'interno di una convivenza democratica sono completamente ribaltati. Taluno pensa che la democrazia cristiana bergamasca aveva pensato così prima di

Sorrento, a Celana nel settembre 1965 e ritiene sia proponibile ancora per il livello nazionale la soluzione che il segretario politico sia sottratto alle estenuanti mediazioni che giorno per giorno deve fare per cercare di equilibrare i vari raggruppamenti interni per evitare che possano portare allo sfacelo e alla atomizzazione del partito. La proposta quindi è di far eleggere il segretario politico direttamente dal congresso nazionale, che rimanga in carica 2 anni e possa poi rispondere, in virtù del mandato avuto, non alle correnti e, quindi, di fatto non sottraendosi a sue precise responsabilità in ordine alla guida politica del partito, possa veramente esercitare questo suo diritto/dovere di guida politica. Così facendo potrà rispondere ed avere il consenso nel caso che abbia operato bene alla guida del partito o ottenere il dissenso se abbia operato in modo sbagliato; è importante che si esca all'equivoco, e qui è stata una delle richieste, che vale per il segretario politico nazionale e vale per gli uomini a tutti i livelli a qualunque posto di responsabilità sia collocati qualunque ufficio assumano, cioè l'esigenza che ciascuno si assuma le proprie responsabilità e ottenga il consenso democratico per aver bene operato o paghi se ha sbagliato nel suo operato. Il richiamo, mai generico, è al senso di responsabilità che dobbiamo avere e che soprattutto si deve avere nei confronti della base; questo richiamo non si traduce quasi mai di converso per i dirigenti, per coloro che hanno responsabilità di guida e ricoprono uffici di guida in altrettante assunzione di responsabilità e, quindi, nel dover rendere conto poi all'elettorato di queste responsabilità che poi si è assunti; è stato ravvisato da più parti che questa è una cosa che assolutamente non va, che è una delle caratteristiche che oggi si ritrovano nel partito così come sono presenti anche nella società; è giusto questo di richiamarci, continuamente in una sorta di opposizione a noi stessi, a un senso di responsabilità che noi dobbiamo avere verso gli altri; ma che poi qualcuno alla fine paghi per questa assunzione di responsabilità questo non si è ancora verificato. Io so che questa proposizione porta a un non so che di moralistico però credo che anche le questioni morali a questo punto, o almeno per quanto attiene a una legge morale che è quella che dovrebbe essa sola presiedere al nostro corretto porsi al servizio civile, io credo che anche queste questioni morali non siano più soltanto morali o moralistiche ma abbiano in sé una componente di realismo politico che noi non possiamo ulteriormente sottovalutare.

C'è infine l'esigenza, e questa per altro già trova accoglimento nello statuto, di far sì che in alcuni centri, dove esistono più sezioni, si dia vita nel più breve tempo possibile al comitato comunale. Alcuni ci sono già, per altri ne è richiesta l'immediata, urgente costituzione in presenza anche delle scadenze amministrative che ci sono; si ritiene, infatti, che là dove ci siano più sezioni, sia assolutamente necessario l'esistenza del comitato comunale; questo per quell'opera di sintesi e di composizione assolutamente necessaria per il superamento, sia pure nelle sedi anguste locali, di quei conflitti, soprattutto, di carattere campanilistico che si sviluppano, purtroppo per noi e per tante comunità e che invece di portare a un corretto esercizio al corretto buon governo della comunità e del paese finiscono poi per lacerare ulteriormente il tessuto e, vorrei dire, la coesione di questi comuni. Quindi l'esigenza urgente è che si dia vita ai comitati comunali; è stata richiesto, da più parti, che si dia vita a questa norma, introdotta recentemente nello statuto dei comitati comunali là dove la presenza del comitato comunale è richiesta proprio dalla esistenza di più sezioni.

Infine si è parlato, più che nel gruppo, in una appendice che c'è stata al gruppo stesso, della crisi dei partiti. Di questa crisi se ne parla fin troppo e in fatto di autolesionismo noi sappiamo che siamo dei veri campioni; si è posto però l'accento su una crisi di valori che purtroppo ha preso tutti, una crisi di valori che è quella probabilmente a ben guardare la sola che pone in crisi le strutture della società esterna e pone in crisi il partito. Questo è ancor più grave per dei cristiani che si sono messi al servizio e, vorrei dire, si sono buttati in quello che è l'impegno civile; questo è grave e quindi pensiamo che proprio perché cristiani che si occupano di cose della politica almeno si è ritenuto da più parti, da parecchi amici, che convenga prendere in considerazione il problema e fare il discorso. Vorrei dire, affrontando e dicendo le cose per quello che sono, che quando noi ricordiamo che esiste una crisi dei valori, e lo diceva molto bene Moro in quel suo intervento al consiglio nazionale del novembre scorso, noi pensiamo che bisogna ripristinare il concetto di una legge morale, per i singoli e per la collettività e che l'impegno di tutti possa essere l'unico e il solo a valere e sia il metro di giudizio per noi e per i nostri comportamenti collettivi. Questa legge morale è la vera, e probabilmente l'unica, cosa che ci è venuta a mancare. Era caratteristica di una generazione che noi rispettiamo, che noi abbiamo ammirato, della generazione emersa subito dopo la guerra. Una sorta di sano cinismo, talvolta un cinismo che, si dirà, è una delle componenti della politica, a un dato momento, fa sì che questo prevalga su questa esigenza di ordine morale che deve pur presiedere il nostro impegno e penso sia la sola giustificazione al nostro impegno, e che ci dia spinta a ché il nostro impegno sia veramente un servizio che rendiamo alla comunità. Cari amici, probabilmente qui da parecchi è stata sottolineata questa esigenza; io credo che in questa opera di rinnovamento non possiamo se non riportarci a quelli che sono i valori permanenti, i primi e i soli che sono il più vero punto di partenza perché il rinnovamento avvenga.

Concludo dicendo e parlando del problema della stampa; ne ho già accennato prima, quindi il mio richiamo ha soltanto il sapore di ripetizione. C'è stata questa esigenza che la stampa di partito. Ai nostri livelli faremo delle proposte anche nelle sedi superiori; l'amico De Bernardi a Sorrento nel gruppo cui partecipò fece delle proposte in ordine a quello che doveva essere il Popolo, a quello che doveva essere la stampa di partito. Queste proposte, come tante altre a quei livelli, rimasero lettera morta. Per quel che ci riguarda penso che nelle nostre sedi possiamo, così come ho detto poc'anzi dare vita a questa forma di presentazione delle idee che sono al nostro interno.

Non riteniamo come gruppo di avere altri argomenti da proporre alla vostra attenzione; ci sembra però di avere rispettato nei discorsi che siamo andati facendo quello che erano le indicazioni che il titolo esigenze di rinnovamento e di strutture del partito, almeno per quanto riguarda alcuni aspetti di questi; certamente volendo entrare nel merito di tutte le altre numerose e complesse esigenze di riforme delle strutture o di altre riforme, che pure a suo tempo in quel di Celana nel 1965, per rifarci sempre a quei discorsi, noi avevamo indicato, crediamo di avere corrisposto a questo impegno di approfondimento di alcuni temi che ci era stato prefissato.

Grazie.

il Campanone

Spedizione in abb. postale Gruppo III - pubb. inf. 70 %   ANNO XXVI - 1 DICEMBRE 1972 - Nuova Serie N. 9-10

Il perchè di una riconferma

Domenica 26 novembre 1972, l'Assemblea cittadina della Democrazia Cristiana di Bergamo ha eletto il nuovo Comitato Comunale del Partito, riconfermando la propria fiducia alla lista collegata alla posizione capeggiata dal segretario uscente Alberto Galli.

Non viviamo in momenti facili: incertezze e contraddizioni inquietanti percorrono una società mutata e in costante movimento; preoccupazioni di non poco conto investono l'economia; un recupero di credibilità si pone alle forze politiche per rafforzare il nostro sistema di libertà; nella Democrazia Cristiana, in particolare, è avvertito il bisogno di una nuova sintesi politica che riproponga, nella scia di Sturzo e di De Gasperi, l'immagine di un partito interprete e guida della realtà sociale del nostro tempo.

E' evidente che queste caratteristiche abbiano avuto e continuino ad avere riflessi pure sul piano locale. Ad esse occorre aggiungere i molteplici "nodi" politici e amministrativi, propri di una città moderna e in costante progresso quale è Bergamo, che continuamente bisogna sapere dipanare nel miglior modo possibile.

Il tutto poi senza venir meno al nostro modo di presenza: quello cioè di tradurre in termini di libertà e in valori politici i grandi ideali cristiani del rispetto dell'uomo, della giustizia, della pace e del progresso sociale; e tradurre, questi ideali, in rapporto ai problemi concreti della nostra città, in proporzione alla nostra forza e nel rispetto del metodo democratico.

Riteniamo che il Partito in questi anni, a Bergamo, abbia seguito fedelmente questa linea. Pur nella salvaguardia completa dei nostri principi ideali, abbiamo evitato gli scogli degli schemi precostituiti per affrontare i programmi realistici. Abbiamo rifiutato di ammalarci di nominalismo che si risolve in atteggiamenti pregiudiziali che rendono più difficile e, talvolta, disarticolato l'impegno operativo.

Non ha avuto dunque alcun senso

Segue a pag. 2   Franco Frigeri

IL NUOVO COMITATO CITTADINO DI BERGAMO

Dall'Assemblea dei Delegati piena fiducia alla linea politica della maggioranza uscente di Bergamo città. Alla lista del Segretario Cav. Alberto Galli, con 22 eletti, la maggioranza assoluta.
La lista delle sinistre (Nuova sinistra - Nuove cronache Forze nuove) ha ottenuto gli altri 11 seggi.

L'Assemblea cittadina della DC si è tenuta presso l'Istituto Suore Orsoline di via Monte Ortigara.
Alla presidenza dei lavori, l'on. Angelo Castelli; alla vicepresidenza l'avv. Zonca e il geom. Canavesi. Al tavolo della presidenza erano anche l'Assessore regionale prof. Giuliani, il Sindaco di Bergamo, avv. Pezzotta, il Segretario Provinciale della Democrazia Cristiana prof. Marchesi e il sig. Galli, Segretario della DC cittadina, il quale ha aperto i lavori con una esauriente relazione nella quale, considerata e valutata l'azione della Democrazia Cristiana sia a livello nazionale che provinciale, ha riferito sull'attività svolte negli ultimi anni dal Comitato cittadino della DC, cui fanno capo 23 sezioni.
Parlando della validità della linea politica seguita dalla DC a Bergamo, Galli ha posto fra l'altro in risalto come la prova dei fatti sia stata decisamente positiva: la DC nelle ultime elezioni politiche ha migliorato a Bergamo le proprie posizioni aumentando di circa il 4 per cento i suffragi ottenuti riuscendo a riconquistare così la maggioranza assoluta dei voti.
Sull'impegno nella amministrazio-

Segue a pag. 2

Alberto Galli, riconfermato nella carica di Segretario Comitato Cittadino di Bergamo.

copertina de *il Campanone* del 1 dicembre 1972

Partecipazione dei Cittadini all'Esercizio della Funzione Amministrativa, brevi note di Alberto Galli
Il Campanone anno XXV, n. 11, 27 novembre 1971

Credo che si debba convenire che gli attuali ordinamenti dei paesi occidentali, e cioè quelli che riteniamo comunemente ordinamenti democratici, non prevedono fino ad oggi se non forme assolutamente limitate di partecipazione diretta dei cittadini alla gestione della cosa pubblica. Infatti, assicurata la LEGITTIMAZIONE DEMOCRATICA degli organi di governo ai vari livelli, il collegamento tra cittadino in quanto tale e istituzioni pubbliche si realizza organizzativamente tramite la rappresentanza politica. Cioè è tanto più vero nel nostro sistema, dove l'Istituto della rappresentatività, e quindi del necessario e costante interscambio tra rappresentati e rappresentanti, è affidato per il corretto funzionamento ai partiti politici.

Con l'entrata in vigore degli Statuti regionali e quindi con la possibilità di iniziativa popolare per le leggi, noi siamo di fronte alla concreta possibilità di una sistematica PARTECIPAZIONE all'esercizio di quei diritti che, di fatto, rappresentano un collegamento organico con le istituzioni pubbliche, e ad una gestione diretta di tale collegamento.

Abbiamo inoltre negli ordinamenti che ci siamo dati la possibilità di configurare l'istituto dell'azione popolare, che si concretizzava fin qui in "diritto soggettivo pubblico dell'individuo", come "mezzo di partecipazione del Popolo a certi singoli momenti dell'attività delle pubbliche amministrazioni".

Azione popolare, iniziativa legislativa popolare e referendum possono quindi essere considerati strumenti di democrazia diretta.

Premesso quanto sopra in punto di dottrina ritengo si debba valutare con profondo senso di realismo come sarà possibile tradurre nella prassi tale enunciato in ordine ai "principi" della partecipazione, soprattutto per quegli atti fondamentali delle istituzioni pubbliche e del loro governo che sono la programmazione e la pianificazione territoriale; e ciò ad evitare che la partecipazione dei cittadini abbia un valore puramente formale, con la conseguenza di accentuare quel processo di estraniazione fra autorità e cittadini che purtroppo è il fenomeno più preoccupante di questo nostro tempo.

Al riguardo mi sembra degno della massima attenzione quanto ci viene dall'esperienza di altri paesi occidentali quali la Gran Bretagna, la Francia e gli Stati Uniti (per limitarci ad alcuni). Per la Gran Bretagna varrà la pena di consultare la legge urbanistica del 1968 (Town and Country Planning Act 1968) circa le modalità di formazione dei vari piani e le regole per la partecipazione dei cittadini e delle loro associazioni alla definizione degli stessi. Ma per il tema, più proprio per queste note, della partecipazione, sarà indispensabile un'attenta considerazione del rapporto della "Commissione Skeffington" dove i problemi pratici della "partecipazione" ed ha anche la concezione del ruolo della "partecipazione" nell'esercizio delle funzioni amministrative sono visti in tutte le loro implicazioni, con un ammirevole grado di esattezza nella percezione della realtà in cui le istituzioni si trovano in concreto da operare (cfr. Riv. Amministrare numero 32 anno 1970).

Per la Francia nella legislazione urbanistica troviamo analoghi esempi a quelli della legislazione inglese, con qualche caratteristica che varrebbe la pena di segnalare. Si ha cioè l'istituto del Commissario per l'inchiesta pubblica sul progetto di piano presentato, il quale scaduti i termini per la presentazione di osservazioni può effettuare le consultazioni che ritiene utili prima di inviare il piano con i risultati dell'inchiesta alla competente autorità per l'approvazione. Negli Stati Uniti la "partecipazione del cittadino" al processo di decisione amministrativa è risolto, allo stato, attraverso lo strumento dell'udienza pubblica (public hearing).

In questi tre paesi il problema della "partecipazione" ha però obiettivamente suscitato problemi e perplessità che vanno giustamente considerati.

Un chiaro sintomo di queste perplessità è la sottolineatura che nel "Rapporto Skeffington" si ha dell'importanza della funzione "psicologica" della partecipazione dei cittadini e della necessità che essi (e questo, a mio avviso, potrebbe valere anche per gli Enti Locali ed associazioni) siano coinvolti nella formulazione dei piani e programmi che LOGICAMENTE poi saranno a valere per ognuno e per tutti dopo la loro adozione.

Ben si comprende come si sia ancora in presenza di sforzi, anche se notevoli, di applicare in modo corretto gli istituti di democrazia diretta e di coinvolgere quindi i cittadini in un organico rapporto con le pubbliche amministrazioni.

Il cammino da percorrere non è né breve né scevro da difficoltà di ogni genere. Gli ostacoli da superare impongono che si abbandoni quella enfasi di genere demagogico che talvolta caratterizza le buone intenzioni dei politici, per una ricerca dei modi più consoni per uscire dalle finzioni e dalle ambiguità che si accompagnano fatalmente a determinati "momenti" della democrazia. Ciò consentirà quantomeno di rendere più vicini i due momenti, della lieve e suggestiva costruzione teorica e della dura realtà della prassi, nell'intento di dare alla CONCEZIONE RITUALE della partecipazione popolare un significato, questo sì, di CRESCITA dei singoli cittadini e della comunità in senso squisitamente politico.

Per la Riconferma di una Politica di Progresso al Servizio della Città

Assemblea Cittadina, Bergamo, 26 novembre 1972
MOZIONE N. 1, Alberto Galli con altre 21 persone nella lista

Amici delegati,

la maggioranza che oggi regge la Democrazia Cristiana cittadina si presenta con un chiaro programma che è insieme di continuità e di progresso. Intendiamo rimanere fedeli al nostro proposito di essere, nel servizio al Partito, un movimento aperto, capace di arricchirsi di tutti gli apporti costruttivi, soprattutto di quelli che ci vengono dalle forze più giovani, dalla periferia, dalle nuove forze sociali emergenti dalle trasformazioni tumultuose avvenute nelle strutture del nostro Paese.

Desideriamo riaffermare, con fermezza di convinzioni e di propositi, la nostra fedeltà ai patrimonio ideale del nostro Partito, alla sua continuità storica, alla sua permanente funzione di guida e di salvaguardia delle istituzioni democratiche.

Abbiamo ben presente il quadro di una società italiana profondamente mutata e in costante movimento, che pone alla Democrazia Cristiana sempre nuovi problemi e le apre complesse ma esaltanti prospettive.

Ne ricaviamo il convincimento che sia nostro preciso dovere non l'attenuazione o la rinuncia, ma la riscoperta e la valorizzazione di quanto c'è di più nostro, di quanto caratterizza la nostra ideologia e la rende ancora oggi illuminante, efficace ed attuale.

Crediamo nella possibilità di operare alla costruzione di una autentica democrazia, ricca di valori morali, che garantisca la dignità umana; una democrazia che sin impegno costante teso ad assicurare la partecipazione di tutti i cittadini, alla esplicazione del potere politico in ogni sua forma.

Sentiamo profondamente il dovere dell'unità. Una unità che non sia pretesto strumentale o meccanica ripetizione di formule astratte, ma coerente impegno morale e politico.

Una unità che non significhi equivoche confusioni di maggioranza e di minoranza, ma che l'una e l'altra, con le proprie responsabilità, compongano in una efficace realtà operativa.

In un momento difficile per la vita del Paese, riteniamo giusto dire con chiarezza il nostro pensiero sulla politica nazionale.

La linea che pone la Democrazia Cristiana in una posizione di centro rispetto alle altre forze politiche, riaffermata nel programma del Partito per le elezioni del 7 maggio, ci trova concordi.

Pensiamo che sia una linea coerente con gli obiettivi di stabilità politica delle istituzioni, la quale è condizione irrinunciabile per un reale sviluppo socio-economico e per una sempre più diffusa partecipazione popolare.

Sottolineiamo, in questa linea, il nostro antifascismo che non è nato oggi, che non è solo formale, ma fa parte del nostro patrimonio ideologico, così come ci opponiamo ad ogni totalitarismo di sinistra.

Condividiamo anche la piena disponibilità alla collaborazione con le altre forze democratiche, una collaborazione che abbia come prospettiva - senza scavalchi e ognuno secondo la propria tradizione politica - l'obiettivo di una sempre più larga alternativa di potere democratico.

Riteniamo essenziale la presenza ed il contributo dei partiti dell'area democratica; e non perché vi sia, da parte nostra, abdicazione o sfiducia nella nostra tradizione e nel nostro pensiero, ma per una valutazione obiettiva e realistica delle condizioni della battaglia democratica in Italia.

La prova decisiva di questa linea di politica e quindi del ruolo della Democrazia Cristiana, si è avuta nel successo elettorale conseguito dal nostro Partito, che a Bergamo ha migliorato di circa il 4% e ha riconquistato la maggioranza assoluta dei voti.

In questa prospettiva, l'azione svolta dal governo Andreotti - resa più ardua dalle tensioni sociali e dalla congiuntura economica avversa - deve ritenersi positiva e meritevole del nostro leale appoggio.

Da quanto esposto vi proponiamo, Amici delegati all'Assemblea Cittadina, il seguente programma:

Partito e Società

In una fase caratterizzata da profonde incertezze e da contraddizioni inquietanti, i nostri Iscritti e l'elettorato chiedono alla Democrazia Cristiana di essere un punto di riferimento sicuro. Non possiamo assolutamente deludere questa aspettativa per cui, oggi come non mai, abbiamo bisogno di una nuova sintesi politica che riproponga, nella scia di Sturzo e di De Gasperi, l'immagine di una Democrazia Cristiana interprete e guida della realtà sociale del nostro tempo.

Siamo quindi per una politica di realistiche ed incisive riforme sia sul piano politico di una difesa e di una valorizzazione più efficace della dignità e della capacità delle persone, sia sul piano economico-sociale di una più equa e più generalizzata partecipazione.

La fondamentale istituzione delle Regioni - attraverso il decentramento amministrativo: e ogni cittadino viene sempre più direttamente reso responsabile di ciò che accade nell'ambito, piccolo o grande, in cui vive e in cui ha i suoi interessi. Ebbene, se c'è una battaglia vera e giusta nella vita pubblica italiana, questa battaglia deve essere quella diretta a convincere la nostra gente che essa può avere, attraverso le autonomie locali, lo strumento per influire decisamente sulle scelte politiche, economiche e sociali di fondo.

Ci proponiamo di continuare a seguire con avvertita sensibilità i problemi del mondo del lavoro. La posizione di autonomia assunta da organizzazioni quali le ACLI ed i Sindacati, non ci dispensa come grande Partito popolare e democratico dal ricercare e dal mantenere quei contatti che sono resi necessari dalla comunanza dei problemi che oggi si pongono alla società italiana, e su cui è nostro interesse corresponsabilizzare le forze nelle quali più viva si esprime la spinta dinamica che caratterizza l'attuale fase di movimento; e soprattutto non ci dispensa dalle prese di posizione che comporta l'azione di mediazione e di sintesi connessa con la nostra funzione di guida politica della comunità, che su nessuna questione essenziale ci permette di rimanere neutrali e indifferenti.

Intendiamo anche rendere più operanti i rapporti fra Partito e movimenti ed iniziative culturali per aumentare la tensione vitale e la carica culturale della Democrazia Cristiana.

In tal senso saranno promosse iniziative a tutti i livelli, avvalendosi, senza distinzione di etichette, dei nostri uomini più capaci, siano essi iscritti o solo simpatizzanti.

Saranno costituiti gruppi di studio su problemi politici o amministrativi, al fine di valorizzare e di qualificare la partecipazione degli iscritti alla vita del Partito e di accoglierne gli apporti positivi. Con particolare simpatia saremo disponibili verso il mondo giovanile.

Infine, seguiremo con vivo interesse le iniziative promosse a livello di Comitati di quartiere nella consapevolezza che essi rappresentino un significativo momento della organizzazione delle forze sociali *verso* la ricerca di nuove forme di partecipazione popolare.

Vita interna del Partito

Il Comitato Cittadino unifica ed esprime gli indirizzi politici ed amministrativi a livello comunale. Esso rappresenta anche l'occasione per un libero e democratico confronto dialettico delle forze politiche all'interno del Partito.

Per poter assolvere a questa funzione, il Comitato Cittadino dovrà essere convocato con periodicità costante ed essere investito anche di quelle problematiche che non sono di immediato riferimento comunale, ma che riguardano temi di politica generale.

I rapporti tra maggioranza e minoranza saranno improntati alla massima collaborazione nell'interesse preminente del Partito, e nella ricerca di un sincero impegno unitario che sia espressione di naturali convergenze e non il risultato di sterili operazioni di potere.

Tale collaborazione non impone a nessuno la rinuncia al proprio modo di essere: ciascuno deve servire il Partito, scegliendo il proprio ruolo con leale chiarezza e assumendosene le responsabilità.

Sotto questo profilo valutiamo positivamente la collaborazione che gruppi di Amici offrono per la realizzazione, di un discorso comune nell'interesse del Partito.

Tuttavia negli organismi esterni, in cui il confronto avviene tra la Democrazia Cristiana e le altre forze politiche, è l'unità di azione che deve emergere per lo sforzo comune di tutti i Democratici Cristiani.

L'organizzazione

Il nostro impegno sarà quello di adeguare l'organizzazione ed i metodi del Partito ai mutamenti verificatisi nella comunità cittadina, facendone un movimento di struttura capillare e permanente, con una presenza articolata ed operante in ogni quartiere ed in ogni ambiente sociale.

Riconosciamo alla Sezione il compito di organismo primario all'interno della struttura del Partito perché solo attraverso essa il Partito può penetrare nella realtà della nostra comunità.

Occorre però rivalutare la concezione che noi abbiamo della Sezione per allargarne il respiro.

Riaffermiamo la necessità, da una parte, di dotare le Sezioni degli strumenti necessari perché svolgano adeguatamente la loro funzione che è quella di interpretare i bisogni della società e di diffondere il pensiero del Partito; e dall'altra, di aprire le Sezioni all'esterno con una presenza continua e qualificata negli ambienti in cui si forma la pubblica opinione.

Tramite le Sezioni, intese non come semplici centri di reclutamento di iscritti, ma come centri di formazione e di orientamento politico e di coesione sociale, il Partito è ancora in grado di raggiungere a Bergamo, assai più che altrove, i suoi fondamentali obiettivi organizzativi e politici.

In particolare ci proponiamo:

- di intensificare i rapporti tra le Sezioni e la Direzione Cittadina al fine di cercare costanti occasioni d'incontro per un approfondimento completo dei qualificanti problemi economici, amministrativi e sociali della nostra comunità locale, in modo da avvicinare sempre più il Partito alla domanda politica del cittadini e di rianimare la vita periferica del Partito, accelerando così il processo di una vera partecipazione;

-di aiutare le Sezioni a procurarsi una sede idonea, convenientemente attrezzata per essere un accogliente luogo di incontro;

-di destinare in via prioritaria alle Sezioni, soprattutto a quelle periferiche, come del resto è già stato fatto in passato, i mezzi finanziari a disposizione.

Partito e Amministrazione Comunale

L'impegno che ci assumiamo discende direttamente da quello che gli organi cittadini del Partito hanno assolto negli scorsi anni, dalle scelte politiche compiute, scelte che confermiamo pienamente a cominciare dalla formula di collaborazione instaurata a Palazzo Frizzoni dopo le elezioni amministrative del 1970, dal programma amministrativo da noi elaborato e proposto, le cui linee si sono tradotte nel programma quadriennale dell'Amministrazione in questi giorni approvato dal Consiglio Comunale.

Mentre il Piano quadriennale rappresenta il documento fondamentale programmatico per l'attività dell'Amministrazione fino alla scadenza del proprio mandato, riteniamo doveroso ricordare le tappe più importanti che hanno caratterizzato l'azione dell'Amministrazione Comunale negli ultimi anni:

- lo studio e l'approvazione del nuovo Piano Regolatore Generale;

- la municipalizzazione del servizio del gas;

-il piano per le rogge e le fognature nel quadro anche della lotta contro gli inquinamenti;

-il potenziamento dell'Università e, in genere, dell'edilizia scolastica;

-la messa in funzione dell'aeroporto civile di Orio al Serio.

Continuando l'indirizzo sin qui seguito, il nostro preciso impegno si rivolge in queste direttrici:

- garantire il collegamento tra l'azione generale politica dal Partito e dei suoi organi con l'azione degli amministratori democratici cristiani;

- fornire il necessario supporto politico alle decisioni più significative e caratterizzanti in tema di attuazione del programma quadriennale;

- stabilire un organico rapporto tra cittadini e Amministrazione, secondo la funzione propria di un partito politico a larga base popolare, raccordando politicamente opinione pubblica e potere amministrativo, in un costante interscambio democratico.

Amici delegati,

Vi abbiamo esposto le linee del nostro programma di azione nel Partito, per il Partito, a favore del buon governo della nostra Bergamo.

Ora Vi chiediamo di sostenerci col Vostro consenso e di riconfermarci la Vostra fiducia.

Nello Stato contemporaneo, che si potrebbe definire sociale, i partiti, in quanto strumenti al servizio dei cittadini per concorrere con metodo democratico a determinare la politica nazionale, devono far partecipare, in misura sempre più vasta e determinante, i cittadini alla vita dello Stato, sia nelle sue articolazioni e organi centrali che negli organismi e istituzioni locali.

L. Gallino, Formazione Sociale

Atti Consiliari Regione Lombarda
I Legislatura - Resoconto delle discussioni, seduta del 13 aprile 1972

Presidente

La parola al Consigliere Galli.

Galli

Premetto, a nome del Gruppo della Democrazia Cristiana, che la richiesta della mozione liberale di una Commissione d'inchiesta ai sensi dell'art. 16 dello Statuto, è secondo noi improponibile, perché le Commissioni speciali a cui si richiama il predetto articolo sono esclusivamente da riferirsi a materie preparatorie degli atti del Consiglio per le competenze di cui agli artt. 117 e 118 della Costituzione. Ci sembra che semmai ci si dovesse richiamare all'art. 18 dello Statuto, e quindi noi pensiamo che dal punto di vista formale la mozione non possa essere proposta.

Nel merito della stessa, però, diciamo che la mozione liberale sui deprecabili episodi di violenza collettiva, faziosa e criminale che scandiscono, purtroppo, il ritmo di questo nostro tempo e che non risparmiano la nostra Regione, ci trova dissenzienti non sullo spirito che la pervade, ma sui modi ed i termini della proposta.

La Democrazia Cristiana che, or è un anno avvertì a chiari segni che la violenza, riferita all' estremismo di destra in quel caso, stava già mostrando i suoi nefasti frutti e come occorresse portare in luce un disegno criminoso eversivo verso le istituzioni, ritiene oggi con coloro che lo consentono, e noi vorremmo augurarci con tutte le forze sinceramente democratiche, di dover fare un discorso sulla violenza da qualunque parte essa provenga e quindi contro tutte quelle forze e gruppi che, da destra e da sinistra, attentano alle istituzioni democratiche del nostro Paese, anche se, ovviamente, la proposta indagine dovrà limitarsi allo stretto ambito regionale.

Il doveroso e franco rispetto delle leggi fondamentali della democrazia, che collocano convintamente il nostro partito fra le forze politiche autenticamente poste a difesa del sistema delle libertà, ci dà sufficienti titoli per dimostrare alla grande maggioranza dei cittadini lombardi, pensosi essi pure dei destini delle istituzioni repubblicane del nostro Paese, quali siano nella realtà le forze che tendono al vero e sicuro progresso della società.

I cittadini lombardi devono sapere che chi attenta all'esercizio del governo della comunità con le bombe, di colore nero o rosso, perché questi sono i colori che in questo particolare momento politico risaltano nel gioco d'azzardo della violenza, troverà una adeguata e ferma risposta nelle forze che non hanno una mera visione strumentale della libertà e delle istituzioni democratiche; e fra queste mi piace collocare la Democrazia Cristiana in prima fila. Proprio perché in questo Consiglio abbiamo sostenuto che, in presenza di gravi turbative della coscienza dei cittadini per manifesti fatti di violenza di destra, si dovessero far emergere intrecci e connessioni che i fatti lamentati lasciavano intravvedere, oggi in presenza di un nutrito e grave elenco di episodi di violenza che è vano ormai distinguere fra destra e sinistra, crediamo di avere le carte in regola per chiedere, come difatti formalmente chiediamo, che l'inchiesta allora avviata dalla Giunta sul fascismo in Lombardia si estenda alle cause, ai metodi e agli effetti che sono facitori di violenza pretestuosamente politica nella nostra Regione.

Ricordiamo che allora i liberali votarono contro la nostra mozione ed oggi con una certa incoerenza vengono a proporre ciò che la Giunta in fatto di violenza proveniente da una parte aveva colto e con lo strumento dell'inchiesta voleva evidenziare. Questa distinzione fra violenza di destra e di sinistra che ci viene di fatto proposta dal Partito Liberale non ci trova consenzienti ed è perciò che proponiamo una nostra autonoma mozione che così recita:

"Il Consiglio regionale, che già un anno fa fu sollecito a promuovere un accurato accertamento sulla violenza di ispirazione neo-fascista, vagliata la gravità della spirale di violenza che da troppo tempo va colpendo la Lombardia, nell'intento di recare anche il suo contributo all'opera energica e non più procrastinabile di prevenzione, impedimento e rimedio contro la prepotenza organizzata e distruttiva, impegna la Giunta regionale:

1) ad ampliare prontamente le indagini, senza alcuna preclusione di sorgente o di mimetizzazione politica, sulle cause, i metodi, gli effetti di indole generale di tale calamità nello specifico quadro lombardo;

2) di consigliare eventuali provvedimenti da assumersi al più presto nell'ambito delle potestà regionali o di promuovere analogamente segnalazioni e proposte da porre innanzi agli altri Organi dello Stato".

Chiediamo nel contempo che la mozione presentata venga subito messa in approvazione trattandosi di mozione alternativa a quella del Gruppo Liberale.

Discorso Sulla Resistenza
come Consigliere Regionale D.C.
Palazzago, 25 aprile 1973

Cittadini,

alla celebrazione odierna noi dovremmo premettere il titolo : <u>Perché ricordare</u>? E, soprattutto, perché ricordare la Resistenza? La Resistenza: un luogo ideale, un punto fermo della storia del nostro Paese che si riallaccia la nascita e dagli sviluppi di un movimento forse difficile da spiegare a chi è nato a distanza di anni dalla sua conclusione.

Ricordare che la Resistenza <u>è la storia</u> di un Paese che si è ritrovato unito per conquistare la libertà è la giustizia <u>ed al tempo stesso la cronaca</u> di sacrifici ed eroismi, per lo più oscuri, che dal 1943 al 1945 si compirono in quegli stessi luoghi dove le nuove generazioni oggi vivono, studiano, lavorano, esprimono la loro gioia esistenziale o il loro pensoso scontento.

A Palazzago, al cospetto dell'Albenza che fu testimone di fatti di quel tempo eroico, come in cento e mille luoghi di questa nostra terra! Ma noi dobbiamo ricordare perché proprio gli uomini di una generazione come la mia, cresciuta in tempo di fascismo, e i nostri padri, hanno testimonianza diretta del fascismo. Sappiamo e desideriamo che lo si sappia, come la civiltà in Europa, la civiltà cristiana del mondo occidentale, sia stata sul punto di essere soffocata e travolta da una tempesta di ferro e fuoco; come ciò che era stata la faticosa e cruenta conquista di valori, di istituzioni, di sentimenti, di solidarietà e di umanità, abbia minacciato di essere travolta da forze demoniache irruenti e irridenti il mondo delle libertà e della democrazia.

Ricordiamo quindi la Resistenza poiché vi deve essere in ciascuno di noi la persuasione che attraverso quello che abbiamo vissuto, veduto e, molti, anche patito, non possa verificarsi il prevalere di quelle forze che avversano, oggi come ieri, la civiltà dei popoli liberi e i suoi fondamentali valori.

Ricordare ancora ai Cittadini tutti, quello che della Resistenza è stato l'elemento essenziale: "il patto giurato fra uomini liberi che, volontari, si adunarono per dignità, non per odio, decisi a riscattare - come bene disse Calamandrei - la vergogna e il terrore".

Ricordare che gli uomini della Resistenza, senza distinzione di classe e di censo, di religione e di ideologia, come ammonisce la Medaglia d'Oro al Valor Militare di cui si fregia il tricolore del Corpo Volontari della Libertà, <u>nell'ora tragica della Patria, quasi inermi, ma forti per sovrumana volontà, e tutto sacrificando a un'ideale supremo di giustizia</u>, affrontarono una lotta ad oltranza contro la tirannide, assurgendo a nuovo onore nazionale. Per questo occorre ricordare!

Mi pare giusto inoltre ricordare che premessa alla Resistenza in armi, di cui oggi celebriamo il giorno anniversario della sua conclusione, fu l'antifascismo cospirativo del ventennio, coltivato e serbato in vita sia da uomini politici travolti ma non domati, sia da quegli italiani che, in nome del patriottismo, dell'ispirazione religiosa o della lotta di classe, tentarono di reagire alla politica megalomane del fascismo, finita in una guerra matrice di sciagure e di sconfitte.

E veniamo all'oggi! A trent'anni da quel fatto resistenziale che sono stati gli scioperi del marzo 1943!

È doveroso ammettere che vi sono state vi sono tuttora inadempienze rispetto agli ideali ed ai valori della Resistenza ispiratori della Costituzione Repubblicana. Queste inadempienze suonano grave rimprovero e tale lo assumiamo. Infatti si era trattato di valori autentici e di ideali concreti i quali, se conosciuti ed apprezzati, avrebbero potuto alimentare nelle giovani generazioni una vigorosa coscienza civile, sentimenti di tolleranza, una consapevolezza del limite del giusto e dell'onesto e cioè dei valori per i quali una società si definisce civile. Vi sono stati errori, certo, ne poteva forse esserci miglior sorte all'umano operare; nondimeno va ricordato, oggi come ieri, che una vita democratica anche imperfetta è infinitamente superiore alla tanto declamata ed esaltata gregarizzazione totalitaria.

Ai giovani proprio oggi occorre inoltre ricordare che nella Resistenza non vi fu conflitto generazionale. Nella stagione della Resistenza non venne chiesto ad alcuno la data di nascita. Giovani e maturi di ogni condizione sociale, rischiando in proprio, scelsero i dirupi della montagna dove fischia il vento e urla la bufera o le catacombe della pianura e della città, dove a ogni ora è sorella morte. Sacrificando sé stessi anche per i non ancora nati testimoniavano la libertà per costruire istituzioni libere e democratiche.

Riguardando quello che oggi accade nel nostro Paese viene spontaneo chiedersi come quei sacrifici abbiano potuto produrre frutti non tutti buoni. Ma nella stagione della Resistenza e per la fiducia nei destini supremi della Patria che dalla lotta di popolo venivano ad essere riscattati, non avrebbe potuto trovare posto la previsione che sarebbero spuntate le generazioni dell'infedeltà e del misconoscimento, le minoranze turbolente di coloro che, più per incultura e fanatismo imitatore che per malafede, avrebbero tentato di porre in pericolo la libertà conquistata anche per loro. Come, peraltro, era lontano da tutti il pensare ad una ricomparsa dei nostalgici del fascismo e della violenza di destra che di questi tempi si esercitano con tritolo e bombe contro lo Stato nel tentativo di vanificare lo sforzo di costruire, loro malgrado, stabili e durature istituzioni di democrazia e di partecipazione.

Questo particolare e delicato momento della storia del nostro Paese esige che noi non dimentichiamo l'ammonimento che ci viene della Resistenza, così come si è venuto a delinearla a grandi tratti.

Pensiamo quale esaltante esempio di onestà ci è venuto dagli altissimi spiriti che l'hanno vissuta e come sarebbe follia sciupare il sacrificio di quanti faticosamente e dolorosamente hanno lottato per la conquista della libertà.

Ricordiamo che la libertà, è "il soffio vivificatore del nostro vivere: il gusto di poter restare per sempre nel luogo dove l'anima - come aria che vibra - scorre fra l'acqua e il cielo, fra la terra e il cielo, con una folla di pensieri puri e profondi senza costrizione; senza il principio feroce, malvagio e tirannico che di questa acqua e di questa terra si è impadronito".

Questo frammento del grande scrittore russo Solgenitsin ci aiuti nella difficile intrapresa di difendere di conquistare, giorno per giorno, senza cedimenti, la libertà senza la quale la nostra Patria e le sue istituzioni certamente perfettibili, conoscerebbero un malinconico crepuscolo.

Cittadini, questo abbiamo desiderato oggi ricordare ed è su quello che è stato definito il secondo Risorgimento italiano che siamo in questo giorno invitati a riflettere.

La nostra gente, che da questa montagna e per quel "patto giurato fra uomini liberi" non fu seconda ad alcuno in sacrifici ed eroismi, non dimentichi che il fascismo è ancora fra di noi con i suoi esempi di intolleranza, di sopraffazione e di morte.

Cittadini, la vigile cura dell'Istituzione dove si esercita l'autogoverno della comunità, il senso del dovere, il rispetto del leggi e la ripulsa di ogni suggestione di ordine a qualunque costo, siano il segno più certo che gli ideali di Patria e libertà trovano ancora viva eco nella mente e nel cuore di ciascuno. Solo così faremo conoscere al nostro Paese altri positivi momenti di libero e civile progresso.

inaugurazione della mostra antologica di Trento Longaretti al Palazzo della Permanente, Milano, 15 ottobre 1980

Discorso in Occasione della Festa Nazionale del 4 Novembre

Nella notte fra il 23 e 24 maggio 1915 l'esercito italiano, schierato lungo il confine dallo Stelvio all'Adriatico, iniziava la sua marcia contro le posizioni austriache al comando del generale Luigi Cadorna. Il 25 ottobre 1918 il generale Armando Diaz, nuovo capo di stato maggiore, diede l'ordine del decisivo attacco sul Grappa e sul Piave, che doveva portare alla definitiva battaglia di Vittorio Veneto e alla firma dell'armistizio a Villa Giusti, presso Padova, il 3 Novembre 1918.

La sola battaglia di Vittorio Veneto era costata oltre 35. 000 morti.

E ben 600.000 i caduti di tutta la I Grande Guerra!

Fra queste due date: 25 maggio 1915 e 4 novembre 1918; quanti nomi cari ai ricordi dei nostri Padri: il Sabotino, il Podgora, il Carso, la Bainsizza, l'Ermada, la Val Sugana, Asiago e gli Altipiani, ed ancora il Pasubio, il Grappa, l'Ortigara! E i grandi fiumi del Veneto: l'Isonzo, il Tagliamento e il fiume sacro alla Patria per eccellenza: il Piave, le acque del quale, ci dicono le cronache erano diventate rosse per il sangue versato dai contendenti. Una guerra, orribile come tutte le guerre, che vide fasi alterne: dalle grandi offensive del 1916, all'anno terribile del 1917 (l'anno di Caporetto), all'anno della vittoria, il 1918, che noi oggi 4 novembre qui ricordiamo come luminosa sintesi del sacrificio della nostra gente in terra, sul mare e nel cielo d'Italia affinché la Patria assurgesse a nuova dignità in unità.

Con il 4 novembre 1918 si compiva l'opera del Risorgimento iniziata nel 1848; 70 anni di sforzi, di lotte, di sacrifici e di sangue perché l'Italia fosse una, unita, indipendente. E' superfluo richiamarci alle varie tappe di questo processo di lotte e sacrifici di vite umane per realizzare il sogno di una Patria unita e indipendente. Questa unità, cementata con il sangue, non è più soltanto il sogno dei grandi uomini del passato, ma concreta realtà. Il nostro popolo, superando le artificiose divisioni del passato, con comunanza di intenti ha favorito questa presa di coscienza di un destino comune della Patria italiana. Ecco il grande significato politico di un fatto che l'immane tragedia ci consente di ricordare. E la nostra ricordanza ci ripropone la riflessione sul raggiungimento di quell'ideale di una Patria, l'Italia, ricostituitasi in unità geografica, storica e spirituale entro i suoi naturali confini per i sacrifici del suo popolo tutto. Ma quello odierno se è il giorno più luminoso fra quanti hanno segnato la storia d'Italia, non può farci dimenticare tutti coloro che sono morti in tutte le guerre che hanno travagliato il nostro costituirsi come unità statuale. L'odierno è il giorno delle memorie che noi stessi ci riproponiamo a meditazione. Meditazione sull'errore tragico di considerare la guerra come unico elemento solutore delle controversie fra i popoli. Meditazione comune a tutti, giovani o meno giovani, sui valori che hanno reso e rendono degno di rispetto il sacrificio dei nostri padri e dei nostri fratelli.

E qui il discorso sui valori si erge come un monito a tutti i cittadini. Sono i valori che ancor oggi si chiamano: Patria e Libertà. La Patria, cioè la terra dove si è nati e

visita della Giunta Regionale, Bergamo, 26 novembre 1971

che comprende tutti i cittadini che vi risiedono, con i comuni interessi spirituali e culturali e con i sentimenti che li fanno sentire uniti. Ed ancora: uno specchio d'acqua che guarda il cielo, il fiume che lento scorre fra rive verdeggianti, la casa nella quale si dividono gioie e dolori, il Comune come espressione di autogoverno per il civile progresso della comunità, la Chiesa che ci vede uniti nei momenti lieti e tristi della vita e in comunione con Dio, il cimitero come luogo in cui si onorano le memorie di coloro che ci hanno preceduto verso l'eternità. Ecco la Patria! Questa non è, ben lo si comprende, la retorica della Patria, ma i valori per cui un Paese vive. E la libertà! Il soffio vivificatore del nostro vivere civile. Il gusto di poter restare per sempre nel luogo dove l'anima -come aria che vibra- scorre tra l'acqua e il cielo, fra la terra e il cielo con una folla di pensieri puri e profondi senza costrizione; senza il principe feroce e malvagio che di questa acqua e di questa terra si è impadronito. Su questi temi e nell'esaltazione di questi valori io penso che possiamo fare di questo giorno della ricordanza l'occasione per un incontro fra coloro che hanno vissuto le tragiche esperienze della guerra e le nuove generazioni che hanno avuto migliore ventura.

Sappiano comunque i giovani collocarsi nel solco aperto dal sacrificio dei padri e camminare con dignità e civile coscienza nella giusta visione dei valori più veri e più propri di una società civile, e cioè i valori di Patria e Libertà.

Questi gli insegnamenti di perenne validità che in questo giorno di rimembranze ci vengono offerti.

Atti Consiliari Regione Lombarda
I Legislatura - Resoconto delle discussioni - seduta del 1° aprile 1974

Presidente

La parola al Consigliere Galli.

Galli

Signor Presidente e signori Consiglieri, dopo un dibattito di tale e tanta importanza a me che, mi sovviene d'essere poca cosa rispetto a quel tanto che di positivo a quest'ora si deve fare, - e mi scusino i Colleghi DC se non saprò farlo nel modo desiderato – è dato d'essere capace di apportare alla politica quello che venne definito da un classico: "spirito di finezza". Ecco, se nel mio intervento riuscirò a rendere questo "spirito di finezza", sia pur nella polemica politica, io sarò pago per la mia parte e, anche se questo non è segno di umiltà, avrò qualche personale soddisfazione di avere recato un modesto contributo a questo dibattito. Credo di dover liquidare - mi si passi il verbo - una questione ed è quella che qui è stata accennata dell'antifascismo, diciamo di una alleanza, tipo patto costituzionale, che è presente nella nostra Regione. Credo che ci si debba dare atto di avere interpretato, ma la nostra parte politica questo lo fa con assoluta naturalezza, quello spirito di tolleranza che, accettando in una semantica del linguaggio quello che lo spirito di tolleranza applicato alla lotta politica in termini civili vuole significare, e quindi che non siamo stati accaniti sul piano dei rapporti civili nei confronti anche di Colleghi di una certa parte che, per diritto costituzionale, siede in tutti i consessi democratici e quindi anche nel consesso regionale. Ma, detto questo e avendo presente, come lo deve sempre avere presente un politico, il quadro in cui si trova ad operare, noi riteniamo che l'essere in un comitato antifascista in questo momento, fare cioè professione di fede nell'antifascismo, richiamarsi ai valori della Resistenza, richiamarci cioè a quel tanto che sta alla base della nostra democrazia, sia dovere di ogni sincero democratico. Anche se me ne vogliono, i Colleghi del MSI – DN sanno che io sono scevro per natura da spirito di parte e quindi da cattiverie e in me vi è quindi solo "quello" spirito di tolleranza nei loro confronti. Ma in punto politico devo dire che la Democrazia Cristiana richiama ...

Consigliere Leoni

Non vogliamo nessuna tolleranza.

Galli

... richiama, in questo momento e in termini positivi, la sua origine dalla Resistenza e si richiama ai suoi valori più popolari. Questo volevo dire! Perché se ci si confonderà, come taluno ama dire che ci si confonderà nel trentennale della Resistenza, è perché abbiamo questa esatta sensazione della nostra posizione in questo momento storico-politico che sappiamo essere gravido di pericoli e particolarmente periglioso.

Ritengo infatti che un'analisi corretta del quadro politico del nostro Paese ci porti a considerare che i pericoli vengono principalmente da destra. Questa ritengo sia un'analisi politica abbastanza corretta e corrente, per cui noi dobbiamo con fermezza, dignità e quello spirito di tolleranza a cui accennavo prima e a cui è estranea ogni nota rigorista, continuare su questa strada che è poi la strada del nostro impegno ideale di cattolici democratici presenti nella vita politica. Al Collega Frumento devo dire un'altra cosa. Ho sentito i motivi della sua opposizione e molto icasticamente dirò che la sua posizione mi convince e mi piace, perché sono convinto che un partito di opposizione deve fare l'opposizione. So anche che ha espresso notazioni positive in ordine alla struttura del bilancio e alla sua organizzazione e di questo me ne compiaccio, ma mi meraviglierei molto che la sua posizione scivolasse da quella, così, di un'accettazione del bilancio come tale e venisse ad essere un motivo di confusione in quello che è il compito che ciascuno in ogni consesso democratico deve sapere svolgere, quello cioè di una corretta opposizione.

Quindi mi sta bene quando il Collega Frumento a nome del suo Gruppo dice che, comunque sia, fosse anche il bilancio più perfetto di questo mondo, l'opposizione, sia essa di "Sua Maestà" o meno, evidentemente ha compiti di opposizione e deve dire il suo no. Questo è un modo corretto ed è un modo di riportare alle origini quelli che sono i rapporti all'interno di un consesso democratico fra forze che hanno attitudini e caratteristiche diverse nella società.

E, signor Presidente e signori Consiglieri, mi sia consentito, prima che una certa logica e magari anche una certa distrazione che nasce da un qualche desiderio di polemica proprio di quest'ultima ora così carica di "suspense", mi sia, ripeto, consentito dire che il Gruppo della Democrazia Cristiana esprime il voto favorevole al bilancio di previsione 1974. E prima ancora di essere prigionieri delle logiche politiche delle nostre rispettive posizioni, e senza che possa essere accusato di .piaggeria, devo, me lo consentano i Colleghi, anche per un motivo personale, ringraziare l'amico Golfari, il nostro Capogruppo, per le cose che ha detto questa mattina precisando il pensiero della Democrazia Cristiana; così come devo ringraziare la Giunta che in un lavoro che ciascuno di noi sa quanto sia stato pesante e defatigante, ci ha portato quella che da tutti, senza distinzione alcuna, è stata ritenuta veramente una nobile fatica. Credo ci sia stato offerto uno schema di programmazione abbastanza accettabile in un momento dove non ci è dato di vedere o di capire che esistano schemi corretti di programmazione o comunque intenzioni che poi vengano concretizzate. Non solo alla Giunta io devo rivolgere il doveroso e giusto ringraziamento a nome della mia parte politica; ma a tutti i Colleghi, perché nel lavoro pesante e meritorio delle Commissioni, hanno dato il loro contributo, indipendentemente dalla parte a cui appartenevano, in modo che si arrivasse a questa che è una ulteriore tappa nel cammino delle istituzioni. Il bilancio di previsione infatti è segno fondamentale di volontà di ulteriore prosecuzione della vita della istituzione stessa. Dette queste cose e espresso questo mio ringraziamento sincero che, voi lo capite, non è soltanto espressione formale, ma annotazione di carattere politico che la mia parte porge ai Colleghi della maggioranza così come ai Colleghi della opposizione, io devo, proprio per incarico del Capogruppo, venire ad alcune delicate questioni che avrei desiderato non fossero poste a carico di una polemica che doveva riguardare il bilancio anche se, me ne rendo conto, non ci si può astrarre da quello che è il quadro generale in cui siamo chiamati, nel particolare momento, a rendere operante una nostra presenza. E queste delicate questioni, alle quali mi permetterò di accennare, almeno nella forma con qualche amabilità, sono quelle del *referendum*. Non devo qui fare un discorso sul *referendum*, però è mio dovere affermare, senza iattanza ma con fermezza, che per il *referendum* noi ci battiamo proprio in virtù di una nostra concezione personalistica e comunitaria dell'istituto del matrimonio.

Questo e non altro è il motivo per cui noi, in una battaglia che amiamo pensare squisitamente laica e rifuggente da tentazioni integraliste, ci batteremo in una competizione civile perché ci sia il nostro sì e il sì più convinto dei cittadini all'abrogazione della legge Fortuna-Baslini. Come, con molta amabilità, va detto che per quanto attiene alle linee ed alle decisioni di politica economica del quinto Governo Rumor, secondo di questa rinnovata esperienza di centro-sinistra, talune decisioni in materia di politica economica compatibili con le difficoltà di una situazione economica che tutti conosciamo essere abbastanza drammatica, credo che non possano non trovarci consenzienti, anche se, come in tutte le cose, e quindi come è di tutti i modi di essere nella politica soprattutto di questi tempi, evidentemente sta a noi, sta alle Regioni, pungolare e stimolare questo Governo perché dia corso a quelle che sono le sue intenzioni programmatiche e corrisponda con atti concreti 'e con leggi *ad hoc* a quelle che sono le esigenze che certamente i cittadini e la società di questo nostro tempo pongono.

Non vorrei inoltre, sia pure per l'importanza che il tema richiede, spendere troppe parole per quella che è chiamata la cosiddetta teoria della reversibilità. Io non appartengo al gruppo interno del Segretario Politico del partito, però ho molta stima del Segretario politico della Democrazia Cristiana, e lo dico pubblicamente, senza rinviare ai suoi discorsi, quali sono le intenzioni e la sua azione, richiamando la sua dichiarazione rinnovata anche questa notte alle ore 3 circa; il rispetto del quadro politico di centro-sinistra e quindi del rispetto delle alleanze; credo che questo faccia giustizia di una teoria della reversibilità o della irreversibilità che è parte sì di una polemica politica, ma che non credo possa trovare seriamente ulteriore spazio in questa sede o, magari, in momenti successivi al di fuori di qui.

Quindi io vorrei proprio respingere, per quella colleganza reale e non soltanto ideale col Segretario del mio partito, senatore Fanfani le cose che possono essere dette sul suo conto in questi tempi (e non solo in questi) dalle "patrie gazzette" quando proprio le "patrie gazzette", e questo lo dico a tutti gli amici di partito e a tutte le forze politiche, pare abbiano una preoccupazione principale che non è nuova: quella di sconciare i partiti politici. Noi non dimentichiamo, all'inizio dell'esperienza di centro-sinistra, la polemica contro la partitocrazia ed il danno che certamente ha fatto alle libere istituzioni del nostro Paese. Io vorrei rendere avvertiti tutti, soprattutto le forze politiche, che non possiamo permettere con troppa facilità un facile scandalismo e questo modo di insozzare le forze politiche, non fosse altro per un dato del realismo politico, in quanto, essendo l'art. 49 della Costituzione abbastanza chiaro sulla funzione delle forze politiche e dei partiti, esse sono indispensabili al corretto disegno costituzionale del nostro Paese. Sono i partiti il tramite necessario negli istituti in democrazia fra i rappresentati e il corpo molto ristretto dei rappresentanti. Il principio dei partiti si diceva nel 1965, ed ancora prima, è buono, semmai si tratterà, con gli opportuni correttivi, di migliorare la loro capacità di essere veramente il segno anche esterno di quell'istituto della rappresentatività che è fondamentale in democrazia. Fra il quadro politico regionale e il quadro politico nazionale pare non possibile stabilire l'identità. Però una identità noi crediamo sia possibile. Questa identità, allo stato, mentre stiamo discutendo, si ritrova nella alleanza di centro-sinistra. Ecco perché, dicevo prima, questa sera io vorrei con molta moderazione, e credo non mi si possa accusare finora del contrario, dare un contributo positivo. Noi abbiamo fiducia nella formula di centro-sinistra. Non è un problema, per noi, di stabilire come si ha la delimitazione della maggioranza; noi non abbiamo di questi problemi. Noi sappiamo che la delimitazione della maggioranza realisticamente sta nella stessa alleanza delle forze di centro-sinistra nel nostro Paese. Essa è chiaramente formata dai quattro partiti di centro-sinistra, e qui, mi consenta il Collega Frumento, devo rendere giustizia al Capogruppo del Partito repubblicano. Non è che faccia il difensore d'ufficio del Partito repubblicano, ma per la precisione devo rilevare che il Collega Majno ha espresso il suo voto favorevole al bilancio che ci accingiamo tra poco a votare. Il resto vorrei dire che mi interessa poco al momento, almeno per quanto riguarda la sostanza del problema; semmai saranno gli avvenimenti dei giorni successivi che si incaricheranno di precisare se questa posizione è veramente molto difforme da quella del Partito repubblicano. Se poi per alleggerire un po' la tensione dovessi concedermi una battuta, direi che, qualche volta, come c'è un'opposizione diversa, Colleghi comunisti, qualche altra volta si dà il caso che ci sia anche una maggioranza diversa. È una battuta che politicamente non ha rilevanza e quindi è detta solo per alleggerire la tensione del momento!

Comunque, ripeto, ho fiducia nella formula di centro-sinistra come realistico presupposto alla stabilità anche di un livello istituzionale come quello regionale che ha vita troppo breve perché possa farsi carico di un tipo di dialettica che fatalmente lo porrebbe ad essere il vero elemento irriconoscibile nel disegno di riordino del potere locale.

Questo è quello che noi diciamo sempre, in positivo, a proposito della formula di centrosinistra, della sua colleganza col piano nazionale e quindi della delimitazione che ovviamente ci deve essere all'interno della formula per un certo realismo, al quale abbiamo pensato e che ricaviamo da quel sillogismo prezioso di un maestro della politica, che non è un maestro di "casa" nostra e che qualche volta mi capita di ricordare. A proposito del realismo questo maestro della politica, non di "casa" nostra, diceva infatti che ciò che è possibile, è pensabile, e ciò che è pensabile è possibile. Non credo che una corretta analisi del quadro storico del nostro Paese ci porti a pensare ad un'altra alleanza. Altra visione, allo stato e a breve tempo, che non sia, pur con tutte le contraddizioni che possono essere al suo interno, questa alleanza fra i quattro partiti di centro-sinistra, non è dato vedere. Realismo? Sì il realismo di coloro che hanno superato il principio dell'etica del convincimento e che, secondo la critica, e qui mi riallaccio a Weber, si ritenevano in possesso di carismi che discendono da una ideologia. Questo non è più per i cattolici democratici!

Infatti noi siamo per una etica della responsabilità che ci induce a fare i conti con la varia e complessa realtà e quindi siamo realisti, perché realismo vuole su questo punto che, riferendoci ad un quadro di alleanze, dobbiamo farci carico delle proposizioni di altri che con noi hanno eguali responsabilità, perché daremmo prova di scarsa saggezza se fossimo semplicisti al punto da ritenere conglobate *ipso-facto* con le alleanze, le peculiarità di ciascuna forza politica. Ecco il contributo positivo che la nostra parte politica dedica ad una proficua collaborazione. Credo, a questo punto, che mi rimanga molto poco da dire. La polemica è vero, potrebbe caricarsi anche di altre cose ma credo che l'ora tarda mi induca a dovervi rinunciare.

Al PCI io dovrei dire che sono tentato di una cosa; sono tentato cioè di immaginare una strategia anche per la sua opposizione. Comunque credo che si debba dare atto a una grande forza politica come la Democrazia Cristiana, ma ritengo anche alle grandi forze politiche che pure siedono in questo consesso, di immaginare per il quadro istituzionale ciascuna una propria strategia e penso che, quando invito qualche volta i Colleghi comunisti ad usare invece dell'opposizione diversa l'opposizione intransigente e quindi ad essere tempestivamente aggiornati con quello che il loro partito di questi tempi li invita a fare, evidentemente ho il segreto pensiero che in un quadro complesso, in momenti perigliosi e drammatici quali sono quelli che noi stiamo attraversando, una opposizione di tipo intransigente talvolta delimita fatalmente la maggioranza, ma fa sì che anche le opposizioni possano assorbire quel tanto che di irrazionale vi è all'esterno delle opposizioni stesse. Questo per ricondurre tutto in politica ad un quadro di razionalità, perché mi sforzo di credere che la politica, ancor oggi, sia un fatto di razionalità.

Fatemi grazia se non mi addentro nell'esame dei problemi minuti. Auspico che la Giunta, esaurito questo ponderoso lavoro di presentazione del piano-bilancio '74-'75 e del bilancio 1974, proponga al Consiglio ed alle sue Commissioni quel programma legislativo che è fondamentale perché questo documento, che riteniamo positivo, trovi nel programma legislativo (perché siamo pur sempre - anche se qualche volta pare che ce lo dimentichiamo - un' assemblea legislativa), una corretta attuazione e si possa, quindi, corrispondere a quelle che sono le attese dei cittadini della Lombardia.

Con questo auspicio e con l'augurio che la Giunta, superi anche (questo è un motivo ultimo e poi chiudo) la polemica con i Colleghi del Partito Comunista quando accennano all'esistenza all'interno di questo bilancio del dicasterialismo rispetto a un'idea di programmazione e quindi essi vogliono vedere un'antinomia di questo tipo all'interno di questo bilancio e nella gestione dello stesso.

Cari Colleghi, credo che tutti ci diciamo molto spesso che la Regione ha soltanto, dacché sono stati partecipati a noi i decreti delegati, neanche tre anni di vita.
Noi sappiamo che la vita delle istituzioni ha certamente tempi più lunghi della vita degli uomini, della loro impazienza e, talvolta, delle attese dei cittadini e della società nel suo insieme.

Noi sappiamo che la vita di un'istituzione, qual è la Regione, ha necessariamente al suo interno (proprio perché la politica, camminando sulle gambe degli uomini, ha ancora talune propensioni che sono proprie degli schemi del passato che si porta con sé) anche questa difficoltà: conciliare le esigenze settoriali, non diciamo dicasteriali, con quello che è il disegno generale. È nello sforzo di tutti, e mi pare sia stato anche riconosciuto, comunque non sarà male che ce lo ripetiamo in questo ultimo scorcio di discussione, che il disegno si realizzi. L'augurio è che gli uomini superino anche le loro naturali resistenze e le loro abitudini per rientrare in quello che è il disegno d'insieme.

Come è di ogni schema o disegno immaginati dagli uomini per una società umana che è sempre perfettibile, da noi l'auspicio che almeno le volontà, in questo caso le volontà politiche, corrispondano a questa visione d'insieme che noi riteniamo emerga in tutta chiarezza ed a tutto sbalzo dal disegno che ci è stato sottoposto dalla Giunta.

Quindi, dopo queste dichiarazioni, necessariamente schematiche ed essenziali, senz'altro riconfermo il voto della Democrazia Cristiana al piano-bilancio e il voto favorevole al bilancio di previsione 1974.

Votazione finale

Presidente

Pongo in votazione finale, per alzata di mano, il progetto di legge "Bilancio di previsione per l'esercizio finanziario 1974" quale risulta dai singoli articoli dianzi approvati dal Consiglio nel testo di cui all' allegato che fa parte integrante del presente provvedimento.

(Il Consiglio approva).

Per Un Rinnovato Impegno della D.C. al Servizio
delle Diverse e Mutate Esigenze della Societa' Italiana
Relazione al Comitato Regionale Lombardo D.C. come Segretario
5 aprile 1975, *I supplementi di Politica Nuova* n. 1, 1975

Il Comitato che si svolge in un momento particolarmente importante e difficile nella storia della D.C. ritengo abbisogni di alcune premesse chiarificatrici.

Se la Segreteria D.C. Lombarda, infatti, ha ritenuto - doverosamente – di convocare oggi il Comitato Regionale alle soglie di una campagna elettorale dura e impegnativa come quella che ci apprestiamo ad iniziare e di rivolgersi ai dirigenti, iscritti e amici della Lombardia che sono, nel loro insieme, anche portatori delle speranze e degli interessi di quella che è forse la più importante Regione d'Italia, lo ha fatto non già per dare la stura ad un ennesimo processo recriminatorio e di autocritica, bensì per cercare di definire il ruolo della D.C. e la sua funzione nella società Italiana nei mesi e negli anni a venire. Non che si attribuisca scarsa importanza all'autocritica e che se ne disconoscano il significato e l'importanza; tuttavia nel momento in cui il nostro Partito, per una serie complessa di ragioni - sulle quali avremo più innanzi occasioni

di soffermarci - si trova nell'occhio del tifone ed è attaccato da ogni parte, mi sembra che il proseguire, come a qualcuno forse piacerebbe, sulla strada dell'autoflagellazione non farebbe né gli interessi del Paese, né quelli della D.C.

ESPRIMERE CERTEZZE E INDICARE UN PROGRAMMA

Ritengo invece, e mi scuso in anticipo per la presunzione, che questo Comitato Regionale debba rappresentare uno dei punti di partenza della ritrovata fiducia della D.C. in sé stessa e nel suo ruolo nella società Italiana.

Dobbiamo quindi, ritengo, in questa sede, cercare di esprimere delle certezze e di indicare delle linee di azione le più precise possibili, anziché continuare a nuotare nel mare del dubbio. E' un'esigenza questa che nasce profonda dal Paese e dalle più diverse componenti la società italiana. E' una preoccupazione che abbiamo del resto vista trasparire ben evidente dai più recenti discorsi del nostro Segretario Politico. Un Comitato quindi che deve avere il coraggio della concretezza e, se necessario, anche dell'impopolarità. Perché ricostruire l'Italia negli anni 70, e ricostruirla al servizio della libertà può anche richiedere atteggiamenti e decisioni non gradite a molta gente ed a molte categorie che ormai si trascinano nella palude drogata del privilegio e del vivere tranquillo inconsapevoli che così continuando si finirà col perdere tutti, oltre i privilegi, anche la libertà che è il nostro più prezioso patrimonio.

Mi auguro quindi che questo nostro Comitato sia proiettato nel futuro piuttosto che teso a rivangare nel passato - compito che lasciamo come è doveroso agli storici - e che ci si muova quindi sui binari della concretezza. E questa concretezza non può che partire da una constatazione: il crepuscolo se non la fine, almeno sul terreno politico, *dell'ideologia intesa nelle forme ottocentesche*, sopravanzata dal pragmatismo. Forse non è ancora la fine - e noi siamo i primi a ' ritenerlo -, ma solo un'ibernazione. Comunque di questo dobbiamo tenere conto, se vogliamo essere realisti.

Di realismo devono essere impregnati, oggi, discorsi e programmi specie da parte di un Partito come il nostro che rappresenta il 40% degli Italiani e che costituisce, per tutti, l'obbligato punto di riferimento.

Essere pragmatici significa cominciare con l'affermare che i discorsi di riproposizione del Partito portati avanti da molti amici ci trovano particolarmente sensibili e aperti. Riproporre il Partito nei suoi valori o, come si dice da più parti, rifondare un Partito come il nostro carico di tradizioni e di responsabilità significa innanzitutto ribadire le caratteristiche assolutamente peculiari della nostra visione cristiana dell'uomo e della società; significa riaffermare la nostra concezione laica e autonomistica tipica di un grande partito moderno; vuol dire ancora dichiarare con la più grande fermezza che le nostre origini popolari e democratiche sono parte sempre viva e inalienabile del nostro patrimonio, e che ad essa riteniamo di doverci continuare ad ispirare. Tutte queste enunciazioni avrebbero tuttavia di fronte all'opinione pubblica, profondamente turbata da una crisi che è morale e civile prima ancora che economica, ben scarsa presa e credibilità se ad essa non si facessero seguire immediatamente due impegni chiari e precisi:

1) eliminare le componenti burocratiche e parassitarie che si sono, per naturale fenomeno biologico, andate accumulando in tante parti del nostro organismo;

2) mettere tutto il nostro patrimonio, sotto lo stendardo di quella "Libertas" che non potremo mai ammainare neppure di un centimetro, al servizio delle nuove esigenze del Paese orientato sempre di più verso " pluralismo e partecipazione".

Ma tutte queste resterebbero ancora e sempre parole se ad esse – avendo precise responsabilità di Governo - non facessimo seguire proposte concrete sul territorio dell'economia, della politica interna ed estera, dei rapporti sociali.

Ecco, dunque, il significato del nostro pragmatismo. Una posizione oltretutto resa necessaria dalla particolare situazione della Lombardia nel contesto nazionale.

Pragmatici perché vediamo la realtà e i suoi problemi e perché siamo decisi ad affrontarli forti non solo di un patrimonio ideologico e morale ma anche di un programma che offra delle risposte ad una società che non è più disposta a tollerare né fughe in avanti, né arroccamenti nel passato.

Le proposte per fare uscire l'Italia dalla crisi devono partire innanzitutto da una consapevole visione dei mutati rapporti all'interno della comunità internazionale dove USA e URSS coesistono e devono coesistere, al di là delle sempre più labili politiche ideologiche e delle "quèrelles" dettate dalle esigenze della Realpolitik. E da tale stato di cose la politica italiana non può non trarre le conseguenze: prima fra tutte quella che nell'ambito dell'area occidentale, alla quale vogliamo continuare ad appartenere, dobbiamo costruire un modello che non può essere semplicemente e pedissequamente imitativo di quella americano, del quale modello noi finiremmo per imitare fatalmente quegli aspetti negativi che in certa parte sono già sotto i nostri occhi.

D'altra parte, nel momento in cui le drammatiche vicende del Portogallo, ripropongono con una durezza, che, ci auguravamo, il tempo della "coesistenza pacifica" avesse superato, il problema di una scelta di campo, noi dobbiamo dire, alto e forte, senza esitazioni, che siamo per un sistema democratico occidentale. Consci certo dei suoi limiti, ma anche della sua superiorità rispetto a modelli che alla fine si sono sempre mostrati poco sensibili al tema della libertà.

Un'analisi della realtà che ci circonda deve farci riconoscere che nel cosiddetto "Terzo Mondo" si sono creati nuovi centri di potenza e di aggregazione.

Bisogna pertanto ricercare il nuovo ruolo dell'Italia in questo mutato contesto internazionale che la guerra del "Kippur" ha fatto esplodere in tutte le sue implicazioni.

Quanto le "cose italiane" siano legate alla realtà internazionale lo abbiamo del resto valutato nel momento della crisi petrolifera che ha messo in discussione quei modelli di vita del sistema occidentale che parevano intoccabili: dei sacri e indiscutibili tabù. Non si può dunque partire dalla crisi italiana senza avere gli occhi ben fissi sullo scenario mondiale. Chi non lo fa è un miope provinciale: e molti nostri politici sembrano soffrire di questa malattia. Parliamoci chiaro. La crisi del sistema economico occidentale nel cui ambito si colloca la crisi italiana ha radici ben più profonde che non quelle rappresentate dal rincaro del petrolio e delle materie prima. La crisi del sistema economico occidentale viene da molto lontano, come del resto tante encicliche pontificie hanno denunciato ben prima della guerra arabo-israeliane e dei relativi blocchi energetici.

La nostra è una crisi, la crisi cioè del mondo occidentale, frutto dell'egoismo di chi traeva e trae le condizioni per mantenere il suo privilegio dallo sfruttamento sistematico, di tipo neo colonialista, di altre nazioni e di altri popoli. Sarebbe pertanto non solo miope e pericoloso ma anche assurdo e antistorico pensare che la soluzione della crisi consista nel ristabilire i precedenti equilibri. Questi si sono rotti, per sempre. Nuovi Paesi si affacciano alla ribalta e con essi dobbiamo trattare e lavorare non più in un rapporto padrone schiavo, ma da pari a pari. E vedremo più avanti come proprio questa mutata situazione offra all'Italia grandi spazi tanto sul terreno economico, come su quello dell'autonomia politica. Sono del resto gli spazi che proprio con i nostri uomini, gli avevamo intravisto con singolare lungimiranza fin dagli anni '50.

CONSAPEVOLI SACRIFICI PER TUTTO IL PAESE

Bisogna tuttavia dire subito, forte e chiaro, che i nuovi orizzonti dalla nostra economia non passano più attraverso gli ingannevoli miraggi del consumismo; che occorrerà un grande e consapevole sacrificio da parte di tutte la componenti del Paese; che bisognerà abbandonare l' anarchia permissivista e lo sfrenato individualismo per ristabilire ben altri e più saldi valori di progresso - di un progresso civile e non semplicemente edonistico; una visione che del resto appartiene alla tradizione cristiana della vita e dei rapporti sociali alla quale noi da sempre ci ricolleghiamo. Se tutto questo è vero, è non solo ingiusto, ma profondamente sbagliato, addossare alla D.C. la responsabilità del disagio che il nostro Paese - come tanti altri - sta attraversando.

Certo molti errori sono stati compiuti; troppe "prediche" sono rimaste inascoltate: ma è anche vero che proprio dal mondo cattolico e da quello democristiano sono giunte da tempo sollecitazioni a riflettere criticamente sulla strada che stavamo percorrendo: sulla validità di un modello di sviluppo che aveva in sé stesso, i germi dell'autodistruzione. Bisogna dare atto alla D.C. di avere saputo preservare in Italia più e meglio che in qualunque altro Paese d'Europa - una democrazia realmente pluralista consentendo (e le recenti elezioni scolastiche ne sono prova) l'ingresso di sempre nuove categorie di cittadini nella gestione della cosa pubblica. Un merito che troppo spesso, in casa nostra ove l'autolesionismo pare essere malattia contagiosa, si disconosca o si tende a dimenticare. E quanto sia difficile salvare una reale democrazia ce lo insegnano Praga e Lisbona le cui ' primavere' sono state troppo presto bruciate dal gelo dell'autoritarismo illiberale. Naturalmente di errori e degenerazioni, nella gestione del potere, lungo un percorso che dura da trenta anni, la D.C. ne ha compiuti, ma ha anche fatto, (grazie alle sue componenti interne quanto mai dialettiche e che nessun altro grande partito può vantare) ampie autocritiche.

L'ultimo Convegno di Gardone, promosso proprio dalla D.C. Lombarda, ne è un esempio. Oltre a commettere degli errori la D.C. ha anche agito: e del resto solo chi agisce può sbagliare. Ma a fianco degli errori potremmo anche mettere quella che Pasolini definisce politicamente, e con vena ingiuriosa, la "litania" delle opere compiute: quasi che elencare quanto si è fatto per trasformare l'Italia nella settima Nazione Industriale del Mondo fosse una vergogna.

Ma credo di non dovermi soffermare oltre sull'analisi, l'autocritica, la polemica: perché - come avevo detto all'inizio - mi pare che questo debba assumere il Comitato della proposta. Solo facendo delle proposte che in altra sede, oltre naturalmente a questa, ed a cominciare dalla prossima preannunciata assemblea nazionale, verranno discusse e vagliate, la D.C. lombarda può infatti pensare di dare un valido contributo al Partito ed al Paese.

E' il tempo delle proposte perché tutta l'Italia, quando guarda alla D.C. e parla di *questione democristiana* riconosce implicitamente al nostro Partito un ruolo importante anche negli anni a venire. Paradossalmente ed in modo strumentale il discorso comunista sul compromesso storico - che noi respingiamo con fermezza e senza esitazioni o strizzate d'occhio - vede la D.C. come uno dei termini indispensabili per la gestione del potere.

A proposito del quale *compromesso storico* ci sembra di dover aprire un breve commento mediante due rilievi.

PERCHE' RESPINGIAMO IL "COMPROMESSO STORICO"

Il primo è che a breve termine, le proposte del P.C.I. si muovono all' insegna dell'unanimismo sul piano politico (vedi l'edulcorazione del suo programma immediato, vedi la proposta Zangheri), della manovra avvolgente sul piano sociale (politica del ceti medi, cultura popolare di massa, ecc.), rinviando la risposta ai problemi economici, come se essa potesse emergere miracolosamente dalla semplice entrata del P.C.I. stesso nel governo.

Il secondo è che il Partito Comunista italiano non nasconde il carattere transitorio del suo unanimismo (Pajetta: "naturalmente" questo non è un programma socialista) e, per i tempi lunghi, delinea esplicitamente un progetto sociale e politico ben preciso.

Non è quello stalinista né quello brezneviano, né quello delle Democrazie popolari, dato che diverso è il contesto internazionale. Ma è certamente un progetto centralista, un progetto di predominio globale del partito e delle sue regioni, sul piano ideologico e di conseguenza su quello organizzativo e istituzionale della società. Se in molte dichiarazioni ufficiali il P.C.I. sembra disposto all'incontro subito, con la D.C. così come è, nella sua stampa, nel suo stile, nella mentalità e nelle manifestazioni della sua base reale, nella sua ideologia strategica esso assegna ad esempio un ruolo ben specifico ad un'unica forma di presenza cattolica organizzata: il ruolo di fiancheggiatori subordinati al partito comunista, considerato l'unico e vero partito politico della classe operaia. Anche se poi di fatto esso lavori soprattutto per la classe media come nelle nostre regioni rosse o per la burocrazia statale, come negli Stati socialisti. Ci pare quindi di dover dire anzitutto che siamo ancora qui, decisi a batterci per una società più libera, giusta e umana; e che quindi respingiamo il progetto di una società centralizzata, burocratizzata e massificata, sia che ce la proponga il P.C.I., indorandola con gli obiettivi poco credibili della catarsi sociale e individuale, sia che verso di essa ci conduca uno sviluppo economico incontrollato, volta a volta sospinto verso i paradisi della società affluente o, come è accaduto e continua ad accadere, precipitante verso la recessione e i suoi "ineliminabili sacrifici". Da molti punti di vista, ma anche dal punto di vista tattico ed immediato non possiamo apprezzare le proposte unanimistiche del P.C.I. ed il caro corollario, cioè quello di un incontro di potere.

E non possiamo apprezzarlo neppure sul piano dell'efficienza: perché il "calderone ribollente" del nostro paese ha bisogno di soluzioni e non di rafforzare il coperchio. E perché anzi, rafforzando il coperchio, c'è il rischio di accelerare l'esplosione. Fuor di metafora: un incontro di potere tra D.C. e P.C.I. concreterebbe un duplice tradimento verso le attese di quanti ai due partiti fanno capo, rafforzando il processo di disgregazione e favorendo esplosioni eversive e blocchi antidemocratici.

Ritornando alla questione democristiana ed al ruolo che implicitamente si riconosce alla D.C. ci pare di dover affermare che quanto sopra detto evidentemente significa non solo che siamo legati, e saldamente, a molte componenti del Paese, ma che alcuni valori che abbiamo strenuamente difeso- primo fra tutti quello della libertà - hanno in noi un garante insostituibile.

Ma questo riconoscimento, oltre che lusingarci deve richiamarci al peso delle responsabilità: ancora una volta dobbiamo essere all'altezza del compito che il Paese, in questa particolare e difficile contingenza storica, ci assegna. I discorsi e le ipotesi di "rinnovamento e rifondazione", pertanto, non solo non ci spaventano, ma ci trovano, oltre che pienamente disponibili, schierati in prima fila.

LA DC ALLA VIGILIA DELLA SUA "TERZA RIVOLUZIONE"

Riteniamo anzi che la D.C. sia alla vigilia della sua "terza rivoluzione". Altre volte infatti, situazioni certamente altrettanto difficili e delicate la D.C. è stata chiamata al rinnovamento per dare una risposta alle mutate esigenze storiche e sociali.

E oggi, proprio nel momento in cui la libertà stessa conquistata con la Resistenza, pare tornare in discussione da un lato sotto la pressione di un fascismo duro a morire, dall'altro sull'onda di un equivoco conformismo storico, non è un caso che l'opinione pubblica guardi alla D.C. e ne invochi un rinnovamento che le consenta di continuare a garantire i valori fondamentali della nostra società.

La *prima rivoluzione* la si ebbe infatti nel 1944-45 quando De Gasperi trasformò la D.C. da Partito Popolare in partito rappresentativo di tutta la centralità democratica. Nel vuoto politico che si era creato dopo il ventennio fascista, la D.C. pur restando fedele alla propria matrice popolare e cattolica seppe darsi ben più ampi spazi: rappresentare, attraverso la scelta della centralità, il punto di approdo di quella borghesia e di quei ceti medi che con la scomparsa dei partiti liberal-conservatori si trovavano sbandati e che, rifluendo sulla destra avrebbero potuto rendere precaria la stabilità delle appena nate istituzioni democratiche e repubblicane. Una politica ardita, coraggiosa, che ha permesso il recupero pieno alla democrazia di larghi strati del Paese offrendo così alla democrazia un vasto, solido ed allargato consenso. E fu questo che rese possibile il voto del 18 Aprile. La sua "seconda rivoluzione" la D.C. la realizzò nel 1953-54 quando Fanfani, tentò di rompere drasticamente con i condizionamenti e fece della D.C. un Partito realmente moderno, con una propria struttura organizzativa, con delle proposte e delle logiche, autonome ed originali.

Prima fra tutte quella della più vasta partecipazione dello Stato sul terreno dell'economia e della produzione.

Sotto la spinta di uomini come Vanoni e Mattei si cominciò a ridurre lo strapotere dal monopolio privato che mirava unicamente al profitto e che, in alcuni casi (tipico quello dell'acciaio), inseguiva i suoi tradizionali schemi autarco-protezionistici non riuscendo neppure ad intravedere i nuovi orizzonti dell'Europa e delle crescenti interconnessioni economiche.

E sono in molti ormai a ritenere che il famoso "miracolo italiano" sia stato propiziato, reso possibile, proprio dal coraggio con cui spezzando antichi vincoli di sudditanza e subordinazione si liberalizzarono le forze e le energie più vive della società italiana consentendoci, sia pure attraverso distorsioni, di risalire la china del sottosviluppo in cui il fascismo ci aveva sospinto. Una crescita del Paese che non sarebbe stata possibile senza il supporto politico di una D.C. rinnovata che marciando dal centro verso sinistra - come ben indicò De Gasperi – ruppe con le categorie più conservatrici (che non a caso tentarono la carta perduta del liberalismo malagodiano) e diede, attraverso l'Industria di Stato, una nuova e originale struttura all'Italia portando alla ribalta anche una diversa e ben più moderna, classe dirigente.

Ora, crediamo, si pone l'esigenza di una "terza rivoluzione" che superi le precedenti, ne inglobi le componenti positive e ne espella quelle negative: cominciando dal burocratismo che insidia, assieme al clientelismo, la funzione del cosiddetto "parastato"; proseguendo attraverso l'eliminazione drastica della dilagante tendenza corporativa e parassitaria che rischia di riportarci su livelli d'inefficienza balcanici.

RAGGIUNGERE GLI OBIETTIVI MANCATI DAL CENTRO-SINISTRA

Una "terza rivoluzione", del resto, che già la stagione del centro-sinistra lasciava intravedere e sperare e che è - invece - almeno sin qui, andata largamente sprecata per l'indecisione, i tentennamenti, le troppe concessioni al "vecchio ".

L'acquisizione all'area di governo del Partito socialista è stata e continua ad essere il fatto positivo e irrinunciabile della svolta di centro-sinistra. Ma oggi e con il senno di poi è fin troppo facile riconoscere che anche in quell'occasione compimmo tutti un errore tipicamente italiano. Credemmo, cioè, che la formula, con un indubbio significato storico e le sue suggestioni culturali, bastasse di per sé a garantire la riuscita di un'esperienza. Non considerammo che si trattava invece di una prova difficile per la nostra democrazia e non predisponemmo adeguati strumenti politici e programmatici per affrontarla al meglio. In questo senso mancammo ancora una volta di pragmatismo.

E' giusto assumere la nostra parte di responsabilità che non è certo minore, ma sarebbe assurdo accettare le accuse, che pure oggi ci vengono rivolte, quasi fossimo i soli responsabili di quel tanto di delusione che per certi aspetti si è avuto nella politica di centro-sinistra, a Roma o In Lombardia.

Ci sarà consentito - speriamo – di esprimere non solo rammarico, ma anche un giudizio storicamente negativo sulla fallita unificazione socialista. Né tale giudizio deve essere interpretato come un'indebita intromissione, soprattutto nel momento in cui, paradossalmente, si vorrebbe indurre la Democrazia Cristiana a pretese scelte qualificanti fra P.S.I. e P.S.D.I..

Noi respingiamo una scelta di questo tipo, soprattutto se configurata, come continua ad essere configurata, in modo aprioristico e a livello di quadro politico generale. Nessuna alleanza di governo, al centro come alla periferia, è di per sé irreversibile, ma tutte vanno giudicate se mai sul metro del programma.

Ma quando, come oggi avviene il problema del quadro politico rimane importante e imprescindibile, allora noi non possiamo farci complici di un abbandono irresponsabile alla crescente divaricazione fra componenti entrambe essenziali di un certo equilibrio democratico.

Al contrario, è nostro preciso dovere esprimere una proposta politica e programmatica capace di aggregare il tipo di solidarietà politica più rispondente al compito di interpretare e gestire le esigenza di sviluppo economico e civile del Paese. E' paradossale che le tendenze centrifughe e disgreganti che si manifestano in seno all'area politica di centro-sinistra si abbiano proprio nel momento in cui tale area sembrerebbe la più adatta, per tradizioni culturali a politiche, a raccogliere ed esprimere le esigenze del mondo imprenditoriale ed operaio, cattolico e laico.

Se operai ed imprenditori manifestano una tendenza a scavalcare il potere politico e specificamente il governo di centro-sinistra con ambigue strizzate d'occhio al P.C.I., ciò significa che noi, noi democristiani, ma anche noi del centro -sinistra, non abbiamo saputo adempire efficacemente il ruolo politico.

Ma sarebbe sciocco e vile avallare queste reazioni sociali alle nostre insufficienze passate, anziché trarne salutari indicazioni per opportune correzioni di rotta, di programmi, di modalità del nostro fare politica.

Per il P.C.I. la riscoperta più o meno opportunistica delle esigenze della produzione, l'avvallo al falso ruolo di partito politico che sembra vadano sempre più assumendo i sindacati, può corrispondere ad un disegno tattico strategico.

Ma per noi e, crediamo, anche per i socialisti, questo processo non può che rappresentare il deterioramento di una struttura sociale e politica pluralistica e democratica, dove la politica governi l'economia e non viceversa. Tradurre in precisi contenuti politici e programmatici questo impegno di difesa della libertà costituisce quella "terza rivoluzione" cui la D.C. è chiamata.

Una "terza rivoluzione" che, partendo dalla constatazione della mutata realtà sociale e dalla conseguente crescente e pressante richiesta di una reale partecipazione dei cittadini non più disposti alla delega in bianco ogni cinque anni, deve fondarsi sul pluralismo e la partecipazione. Per la D.C. il mettersi su questa linea significa uscire dal proprio guscio, spalancare porte e finestre: col risultato primo che la ventata di aria nuova e vivificatrice comincerà con lo spazzar via l'atmosfera ormai greve del sistema correntizio: di correnti e gruppi e sottogruppi che, troppo spesso, anziché assicurare la necessaria dialettica interna ormai sono solo attenti alla gestione e alla lottizzazione del potere. Col risultato di creare attorno al partito un'atmosfera di sospetto che fa di ogni erba un fascio; cosicché certi atteggiamenti finiscono col coinvolgere e deteriorare l'intera immagine della D.C.

STRONCARE OGNI DEGENERAZIONE

Nel momento in cui respingiamo, perché ingiusta e falsa quella immagine della D.C. unicamente tesa alla occupazione del potere che la grande stampa cerca di accreditare mettendo sul banco degli accusati migliaia e migliaia di amministratori che si dedicano invece alla cosa pubblica con dedizione e sacrificio, non dobbiamo tuttavia nasconderci dietro un dito di fronte ai fenomeni degenerativi che vanno non solo rimossi e stroncati ma individuati e colpiti alle origini. E le origini di questi fenomeni possiamo ben identificarle in un sistema e in una prassi che riconduce inesorabilmente ai vertici e che tutto risolve negli schematismi centralistici di vecchio e nuovo tipo, mortificatori di ogni energia nuova e quindi di ogni pluralismo proprio quando più ci sarebbe bisogno di questo pluralismo e di una allargata partecipazione per fare della D.C. "un Partito che nuota nella società"; un Partito che attraverso l'esaltazione del pluralismo deve tornare ad essere vicino alle esigenze dei cittadini.

Una grande occasione per cominciare questa rivoluzione ci era stata offerta dalle Regioni. Ma l'abbiamo in buona parte sprecata o solo parzialmente colta. Il tentativo centralista di limitare e soffocare, sin dalla nascita, questa nuova istituzione lesinandole prima i poteri e poi i mezzi, si riflette sul partito i cui schemi dal 7 Giugno 1970 ad oggi si sono ben poco e molto lentamente modificati, impedendo così che esso potesse meglio aderire alle complesse e differenti realtà.

La sfida non può comunque venire ulteriormente rinviata: pena la nostra stessa sopravvivenza politica come "partito-chiave" della democrazia italiana. Non penso di esagerare affermando che siamo di fronte alla "svolta storica": ma ritengo anche che la D.C., nella maggioranza delle sue componenti, sia in grado, di fare una proposta al Paese e, quel che più conta, di essere creduta. Si tratta in primo luogo, e in una fase di rapido, veloce e spesso imprevedibile cambiamento, di stabilire verso quale tipo di società vogliamo andare: un problema che la prossima assemblea ideologica dovrebbe chiaramente risolvere.

LE TRE IPOTESI SUL FUTURO DEL PAESE

Lasciando da parte le ipotesi golpiste o rivoluzionarie, che a mio avviso non hanno grandi possibilità e verso le quali non è possibile, in ogni caso, se non opporre una salda e costante vigilanza democratica, ritengo che sul nostro orizzonte si vadano delineando tre fondamentali modelli:

1) Un sistema tecnocratico-efficientista dove alla generalizzata efficienza (e, quindi, non solo quella produttiva) potrebbero persino - come" ha recentemente dichiarato Agnelli nella sua intervista al Corriere della Sera" - venire sacrificate alcune libertà individuali.

2) Un sistema di tipo populista-corporativo come risultato della degenerazione (per alcuni versi già in atto se pensiamo allo sciopero dei magistrati) del sindacato.

3) Un sistema democratico, pluralista, partecipato: "una ritrovata via italiana alla libertà", per molti aspetti tutta da inventare, ma che costituisce che una sfida alla tradizionale ed ormai collaudata capacità degli italiani di ribaltare col coraggio, l'abnegazione e il sacrificio, situazioni che sembravano definitivamente compromesse.

Noi, e lo dico senza esitazioni; siamo per questa terza strada, anche se è la più difficile. Ma non potrebbe essere altrimenti!

Efficientismo e tecnocrazia rappresentano una regressione sul terreno della libertà che non è possibile accettare, come democratici e come cristiani. Ci spalancherebbero forse, una volta per tutte - anche se in perenne condizione di dipendenza ideologica ed economica - le porte della cosiddetta Europa di Bruxelles, ma solo al prezzo di un'alienazione umana e di una riduzione dei margini di libertà che riteniamo in contrasto con la nostra concezione dell'uomo.

Dire questo, sostenere questo in Lombardia, nell'Italia settentrionale, è importante: si può rischiare, almeno in certi ambienti, l'impopolarità. Non è più un mistero che su questo terreno, proprio nel Nord, si vanno, tessendo dialoghi sempre più fitti fra talune tensostrutture produttive e lo stesso P.C.I.

Ma se il disegno può piacere a certe tecnostrutture, se può interessare, per fini strumentali e transitori, al P.C.I. o almeno quelle sue componenti preoccupate di arrivare sollecitamente, il più sollecitamente possibile al potere, non piace ed è inaccettabile per una D.C. *che è* e *resta popolare,* legata al valori fondamentali della libertà e della solidarietà umana.

Non casualmente ho accennato alla solidarietà. Una prospettiva tecnocratico-efficientistica aprirebbe inevitabilmente delle fratture ancora più ampie fra le diversa componenti geografiche, economiche e sociali del Paese. Il faticoso processo di recupero del Mezzogiorno risulterebbe vanificato. La Lombardia, la "Padana" finirebbero incollate all'Europa. Ma il resto d'Italia, dove finirebbe? E quali conseguenze avrebbe questa disgregazione che né Roma, né Napoli, né Palermo potrebbero evidentemente e giustamente, accettare?

Non è neppure casuale che qua e là, sia pure sporadicamente, ma con crescente insistenza e sia pure in ambienti totalmente estranei alla D.C., si vada da qualche tempo parlando dell'ipotesi di una sorta di D.C. bavarese in Lombardia, nel Nord. Una spaccatura del partito, cioè, non più verticale - come qualche volta, negli anni passati, si temette, su una destra o sulla sinistra - ma orizzontale. Una ipotesi anche questa, legata alla prospettiva tecnocratico-efficientista. Dico queste cose, in questa sede ed in un momento come questo, non solo perché abbiamo il dovere della completezza dell'analisi ma per respingere nel modo più drastico e se, per malaugurato caso, dovessero cominciare ad allignare anche tra noi, combatterle con la massima decisione.

Ce n'è dunque, credo, abbastanza, per respingere, senza possibilità di ripensamenti o di concessioni sottobanco l'ipotesi tecnocratica.

UNITA' SINDACALE E DIFESA DEL PLURALISMO

Ma è con altrettanto vigore che bisogna contrastare il disegno populista-corporativo; lo Stato inefficiente e parassistenziale dove ciascun gruppo corporativo in rapporto alla propria forza, cerca di ritagliarsi una fetta di potere, un angolo di privilegio. Ed a questo punto, mi sembra, che si può e si deve chiarire la nostra posizione di fronte al problema, importantissimo, del sindacato e dell'unità sindacale. Noi democratici cristiani crediamo, da sempre, nel significato e nel valore dell'unità sindacale. Non a caso fu proprio uno di noi, Achille Grandi tra gli artefici di quel "Patto di Roma" che il 4 giugno 1944 sancì la riunificazione fra le componenti del sindacalismo risorto dopo la parentesi fascista.

Ma riteniamo, anche, che il prezzo dell'unità non possa essere quello della rinuncia al pluralismo, all'articolazione, alla libertà di espressione. Trent'anni fa circa, nel 1948, l'"esperimento" di unità sindacale si ruppe e non certo per colpa democristiana, di fronte alla strumentalizzazione che le sinistre in genere, e il P.C.I. in particolare, facevano della CGIL ; dove le altre componenti finivano col fare la parte degli utili idioti.

Molto è cambiato da allora, certo! Ma non dobbiamo dimenticare che mentre nella CISL lo sganciamento dalla D.C. è stato ampiamente, ed a mio avviso eccessivamente, praticato, nella CGIL il "peso" e l'"egemonia" del P.C.I. che arriva a negare sistematicamente spazio alle componenti extraparlamentari, sono ancora fortissimi.

Dobbiamo fare quindi bene attenzione a non ricadere negli errori del passato.

Inoltre la questione dell'unità sindacale non deve servire da paravento, da formuletta per coprire quella che è forse la maggiore delle carenze dall'attuale momento sindacale: e cioè il progressivo processo di burocratizzazione che crea un crescente distacco fra i vertici e la base: il formarsi di molteplici sacche corporative ormai preoccupate esclusivamente del tornaconto di categoria piuttosto che del "bene comune". Non vorrei essere monotono tornando all'esempio portoghese: ma non sarebbe nemmeno opportuno chiudere gli occhi per non vedere. Uno dei primi atti di forza del P.C. portoghese è stato quello di costringere i lavoratori di quel Paese in un solo sindacato che, guarda caso, lo stesso P.C. controlla. A nulla sono valse le proteste ed i richiami al pluralismo non dico della D.C. che è poi finita, come tutti sapete fuorilegge, ma dello stesso leader socialista Soares.

E' evidente che ad un partito comunista che tende al governo attraverso il "compromesso storico" o qualcos'altro, possa interessare un sindacalismo da lui egemonizzato. Ma come e quanto -mi chiedo- può servire agli interessi della classe lavoratrice nel senso più vasto: nell'assicurare cioè ai lavoratori una reale e dialettica partecipazione che dalle fabbriche si estende ai consigli di zona sino a un dialogo col governo sui temi della politica economica?

Vorrei quindi che la nostra posizione nei confronti dell'unità venisse chiaramente intesa. Noi vediamo l'unità come un traguardo cui i lavoratori giustamente devono tendere; ma non sottaciamo che non ci può essere unità a qualunque costo, specie se il costo è appunto, burocratizzazione e riduzione della capacità dello stesso sindacato a partecipare alle grandi scelte perché imbavagliato dal condizionamenti politici e cioè se il sindacato viene ridotto a "cinghia" di trasmissione del regime del compromesso: o se si appaga di illusorie posizioni di presenza in centri di potere.

UNA CHIAMATA A RACCOLTA ATTORNO AI VALORI DELLA DC

Ecco allora prendere forma la nostra linea, che è appunto quella di ricerca di nuovi spazi di libertà e di crescita democratica; una linea che non si allinea alle formulette più o meno magiche: ieri il centro sinistra, domani il "compromesso storico", ma che chiama a raccolta, attorno al valori che la D.C., primo fra tutti i partiti democratici, rappresenta. Una chiamata a raccolta che è anche chiamata al sacrificio. Cosi come nel '48 ci si dovette rimboccare le maniche per una ricostruzione che era al tempo stesso materiale e morale; così nel 1975 per evitare di precipitare fuori dall'Europa, finendo ai margini del mondo sviluppato, ecco un altro colpo di reni.

Ritrovare il senso di valori da troppi, anche nel nostro partito, smarriti, ricordandoci che la libertà e la democrazia mal si conciliano col privilegio e il malgoverno; e dandoci una politica economica degna di questo nome. Impegnandoci a realizzarla con un severo controllo della gestione della cosa pubblica, ponendo fine a metodi di sregolatezza e di deteriore sottogoverno che stanno inquinando ad esempio la struttura dell'impresa pubblica, che dovrebbe invece rappresentare un "modello" di partecipazione democratica e di correttezza gestionale.

Perché, non dimentichiamo, molti guai vengono proprio da qui: dall'atteggiamento degli organi preposti al credito, delle banche, ad esempio, preoccupate - nonostante siano a capitale pubblico - unicamente di sé stesse e dei propri bilanci; dai grandi enti in cui si gestiscono le partecipazioni dello Stato che fanno il possibile per sfuggire ad ogni regola di programmazione mentre dovrebbe proprio avvenire il contrario, tenuto conto che funzionano con i soldi di tutti.

Noi dobbiamo, costruendo un piano economico, ricondurre i grandi potentati economici al senso dello Stato; e convincere chi è stato preposto a certe responsabilità, che non vi è stata nomina a barone, ma investitura democratica.

E se questo non viene percepito bisogna che il Governo abbia l'autorità sufficiente per farsi rispettare. Come pure il Governo deve ritrovare la autorità sufficiente per punire gli abusi che inducono l'opinione pubblica a preoccupate considerazioni sulla "qualità" del nostro Stato.

Ed, in questa azione di controllo, che deve essere rigorosa e implacabile, io penso che un sindacato libero e veramente autonomo rispetto ai partiti ed ai centri di potere dell'Istituzione, abbia molto da dire e da fare uscendo dalle secche dell'utopia, ancorché questa merita il dovuto rispetto.

UNA POLITICA ECONOMICA CHE RIFIUTI L' OCCASIONALITA'

Con riferimento alle circostanze socio-economiche che caratterizzano l' attuale momento va imponendosi, per il nostro Partito, l'adozione di precise linee di comportamento che mirino, da un lato, ad agevolare il superamento delle principali difficoltà di natura congiunturale ormai in fase di graduale attenuazione, e, dall'altro lato, ad intervenire affinché il ritorno a situazioni migliori abbia a verificarsi senza aggravare, ma possibilmente mitigando, i noti squilibri di cui soffre il Paese. Ad una valutazione d'assieme delle misure di politica anticongiunturale adottate negli ultimi tempi, in correlazione con la crisi che ci ha accumunato agli altri Paesi occidentali con le note aggravanti italiane, non può sfuggire l'impressione di una pluralità di interventi, per lo più di tipo classico i cui effetti, nell'assieme positivi come sembra mostrare la più recente evoluzione di taluni indicatori economici, si esercitano in diversa misura e, talvolta in senso opposto, rispetto ai principali obiettivi della politica economica generale.

E' a tutti noti che questi obiettivi vanno perseguiti in modo armonico, nel senso di evitare per tutto quanto possibile che gli eccessi nel perseguire uno di essi abbia a produrne altrettanti negativi sugli altri. Ed è del pari noto che ogni intervento di politica economica andrebbe correlato con le priorità assegnate all'uno anziché all'altro di questi obiettivi, l'assenza, o la scarsa incisività di un siffatto riferimento, si traduce, come dianzi detto, in un andamento che può anche comportare gravi rischi di ricaduta e non assecondare in misura adeguata e fondamentale quelle scelte di natura politica cui le istituzioni debbono essere sensibili.

Infatti se il quadro di riferimento per la politica economica è certamente delineato, e non incide per quanto dovrebbe, le misure a volta a volta adottate, cioè gli strumenti nella politica economica, finiscono col sostituirsi ad una vera politica con gli eccessi di determinismo delle leggi economiche in cui si può facilmente cadere. In sostanza, non possiamo a posteriori non constatare, pur in una considerazione globalmente confortante della politica anticiclica sinora condotta, come l'adozione di una misura anziché di una altra od anche solo il ritardo o anticipo o la diversa intensità di un singolo provvedimento abbiano esercitato una rilevante influenza nel decidere su chi debba gravare il prezzo della manovra anticiclica e in che termini: per esempio, se al livello dell'occupazione, od al livello del patrimonio e via dicendo. Basti ricordare, ad ulteriore esemplificazione, come la stretta creditizia, apparentemente uguale per tutti o comunque per larghe fasce del sistema delle imprese, abbia finito di fatto col ripercuotersi in modo assai più evidente sulle imprese minori, più delle altre, che a lungo andare, hanno rischiato ed ancora rischiano di ridursi in condizioni di precaria marginalità od addirittura di vedere compromessa la loro stessa sopravvivenza.

Non a caso si è fatto richiamo alle imprese minori che nella Regione Lombardia rappresentano numericamente la quasi totalità delle Imprese ed offrono nell'assieme un contributo di quadro eccessivamente disarticolato di sottopoteri, connesso anche con la presenza di gravose strutture burocratiche accentratrici. Non si vuole qui negare la validità di certi dimensionamenti aziendali, dovuti a ragioni di natura tecnico-economica e di ottimalità nelle scelte ubicazionali alle quali tali aziende sono tenute, segnatamente per effetto delle ampie strutture mercantili da tempo delineatesi. Tuttavia, è innegabile che i vantaggi delle attività di tali aziende sono maggiori e tanto più contenuti gli effetti negativi se esse, svolgono le loro vicissitudini economiche in modo strettamente correlato al modello di sviluppo prescelto, grazie alla dialettica fra tutte le componenti politiche.

Non vi è infatti dubbio che certe crisi sono state esaltate dagli squilibri nello sviluppo del mercato di taluni prodotti. Gli inconvenienti di un errato modello di sviluppo, peraltro influenzante la relazione fra consumi privati e pubblici, a danno di questi ultimi, e la composizione degli stessi consumi privati, determinano i lamentati fenomeni di congestionamento in certe aree del paese e di ulteriore squilibrio in altre aree economicamente meno favorite.

Alla problematica dei modelli di sviluppo, si accompagna quella dei modi di intervento pubblico nell'economia. Quanto alla prima, cioè al modello di sviluppo, non può essere sottaciuto il ruolo del consumi.

Per vero, la teoria generale keinesiana ha svolto un ruolo stimolante e, seguendo i suoi criteri ispiratori, nuove ipotesi sono state formulate, che a mano a mano hanno considerato nuove ulteriori variabili, segnatamente nel segno di una più diffusa società, nonché nell'individuazione di una relazione fra entità dei consumi permanenti e temporanei e quantità di disponibilità effettivamente spendibili. Questa considerazione non vuole esaurire l'ampia tematica accennata; intende solo richiamare la grande importanza di un problema: quello dei consumi che hanno assunto particolare rilievo nell'attuale momento e di fronte al quale si esige da tutti un meditato orientamento.

Ciò considerato si osserva, che lasciando la soluzione al caso si finirebbe con l'essere travolti da impostazioni non accettabili nel piano di una corretta conduzione del Paese. Basti considerare la fondamentale proposizione, in base alla quale l'urgenza di bisogno non diminuisce in modo apprezzabile quando la maggior parte del bisogni è soddisfatta.

Questo può verificarsi in modo autonomo: l'aumento dei consumi, corrispondente ad un incremento della produzione, agisce nel senso di creare i bisogni per via di suggestione o di emulazione; oppure può accadere che i produttori si occupino attivamente di stimolare i bisogni usando gli strumenti idonei ad incidere sull'orientamento del consumatore. Tutto ciò spiega la constatazione di una insoddisfazione per l'attuale struttura dei consumi quale si è andata configurando.

Si tratta quindi di individuare nuovi schemi che, comprimendo i consumi privati meno compatibili con le risorse del Paese, riattivino, anche attraverso il canale del risparmio, i circuiti finanziari per tramite dei quali le risorse disponibili affluiscono ai settori d'attività economica privata e pubblica e lasciano più ampi margini all'utilizzazione in consumi pubblici.

Il discorso dei consumi pubblici, da concretarsi con un auspicato migliore livello di efficienza dei servizi di pubblico interesse e, più in generale, di produttività della spesa pubblica, si ricollega al secondo punto dianzi richiamato del modi in cui si allunga l'intervento pubblico nell' economia, non realizzati soltanto in termini di contrapposizione o di connivenza tra aziende pubbliche e private senza una adeguata finalizzazione e con margini di discrezionalità eccessivi quanto al potere gestito, ma bensì in termini di concreta correlazione fra le attività di queste aziende e le scelte fondamentali del Paese. Fatta salda la libertà di intrapresa e di svolgimento delle attività economiche non può non essere auspicata l'attuazione di un preciso indirizzo e di un efficace controllo sulle iniziative maggiormente suscettibili di esercitare effetti sulla dinamica socio-economica del Paese.

Si vuole quindi in questa sede sottolineare l'opportunità di prefigurare linee di politica economica, che concretamente riaffermando, ai diversi livelli di governo, l'essenzialità di una funzione programmatoria, armonizzino le diverse componenti del tessuto economico, nel cui ambito le aziende minori sono da salvaguardare in modo particolare.

Per tale azione sono chiamati in causa gli Enti Locali che nelle loro diverse espressioni costituiscono livelli ottimali di intervento programmatorio o pianificatore e che rappresentano pure una rilevante fase attuativa degli indirizzi più generali del Paese. Il processo di riordino del potere locale è già avviato in Lombardia, e ponendosi tale processo per una moderna gestione dalla politica del territorio, ha trovato nei comprensori gli strumenti politici e partecipativi più adeguati. Tale politica vuole assicurare la partecipazione degli Enti Locali alla programmazione regionale, chiarendone le modalità di partecipazione e dei compiti, nonché della definizione di una politica urbanistica, idonea a precisare i criteri per la realizzazione del piani urbanistici comunali e intercomunali, ad adeguare la pianificazione comunale in atto, ex ante rispetto alla legge 765 cosiddetta *legge ponte*, atta a definire le procedure di controllo e di approvazione da parte della Regione, a delegare gli strumenti attuativi del piani agli Enti Locali. Ed è nella Regione che si configura in questa fase, un momento di concentrazione idoneo a recepire i contributi positivi, provenienti dai diversi livelli, alla attivazione di una politica del territorio, intesa anche come equilibrio economico sociale e più specificamente sviluppo dei consumi sociali e degli investimenti pubblici; difesa e sviluppo dell'occupazione e potenziamento delle strutture produttive; controllo dei fenomeni che insistono sul territorio e tutela dell'ambiente.

Allo scopo di dare l'avvio alla realizzazione dell'obiettivo suddetto, la Regione ha individuato ed assegnato una priorità ad alcuni momenti operativi, prevedendo:

a) al fine dello sviluppo del consumi e del servizi sociali e degli investimenti pubblici:

- il sostegno dell'edilizia popolare;

- l'avvio e attuazione del programmi di edilizia scolastica ed ospedaliera e della assistenza sociale;

- la ristrutturazione del servizi di trasporto pubblico su ferro e su gomma;

- l'intervento di sostegno agli Enti Locali per lo sviluppo dal servizi e delle opere pubbliche connesse;

b) al fine della difesa e sviluppo della occupazione:

- programmi di sostegno dei settori dell'agricoltura, dell'artigianato, del turismo mediante una programmazione di settore e favorendo l'affermarsi di forme associative e cooperativistiche.

c) al fine del controllo del fenomeni che insistono sul territorio per la tutela dall'ambiente:

- la elaborazione di standard urbanistici differenziati sul territorio:

- la predisposizione di programmi di salvaguardia ambientale, la costituzione dei parchi regionali, primo fra tutti quello del Ticino; acquisizione di un demanio regionale;

- l'avvio di programmi di difesa idrogeologica e di forestazione in montagna;

- l'avvio di programmi specifici per il controllo e la difesa ecologica (acqua, aria e suolo);

Per quanto attiene all'obiettivo più generale del riequilibrio, esso va assunto come obiettivo strategico, verso il quale devono concorrere gli stessi interventi precedentemente richiamati.

Tuttavia si sottolinea l'esigenza di una riqualificazione della legge regionale n. 22, quale strumento di incentivo dello sviluppo industriale delle aree depresse e l'elaborazione di una legge per il finanziamento dei piani di sviluppo delle comunità montane e dei piani di zone agricoli. Le realizzazioni ipotizzate per l'Ente Regionale non possono non tenere conto della realtà attuale e sono in qualche modo connesse con la ricerca di una soluzione dei molteplici problemi che caratterizzano tuttora il momento economico nonostante il miglioramento di cui occorre prendere atto fin d'ora. Tali soluzioni presuppongono serietà di intenti e chiarezza di idee, segnatamente in ordine al peso che si vuoi dare ai singoli aspetti della realtà socio-economica del Paese. Da parte del livello regionale ci si deve proporre di contribuire all'individuazione ed all'attuazione delle misure più opportune in un'ottica che assecondi le impostazioni politiche già enunciate in queste note.

Tra i molteplici interventi attuati o di cui si auspica un'attenta considerazione richiamiamo quelli destinati a salvaguardare il livello occupazionale e ad imprimere un rinnovato slancio segnatamente in taluni settori. Un discorso a sé, e da questa sede per gli altri livelli, merita la fornitura di beni e servizi all'estero: la sua dinamica è destinata a subordinare per molteplici aspetti i tempi e l'intensità con i quali potrà essere realizzato un completo miglioramento della congiuntura economica. Infatti, la ripresa della produzione industriale non mancherà di provocare un forte aumento delle importazioni data la posizione del nostro Paese, largamente dipendente dall'estero per le materie prime fondamentali, e solo un adeguato sviluppo dell'esportazione evitare serie ripercussioni sulla bilancia commerciale e su quella dei pagamenti.

Si tratta di un problema cui si va prestando attenzione e che ci sembra opportuno di ulteriormente evidenziare. A tal fine assumono particolare significato i rapporti di interscambio con i paesi industrializzati e segnatamente con i "partners" della Comunità Economica Europea.

Nuove frontiere vanno però delineandosi per effetto dei fermenti suscitati dalle notevoli disponibilità bancarie dei Paesi medio-orientali ed in genere di quei produttori di petrolio.

Il nuovo ruolo che questi Paesi sono chiamati a svolgere sui mercati internazionali sottopone alla nostra valutazione l'opportunità di un nuovo tipo di rapporti con questi Paesi, nel cui confronti l'Italia, per tradizionale vocazione politica, condizione geografica, e via dicendo, sembra collocarsi in una situazione di particolare vantaggio. In questo quadro andrebbe favorita anche la fornitura di "know-how".

LE PICCOLE IMPRESE COME GARANZIA DI EQUILIBRIO

La Lombardia, in rapporto alla diversificazione delle sue attività produttive è certamente chiamata a prestare un ampio contributo allo sviluppo dei rapporti di interscambio nel senso suindicato ed auspica che in tale direzione operino adeguate misure agevolative.

La struttura produttiva della nostra regione, caratterizzata, come è noto, dalla presenza di numerose aziende piccole e medie e da un artigianato particolarmente diffuso e qualificato ci fa insistere nel sollecitare l'adozione di misure a favore dell'azione penetrativa di tali operatori sul mercati esteri, nella certezza di vedere in tal modo assecondate pure le istanze delle altre regioni del Paese. Tale azione, pur prendendo le mosse dagli interventi a livello nazionale, vedrà impegnati anche gli organi del Governo locale. Questo livello di governo è infatti ben consapevole di come il patrimonio di libertà cui si ispira il nostro Paese vada difeso anche salvaguardando la libera intrapresa d'attività economica, con conseguente mantenimento di quell'equilibrio che verrebbe veramente compromesso in tutti i settori allorquando venisse meno l'apporto delle imprese artigiane o minori.

L'accenno prioritario alle imprese minori non esclude tuttavia, ma anzi sollecita ogni possibile azione che consenta anche alle aziende di più grandi dimensioni di svolgere il ruolo ad esse peculiare. Inoltre, all'esigenza di penetrazione sul mercati esteri, e su quelli medio-orientali in particolare connessa con l'accennata problematica valutaria; si accomuna l'altro problema: quello della valorizzazione, la più intensa possibile, delle risorse interne, che richiama a sua volta l'esigenza di migliorare la produttività del settore agricolo, sia attraverso la razionalizzazione dei processi produttivi, sia mediante una migliore organizzazione della commercializzazione dei prodotti.

E' questo un problema al quale la Lombardia è particolarmente sensibile data la vocazione agricola di numerose aree del suo territorio; un ulteriore settore che sollecita incisivi interventi è quello dell'edilizia economico popolare e residenziale, nell'intento di assegnare all'abitazione il giusto significato di servizio. Esso si inserisce, come gli altri dinanzi accennati, in una vasta problematica che va valutata e affrontata con determinazione se si vogliono conseguire, anche con l'intervento degli Enti Locali:

- un recupero completo e quanto più sollecito possibile delle condizioni economiche del Paese, evitando gli errori che possono farci ricadere in una situazione dalla quale sarebbe tanto più difficile ribellarci;

- un ulteriore passo avanti nel fondamentale riassetto di struttura cui si tende anche nel nostro Paese.

Per concludere, in rapida sintesi, appare chiaramente che il sistema economico occidentale, specialmente in Europa, ha risentito in misura accentuata la sollecitazione degli eventi di questi ultimi anni: rivalutazione straordinaria delle materie prime fondamentali e particolarmente del petrolio, con insorgere di nuove potenze finanziarie; sostanziali emergenti difficoltà in termini di capacità industriale e potenza finanziaria fra i Paesi del sistema occidentale tra loro legati da grandi ragioni di interscambio; inflazione mondiale di tipo composto (da domanda e da costi); progressiva recessione economica accelerata dalle notevoli distorsioni nella qualità e nella quantità della domanda individuale in quanto da tempo si faticava a realizzare equilibri nazionali e internazionali a motivo di uno sviluppo industriale decisamente anomalo in ordine alla qualità della produzione (eccesso di beni e servizi di utilità individuale, alla spinta eccessiva sulla domanda individuale, agli stessi obiettivi dell'attività economica (prevalente o esclusivo utilitarismo d'impresa). Questo tipo di sviluppo socio-economico, inquadrato in una logica ancora strettamente deterministica delle leggi economiche come dianzi detto, ha sovente coinvolto tutto e tutti ai propri obiettivi sacrificando la soddisfazione di talune esigenze fondamentali dell'uomo nel senso di un giusto utilizzo in modo naturale dell'habitat e di un miglior grado di libertà delle scelte individuali (insediamenti, tipi di consumo, ecc.). Le terapie che si vorranno adottare per consentire all'Italia di uscire completamente da questa crisi con sostanziali possibilità di modificare strutturalmente e con segno positivo l'indirizzo di politica economica sin qui seguito, dovranno essere precedute da un severo riesame, in sede politica, dei limiti e delle opportunità di utilizzo del territorio, e delle risorse naturali del Paese; nonché dell'impiego della mano d'opera disponibile. Gli strumenti principali per definire e concretare questo ripensamento generale del rapporto economia-politica sono, fra gli altri, la ricerca e la programmazione, il cui rilancio è indilazionabile. I suoi obiettivi immediati sono individuabili nella definizione della qualità e quantità della domanda individuale, in beni, servizi, strutture sociali (nelle componenti attuali e secondo schemi socialmente più avanzati); nell'identificazione di programmi di sviluppo e degli spazi operativi di più opportuna adozione per l'Italia nell' ambito internazionale (nel più vasto contesto di una probabile conversione della normativa CEE, i cui obiettivi di libero scambio potranno essere integrati da accordi sui limiti e sulla geografia dello sviluppo industriale, settore per settore).

Posto quanto sopra si rende necessaria la revisione degli obiettivi della partecipazione e degli interventi dello Stato nell'attività economica.

Ad un corretto rapporto economia - politica non può non accompagnarsi anche un correlato discorso sul controllo democratico delle forme reali del potere (si pensi, ad esempio, alla gestione delle Partecipazioni Statali) attuato in rapida alternativa a qualunque utopistica proposta di partecipazione al potere (non configurabile per concetto e per pratica attuabilità).

Comunque ipotizzato, per forme da innovare anche a livello delle istituzioni, tale vero controllo sarà possibile soltanto se saranno prese decisioni sulle necessità di dare maggiore e tempestiva pubblicità ai "rendiconti" dello Stato e degli Enti da esso controllati. Un più attivo controllo va anche ipotizzato per talune strutture, quali gli istituti di credito, che hanno talvolta aggravato le ripercussioni della stretta creditizia, in vero accentuatissima, mostrando assai frequentemente una assoluta indifferenza ai problemi di vaste categorie economiche ed alle implicazioni occupazionali, particolarmente gravi in talune zone montane o depresse dove non vi sono adeguate possibilità alternative di lavoro. Un discorso a sé merita poi il rincaro dei tassi di interesse attivi per le banche solo in parte giustificato dal rincaro dei tassi passivi: lo dimostrano i risultati di bilancio dell'esercizio appena chiusosi, esercizio che ha avuto momenti difficili per ogni altro settore dell'economia e dell'occupazione, segnatamente nell'ambito degli operatori piccoli e medi di ogni settore di attività economica.

E venendo definitivamente alle conclusioni del discorso, pare giusto sottolineare, per ovvi motivi di contingenza politica, come siano da apprezzarsi l'insieme degli sforzi compiuti dall'Esecutivo per rimuovere con sollecitudine taluni effetti negativi dell'evoluzione del sistema e, soprattutto, alcuni interventi nei settori dell'edilizia, dell'agricoltura, dell'artigianato, della piccola e media industria e dell'esportazione.

Infatti l'insieme dei provvedimenti sin qui deliberati in questi settori o in via di formulazione, pongono in luce una tendenza dell'Esecutivo e del Legislativo, da rafforzare vigorosamente, a riprendere potere decisionale in materia di politica economica.

La Lombardia, alfiere delle Regioni industriali italiane, consapevole di responsabilità sue proprie negli indirizzi futuri della politica economica del Paese, con una corretta dialettica che recepisca i contributi positivi da qualunque parte prospettati, è protesa nell'individuare e proporre un'immagine nuova di sviluppo socio-economico che collochi la persona umana, nelle sue diverse espressioni, in una dimensione che salvaguardi, con le libertà democratiche, i fondamentali diritti che devono esserle riconosciuti secondo equilibri socialmente avanzati.

L'ampia relazione del Segretario Regionale Alberto Galli al Comitato del 5 Aprile scorso, rappresenta un importante momento di riflessione per tutte le componenti della Democrazia Cristiana Lombarda.

Questo perché si sappiano cogliere e sviluppare le linee di indirizzo per una nuova visione del Partito, più consona alle esigenze della società italiana.

La SPES regionale offre questo documento per un dibattito che sia il più ampio possibile e dal quale possa uscire un chiaro volto della Democrazia Cristiana, partito popolare e antifascista, che crea sempre più ampi spazi di libertà in una società fondata sulle autonomie e sulla partecipazione.

Lino Maineri

Direttore politico

> "PRINCIPIO DELLA SAPIENZA E' IL DESIDERIO DI ISTRUZIONE."
> (conoscenza u. d. 2)
>
> "LA CURA DELL'ISTRUZIONE E' L'AMORE."
> (Sapienza 6, 17)

Principio della sapienza è il desiderio di istruzione.
La cura dell'istruzione è l'amore.

Bibbia, Sapienza 6,1-17

Conferenza su Don Luigi Sturzo
Caravaggio, 19 aprile 1975

1) La "personalità di base" di Luigi Sturzo

Sturzo proviene da una famiglia di tradizione antiborbonica ed autonomistica: egli assimilò questa tradizione arricchendola del motivo dell'emancipazione delle plebi rurali. Sulla base di questa identità, Sturzo conferì la priorità al problema dell'autonomia del movimento cattolico in Sicilia, peculiarmente nei confronti delle alleanze clientelari, destinate a servire gli interessi "centrali" di questo o quel prefetto, di questo o quel padrone. E' sulla base di questi presupposti, che Sturzo è indotto ad interpretare l'istituzione e la strategia che organizzavano i cattolici italiani della sua giovinezza: l'Opera dei Congressi, e la strategia dell'"intransigenza" sulla questione romana.

Difatti, sembrò a Sturzo che l'Opera con la sua intransigenza, con la sua vocazione antimoderata e antibloccarda, gli offrisse il punto d'appoggio, l'*ubi consistam* su cui far leva per impostare il problema dell'autonomia del movimento cattolico in Sicilia. Dunque, l'aspetto centrale dell'orientamento di Sturzo è il nesso tra intransigentismo ed emancipazione del popolo meridionale: nesso la cui tensione interna (tra "non modernità" dell'intransigentismo e più in genere dell'atteggiamento della Chiesa verso il mondo moderno, e "modernità" dell'emancipazione popolare) viene affrontata e risolta da Sturzo non sul piano teorico bensì sul piano pragmatico storico-politico, sulla base dell'adozione di un senso della relatività della storia. Specificità della storia che, nel periodo in cui Sturzo raggiunge la maturità personale, cioè gli anni Novanta, fece registrare profondi mutamenti sociali in Sicilia e in Italia.

2) Il mutamento sociale in Sicilia e in Italia e i suoi riflessi nell'evoluzione dell'iniziativa di Sturzo

a) Gli anni Novanta in Sicilia

L' esplosione dei fasci siciliani, in cui si manifesta più acutamente la crisi agraria dell'isola, incoraggia la diffusione di comitati parrocchiali, casse rurali e cooperative cattoliche: l'impegno ecclesiale in queste associazioni fa maturare un nuovo tipo di prete e di apostolato. Dal privatismo, localismo, ritualismo delle pie unioni delle confraternite, dal particolarismo del patronato laico nelle opere e istituzioni ecclesiastiche, della inerzia sociale e culturale, si registra il passaggio a un attivismo sociale, fondato sulle leghe, sulle unioni professionali semplici, sulle casse rurali, e infine sugli scioperi. Sturzo è il principale protagonista di questo passaggio.

b) Gli anni Novanta in Italia

L' Italia entra in questo decennio nella fase storico-sociale di capitalismo liberale sviluppo industriale nel Nord Ovest del Paese, nascita del Partito Socialista, moti operai e contadini. L'effetto principale di questi processi è stato lo spostamento del fronte principale di conflittualità: dall'antagonismo "laici risorgimentali-cattolici intransigenti" all'antagonismo "liberalismo-socialismo"; vale a dire alla centralità della "questione sociale", che era stato l'oggetto dell'enciclica **Rerum Novarum**. In

Alberto Galli con il Sen. Castelli a Minitalia all'inaugurazione della mostra dell'Artigianato Lombardo, Capriate S. Gervasio, 16 aprile 1972

campo cattolico, i suddetti mutamenti sociali determinarono uno spostamento nella focalizzazione dei problemi; della questione romana in cui si identificava l'intransigentismo -alla questione sociale -in cui si veniva identificando la "Democrazia cristiana" (Murri). Questo spostamento dei problemi non poteva non incidere sulla funzionalità storica dell'Opera dei Congressi che proprio nella protesta per i "fatti compiuti" dell'unificazione nazionale riconosceva la propria ragion d'essere (infatti, lo scontro tra gli echi intransigenti -Paganuzzi -e le giovani leve democratiche cristiane, ispirate da Murri, e soprattutto la vittoria di questi ultimi, provocò la crisi, e nel 1904 lo scioglimento dell'Opera dei Congressi).

3) La linea di Sturzo sino al programma di Caltagirone

I mutamenti appena menzionati orientarono Sturzo a diffondere la democrazia cristiana a Caltagirone, adottando strumenti ufficiali della Chiesa italiana come i comitati parrocchiali e le sezioni giovanili dell'opera dei Congressi, promuovendo la formazione di laici cattolici, costituendo un comitato diocesano e un comitato interparrocchiale. Sturzo, insomma, si distinse per il dinamismo organizzativo piuttosto che per l'approfondimento dottrinale o la propaganda ideologica. Sul piano dei contenuti, Sturzo esalta il primato sociale del popolo, che ha propri diritti ed ha bisogno di difendersi da coloro che vogliono soltanto il suo voto per utilizzarlo in maniera difforme dai suoi interessi. In sintesi, <u>Sturzo professa un'intransigenza attivistica, e non meramente protestataria, che si vuole organizzare per il popolo attraverso il popolo.</u>

Il carattere pragmatistico, anziché come in Murri, intellettualistico, del suo sostegno alla "democrazia cristiana", si spiega con il costante riferimento di Sturzo alla questione meridionale: la democrazia cristiana per Sturzo ebbe sempre più il valore di una idea-forza, di un'ispirazione che poteva imitare il movimento cattolico meridionale a svincolarsi dei vagheggiamenti di natura preborghese.

Sturzo s'impegnò, nei primi del Novecento, nell'organizzazione delle plebi rurali in Sicilia tramite l'istituzione di opere economiche (casse rurali e cooperative) e la promozione di unioni professionali semplici, e partecipò alle lotte amministrative. I punti ideologici più significativi che sorressero Sturzo e che egli sviluppò tenendo conto degli insegnamenti della sua esperienza amministrativa e sociale furono: 1) lotta contro la proletarizzazione di ceti artigiani e contadini del Sud (allo scopo di prevenire il socialismo, la scristianizzazione e la destabilizzazione della società di cui la proletarizzazione costituisce il fattore oggettivo); lotta da condursi mobilitando preti e laici a costituire e diffondere forme associative, capaci di resistere alla concorrenza straniera.

2) affermazione del ruolo sociale della piccola proprietà contadina e quindi sostegno all' idea della conduzione frazionata della terra anche tramite la riforma dei patti agrari - in contrasto con l'ideologia delle cooperative rurali socialiste- per le quali il collettivismo era articolo di fede. 3) auspicio di uno stato federalista articolato nell'autonomia delle regioni; il regionalismo è inteso come mezzo per emancipare la società meridionale sottraendola dalla subordinazione al Nord; subordinazione il cui effetto sociale più grave è la stabilizzazione indotta di equilibri socioculturali arretrati nel Sud.

4) Il programma di Caltagirone

Lo scioglimento dell'Opera dei Congressi e il connesso tramonto logico intransigentista, l'abrogazione tacita del *non expedit*, la "strategia dell'attenzione" giolittiana verso i cattolici codificata nella tesi delle "due parallele"; la modernizzazione intellettuale del cattolicesimo (sia pur controversa) venivano ristrutturando il quadro di riferimento, fissato con l'unità del Paese, per l'azione dei cattolici italiani. Tolto il *non expedit* la tentazione di fare il partito poteva scappare da più parti (Meda, Murri). In questo clima si colloca il discorso di Sturzo a Caltagirone (29.12.1905) "I problemi della vita nazionale dei cattolici italiani", che prefigurò il partito nazionale dei cattolici, che sarebbe stato il Partito popolare italiano. L'opzione di Sturzo sul partito dei cattolici si colloca in posizione intermedia tra l'opzione operativa immediata di Meda e l'opzione metapolitica religiosa di Murri: il concetto di partito nasce in Sturzo come risultato di un'analisi storica, come portato di un'esperienza che ha il suo costante termine di riferimento nella relatività delle condizioni materiali in cui deve svilupparsi l'azione politica. Le tesi di Sturzo sono:

1) se il partito deve nascere, non solo deve essere pienamente autonomo dall'autorità ecclesiastica, ma nemmeno deve fregiarsi del titolo di cattolico: i cattolici "si mettano al pari degli altri partiti nella vita nazionale, non come unici depositari della religione o come armata permanente delle autorità religiose che scendano in guerra guerreggiata, ma come rappresentanti di una tendenza "popolare-nazionale" nello sviluppo del vivere civile, che vuolsi impegnato animato da quei principi morali e sociali che derivano dalla società cristiana" ;

2) la questione del potere temporale del Papa non deve essere assunta come ragion d'essere del futuro partito;

3) la monarchia sabauda viene accettata come dato di fatto, e non demonizzata come responsabile della liquidazione dello stato pontificio. Dunque, né l'altare né il trono devono presiedere il partito cattolico.

4) scelta della democrazia come principio ispiratore del programma, in polemica con il conservatorismo.

5) <u>Gestione storica, costituzione e parabola del Partito Popolare Italiano</u>

a) Le premesse

L'idea di partito formulata a Caltagirone richiedeva, per potersi tradurre in realtà politica il verificarsi di una serie di condizioni che rimuovessero il veto della Santa Sede alla nascita del partito stesso. Queste condizioni si verificarono nel primo e ancor più nel secondo decennio del Novecento. I) la formazione di un vasto movimento cattolico sociale, con una eccezionale capacità di aggregazione dei ceti medi soprattutto (ma anche artigianali, professionali) rurali, organizzata in una costellazione di associazioni economico-sociali (casse rurali, società di mutuo soccorso, leghe contadine e operaie, stampa cattolica autonoma). II) L' introduzione del suffragio universale, che fece salire, nel 1913, il numero degli elettori da 3 a ben 8 milioni; essendo inconcepibile, di fatto, l 'astensione in massa dei cattolici, il veto della Santa Sede alla nascita del partito cattolico non poteva comunque impedire che la democrazia entrasse nel mondo cattolico come prassi, come esperienza concreta e quotidiana (creando così una premessa ulteriore all'ingresso diretto dei cattolici nella vita politica); se mai quel veto, rendendo possibili operazioni come il Patto Gentiloni contribuiva alla strumentalizzazione dei credenti, alla prospettiva della conservazione moderata ed alla pratica trasformista.

III) La prima guerra mondiale (Sturzo fu interventista considerando la guerra un antidoto al "morbo materialista", un'occasione per ricostituire un'unità spirituale e morale del Paese e giustificare l'intervento italiano con la difesa degli ideali di libertà e di giustizia, propugnati dall'Intesa); durante la guerra Sturzo assunse un ruolo politico sempre più di livello nazionale, (fu segretario della Giunta eletta dal Consiglio direttivo dell'Unione Popolare, che costituiva il centro direttivo delle forze dei cattolici italiani); ma soprattutto, durante la guerra, si preparò una "sottostruttura del partito" (secondo una locuzione dello stesso Sturzo), con eventi come la creazione di organismi politici e sindacali, e di assistenza e la partecipazione di Meda al governo. Con questi eventi l'autonomia del politico dal religioso, si affermò nei fatti prima che nell'istituzione. Durante la guerra i cattolici avevano assunto un atteggiamento di lealtà nei confronti del governo, distinguendo la condizione di cittadino da quella di fedele; infine, la guerra aveva creato una mentalità nuova. La mentalità del mobilitato civile e militare, formatosi al contatto con esperienze nuove e sociali anche di carattere rivoluzionario.

IV) La Santa Sede aveva liberato la questione romana di ogni ipoteca intransigente e ultramontana

b) <u>La nascita del Partito Popolare Italiano (18.1.1919).</u> Nell'appello "a tutti gli uomini liberi e forti" con cui nasceva il P.P.I. risaltavano le ansie riformatrici, le aspettative pacifiste, le esigenze di un contenuto più sostanziale e popolare da assegnare alle funzioni della democrazia parlamentare. Rileva G. De Rosa ("Sturzo" pag. 195), "Era un fatto nuovo nella nostra storia politica, che un partito si presentasse all'opinione pubblica con una <u>carta</u> programmatica, con un documento, peraltro, che fondava la sua ragione di essere nella lezione ricavabile dall'<u>esperienza</u> .... esso si presenta non già nei termini della vecchia opposizione cattolica ma anche formalmente, come un ulteriore arricchimento della migliore tradizione patriottica e liberale (ibidem) "

Nel proposito, con riferimento al profilo organizzativo, Sturzo ribadì che il P.P.I. non doveva sorgere dall'interno della Azione cattolica, tanto meno gli organismi dell'Azione cattolica dovevano tramutarsi in organi di partito.

Principi ideologico-programmatici del P.P.I. erano il pluralismo, il regionalismo, l'avversione al rivoluzionarismo come alla conservazione.

c) <u>Elezioni, collaborazione governativa, azionariato operaio</u>

Alle elezioni politiche del 1919, il P.P.I. riportò 1.176.000 voti pari al 20,6% dei voti validi e conquistò 100 seggi alla Camera; i socialisti ottennero 1.835.000 voti pari al 32,3%, conquistando 156 seggi alla Camera. Queste elezioni sancirono il tramonto dell'Italia liberale e l'avvento dell'Italia dei partiti di massa. Il P.P.I. collaborò ai governi di Nitti e di Giolitti nel primo dopoguerra; fu una collaborazione resa difficile, soprattutto, dalla reciproca diffidenza imputabile a ragioni storico-culturali. Il governo Nitti deluse le richieste del P.P.I. su due punti qualificanti: la riforma agraria (Nitti disattese la richiesta del P.P.I. per lo spezzettamento dei latifondi) e il rapporto governo-sindacati (preferì trattare sempre con i sindacati rossi). Per quanto concerne il ministero di Giolitti fondato sulla collaborazione con il P.P.I., ci limitiamo a considerare l'impegno del P.P.I. in tema di azionariato operaio, che si collegava alla bruciante vicenda dell'occupazione delle fabbriche oltreché alla visione ideologica di Sturzo. Durante il periodo dell'occupazione delle fabbriche P.P.I. e Cil prepararono un progetto di legge per l'introduzione dell'azionariato operaio, lo sviluppo del cooperativismo industriale, il riconoscimento nel controllo sulla gestione delle imprese, del mezzo necessario ad una giusta compartecipazione agli utili. Per i popolari il controllo operaio (contrariamente a quello socialista che escludeva come "borghese" la compartecipazione agli utili e il controllo responsabile nell'amministrazione delle aziende) doveva inquadrarsi nella struttura del nuovo regime delle aziende a partecipazione e azionariato del lavoro. L'azionariato operaio era visto come una forma che poteva consentire un migliore e più economico sviluppo della produzione, perché avvantaggiava gli operai senza danneggiare i datori di lavoro: erano gli insegnamenti di Pareto il quale elogiò Sturzo, perché, diversamente dagli altri uomini politici, dimostrava nel campo delle scienze economiche "sicurezza delle dottrine, della scienza, nel senso proprio di tal termine". La tematica dell'azionariato operaio s'inscriveva nell'"utopia" sturziana, di un movimento contrario alla centralizzazione burocratica e statalista basato: a) sull'attribuzione ai sindacati e alle masse lavoratrici di una funzione d'incentivo alla produzione attraverso organi cooperativistici e di azionariato; b) sulla valorizzazione dell'industria di trasformazione agricola, capace di reggersi sulle sue forze senza protezione. Tra Sturzo e Giolitti ci fu opposizione serrata, soprattutto sui metodi di governo e sulla concezione dei rapporti tra Partito e Parlamento: Sturzo rifiutava, di Giolitti, le scelte preferenziali verso i socialisti riformisti e i sindacati rossi, la concentrazione del potere politico locale nei prefetti, il largo uso della pratica trasformistica e clientelare. Giolitti, a sua volta, osteggiava, nel popolarismo, la priorità agli indirizzi programmatici del partito rispetto al comportamento dei gruppi parlamentari e la scelta dei congressi, anziché dell'aula parlamentare, come momento di verifica della volontà e degli orientamenti del partito.

d) Sturzo e il fascismo

1922 tentativo fallito di collaborazione popolare-socialista, per salvare il regime costituzionale.

1923 (12-14 aprile) congresso del P.P.I. a Torino: Sturzo si batté a fondo e con successo, per salvare il partito dal compromesso con il fascismo, delineando con chiarezza le ragioni della sua opposizione al fascismo; Sturzo rivendica, contro fascisti e clerico-fascisti, l' aconfessionalità del P.P.I.: Il P.P.I. non è nato per rappresentare gli interessi della Chiesa in campo politico in un contesto anticlericale e laico, ma per rappresentare un'esperienza di massa di cattolici. Il fascismo è combattuto per la sua concezione dello stato come stato etico e della nazione come realtà assoluta, divinizzata. A proposito del congresso di Torino, Giovanni Amendola scrisse in una lettera a Turati: "Il congresso di Torino ha già compiuto la funzione di protesta per la libertà", mentre l'organo fascista "Il Popolo d' Italia" bollò Sturzo come "uomo nefasto".

Dopo il congresso di Torino si sviluppa la tattica fascista di isolare Sturzo all'interno del cattolicesimo italiano e soprattutto dalla Santa Sede, agitando lo spettro della rivoluzione bolscevica, minacciando una campagna anticlericale e giungendo a richiedere, come prezzo di pacificazione, il ritiro di Sturzo da segretario del partito. Sturzo rassegnò le dimissioni da segretario nel 1923.

Da On. Pisanu a Galli, 15 maggio 1976 ore 23.15

La citazione di Pascal più adatta al tuo discorso dovrebbe essere questa :

"E non potendosi fare in modo che ciò che è giusto fosse forte, si è fatto in modo che ciò che è forte fosse giusto"

Con aggiunta di Galli, 19 maggio 1976

ma alla fine <u>la volontà della periferia</u> fece in modo " che ciò che è giusto fosse forte".

Intervento alla Direzione Nazionale D.C.
come Segretario Regionale, Roma, 22 luglio 1975

Signor Presidente del Partito,

desidero subito dichiarare che voterò contro la relazione politica del Segretario. Mi pare un gesto di lealtà dire che questo mio atteggiamento deriva da una sorta di delusione per l'insieme del documento esposto al Consiglio Nazionale. Ma non solo: il documento non mi pare rifletta il clima determinato a seguito del risultato del voto del 15 giugno e del suo significato nonché della svolta drammatica che si impone alla Democrazia Cristiana, ma in questi giorni ascoltando interpretazioni e reinterpretazioni di tale relazione ho potuto constatare che siamo all'insegna di un pirandelliano gioco delle parti che sarebbe piacevole cosa, se non assumesse gli aspetti, in un certo senso crepuscolari, di una danza a Bisanzio.
Troppo per un verso e poco per il verso giusto!

Tutti hanno parlato ancora di scioglimento delle correnti e non uno che abbia proposto una modifica statutaria che possa avviarci, in concreto, al superamento del grave difetto del proporzionalismo, causa non ultima dei nostri guai e della tendenza alla diaspora più che all'aggregazione. Non si può pensare che il partito si possa dirigere basandosi sul presupposto erroneo insito nella gestione unitaria. Con il che siamo al paradosso che la carica di simpatia o di antipatia del Segretario determina convergenze o divergenze e quindi un minore o maggiore grado di esercizio del potere.
Se non si vuole arrivare alla nomina del Segretario dal Congresso, si veda almeno, mediante il ripristino del maggioritario, di consentire una più corretta e responsabile gestione del potere. Anche per la dichiarata generale volontà di cambiamento non è che si sia brillato per chiarezza! Confesso che mi aspettavo una coraggiosa iniziativa del Segretario per un generalizzato cambiamento! Un partito come la D.C. a questo punto doveva riassumere in poche battute le sue analisi sul voto del 15 giugno e passare subito a studiare come si possa ritornare ad essere un partito di massa, dato che siamo pure stati capaci di essere nella migliore stagione della D.C.; al come offrire ai cittadini un'immagine diversa da quella attuale, riproposta ancora qui dal dibattito, di un partito che si ripresenta come una sorta di federazione di circoli culturali dove la cultura politica è la grande sconosciuta e la "politica" è ormai un esercizio di sterili compromessi che dissipa energie preziose senza rivolgerle ad un fine di ordine generale.
Questa era ed è l'attesa di chi ha combattuto onestamente la sua battaglia anche stavolta.
Ed ancora! Se la D.C. prova oggi un drammatico isolamento nella società italiana, cambiata anche per motivo suo, credo che non possa non tentare di rompere questo isolamento anche con iniziative di cambiamento ai vari livelli, iniziative che diano ai cittadini il segno visivo di questa volontà.
E vi era in questo auspicio la richiesta implicita di una disponibilità anche in "extre-

mis" del Segretario Politico a farsi saggiamente interprete di questo, senza attendere i tempi del Congresso, che va convenientemente preparato se non vogliamo che riproponga tali e quali i guai del presente, con il che sarebbe l'ultimo atto di una recita con troppi personaggi ma senza più autore.

Nel dire queste cose nel confermare il mio no alla relazione del Segretario Politico, ne sono profondamente amareggiato anche perché sono debitore alla Sua persona e al Suo ufficio di molte attenzioni e comprensioni per quanto ho avuto ventura di fare nell'ufficio di Segretario Regionale. Devo dargli atto del Suo servizio al Partito e della sua infaticabile attività per raddrizzare le fortune di quella D.C. che, a Palazzo Giustiniani presentava segni di avanzata decadenza e fatiscenti strutture alle quali non è stato un rimedio l'istituto della gestione unitaria.
Se è doveroso dare atto al Senatore Fanfani del servizio reso fin qui dalla Democrazia Cristiana e atteso che talune logiche che egli stesso ha posto in essere, in un certo modo, in questo Consiglio Nazionale assumendone le responsabilità e senza che le abili amplificazioni ed integrazioni alla linea del Segretario Politico dell'Onorevole Moro, di Forlani ed altri possano a mio avviso modificarne le conclusioni, ritengo utile fare avvertiti gli amici che assumeranno le responsabilità di farsi carico delle esigenze di cambiamento richieste dagli iscritti del Partito ed anche dagli elettori, che non è riproponibile il semplice gioco di cambiare una figura del balletto, magari la principale, senza che tutto lo schema della danza in casa D.C. venga cambiato.

Se il voto del 15 giugno ha il significato che tutti hanno rilevato e, volesse il cielo che fosse stato altra cosa, allora sia chiaro che il cambiamento della DC è solo agli inizi per quanto attiene metodi ed uomini, e che bisogna uscire dal "bunker" di piazza Sturzo e dai sofisticati conversari delle troppe stanze di questa Roma, per un confronto serio con la società che, magari inconsciamente, abbiamo contribuito a cambiare.

Prima che la libertà e la democrazia del nostro Paese diventino il caro ricordo della vicenda trentennale di un grande partito nel quale hanno creduto quanti pensavano che la Democrazia per essere tale doveva essere cristiana, vediamo seriamente di provvedere: e senza indugi.

Relazione all'Assemblea del Comitato Regionale Lombardo D.C.

Capriate S. Gervasio, BG, 15 Novembre 1975

Al Segretario politico On. Zaccagnini va il mio caldo saluto e la solidarietà più viva, nonché il ringraziamento per l'intervento a questo nostro convegno del quale concluderà i lavori.

Questo convegno si svolge in un particolare momento della vita del nostro Partito; in un momento dove si sente il bisogno di rivitalizzare il Partito per la funzione che ha ancora da svolgere nella storia del paese.

Inoltre questo convegno ci permette di dire alcune opinioni in libertà con quel senso di responsabilità che deve caratterizzare la nostra azione e le nostre parole.

E' per questo che io mi sono permesso, diciamo così, di considerare questa relazione come una introduzione ad un libero dibattito fra di noi sulle cose che si devono fare, perché penso che quelli che si trovano impegnati nelle istituzioni del nostro Paese debbano ritenere scontato che la Democrazia Cristiana ha ancora un rilevante spazio alla sua azione politica.

E questo ritengo infatti anche quegli amici che in condizioni veramente difficili si sono battuti nella campagna disastrosa del referendum e quegli amici che hanno fatto tutto il loro dovere nelle elezioni del 15 giugno, al di là dei risultati che si sono avuti. Allora a tutti questi amici della Lombardia, da noi deve venire, in modo responsabile, una parola di meditazione e una parola di speranza.

Quindi non si tratta di congresso si, congresso no, Zaccagnini si, Zaccagnini no. Non è così che si imposta il problema della Democrazia Cristiana! Che cosa ci può importare, arrivati a questo punto, se si debba fare o meno il congresso con tutte le cose che noi vediamo dalla polemica di questi giorni, dalle deformazioni interessate dei giornali e degli avversari? E' giunta l'ora di meditare seriamente sulla questione. Il problema posto in termini, congresso si o congresso no, non ci interessa e almeno, per quel che mi riguarda, non mi interessa assolutamente: il problema, lo ripeto, è sapere se questa Democrazia Cristiana ha una via da percorrere, se può fare delle scelte, se può dire ancora qualche cosa nella storia del nostro paese e quindi se ha la capacità di assumere delle responsabilità.

Gli amici della periferia non si domandano se avremo il congresso a gennaio o a marzo e probabilmente a questo congresso potranno anche non venire, ma si chiedono che prima di quel congresso la Democrazia Cristiana abbia definito una linea su cui potersi attestare e dei punti di riferimento molto precisi per quella che è la realtà del nostro Paese. Quindi questa assemblea che si tiene in Lombardia e si tiene sulla "coordinata" che è al centro delle Lombardia, non ha lo scopo di un referendum pro o contro Zaccagnini, non ha lo scopo di referendum sul congresso anticipato o posticipato, ma ha lo scopo di esporre qualche idea al fine di offrire un contributo agli amici del nazionale perché la smettano di aggregarsi o disaggregarsi a seconda di simpatie o

programma della Conferenza Regionale sulle Autonomie Locali, Gardone Riviera BS, 29 novembre/1 dicembre 1974

PROGRAMMA

Venerdì - 29 Novembre

Ore 15,30 RITROVO DEI PARTECIPANTI.

Ore 16,00 INTRODUZIONE AI LAVORI.
ALBERTO GALLI - Segretario Regionale
LEOPOLDO CATTANEO - Dirigente Enti Locali

Relazioni e dibattito su:
stato del provvedimenti regionali in relazione alla funzioni degli enti locali:
FILIPPO BERTANI - Assessore Ecologia
« Difesa ambientale - Legge sulle acque - CRIAL »
MARIO CAMPAGNOLI - Assessore Agricoltura
« Potenziamento delle Autonomie Locali nell'ambito delle Leggi vigenti in Agricoltura »
ADALBERTO CANGI - Assessore Enti Locali
« Legge quadro sulle deleghe - Legge sul Personale »
SANDRO FONTANA - Assessore Cultura
« Cultura e Società delle Autonomie Locali nei provvedimenti adottati »
ALBERTO CANGI - Assessore Interventi Fondiari
« Legge sulla montagna e rapporti fra Enti Locali, Provincie e Comunità Montane »
GIUSEPPE GIULIANI - Pres. Comm. Urbanistica
« Urbanistica nella Regione »
FILIPPO HAZON - Assessore Istruzione
« Provvedimenti scolastici ed Enti Locali nella Legislazione vigente »
VITTORIO RIVOLTA - Assessore Sanità
« Legge di Piano Ospedaliero e Legge sui Comitati Sanitari di Zona »
VITO SONZOGNI - Assessore Lavori Pubblici
« Provvedimenti in corso sui Trasporti, Lavori Pubblici e Piano di Emergenza - Riflessi sul Piano Territoriale »
VITTORIO SORA - Assessore industria e Commercio
« Mercati all'ingrosso, Aree Industriali e regolamentazione del Commercio »

Presiede: On. MARIANO RUMOR

Comunicazioni dei Segretari Provinciali, Dirigenti Enti Locali, Amministratori Provinciali, Comunali, Enti Ospedalieri e Aziende Municipalizzate.

DIBATTITO

COSTITUZIONE DEI GRUPPI DI LAVORO

Ore 20,00 CENA

Ore 21,00 TAVOLA ROTONDA:
Situazione e prospettive dei rapporti tra Legislazione Regionale e Statale:
a) Funzioni Istituzionali, Legge Comunale e Provinciale Riforma allo Studio e loro iter;
b) Legge sulla Finanza Regionale e sua revisione;
c) Legge sulla Finanza Locale. Riforma del Tributi;
d) Legge Urbanistica. Sua Riforma;
e) Leggi quadro e loro linee politiche.
Presiede: On. VITTORINO COLOMBO
Partecipano:
Sen. TOMMASO MORLINO
Sen. CAMILLO RIPAMONTI
Sen. ATHOS VALSECCHI
On. FILIPPO PANDOLFI
Avv. GINO COLOMBO
Dr. CESARE GOLFARI
GUIDO VITALE

Sabato - 30 Novembre

Ore 9,30 Intervento: On. MARIANO RUMOR

Ore 10,00 RELAZIONI:
Potere Locale, Partecipazione e Stato
Prof. PIERO LUIGI ZAMPETTI
Ordinario Dottrina dello Stato
Autonomia degli Enti Locali. Delega come ampliamento delle funzioni autonome. Controlli.
ADALBERTO CANGI
Assessore Regionale Enti Locali
Rinnovamento degli Enti Locali e loro Associazioni - Livelli di Governo e Organi Politici. I Comprensori e le loro funzioni.
Prof. GIACOMO CABRINI
Presidente Commissione Enti Locali
Prospettive per una nuova legge comunale e provinciale - Problemi legislativi e costituzionali
Avv. TINO SIMONCINI
Presidente Commissione Economia e Lavoro
Rapporti fra Regione e Stato - Funzioni, presenza politica e programmatica delle Regioni nel futuro dell'Europa.
Dr. PIERO BASSETTI
Consigliere Regionale
Poteri locali e riforme tributarie
Prof. ENRICO DE MITA
Ordinario Diritto Tributario

Ore 13,30 PRANZO

Ore 15,30 RIUNIONE DEI GRUPPI DI LAVORO COMUNICAZIONI E DIBATTITO

Ore 20,00 CENA

Ore 21,00 PROSECUZIONE DEI LAVORI

Domenica - 1 Dicembre

Ore 8,00 S. MESSA

Ore 9,00 PRESENTAZIONE DEI DOCUMENTI CONCLUSIVI
DIBATTITO
Intervento del Presidente del Consiglio Regionale
Avv. GINO COLOMBO
Intervento del Presidente della Giunta Regionale
Dott. CESARE GOLFARI

Ore 12,30 CONCLUSIONI DEI LAVORI
Intervento del Segretario Politico
Sen. AMINTORE FANFANI

GRUPPI DI LAVORO

— ISTITUZIONI E FINANZA
Coordinatore: Sen. FABIANO DE ZAN
Relatori: On. ANGELO CASTELLI
VITTORIO SORA
WALTER DAMIANI
GIUSEPPE PREMOLI
SANDRO BERTOJA
GIANNINO TURRI

— CULTURA E ISTRUZIONE
Coordinatore: On. VIRGINIO ROGNONI
Relatori: FILIPPO HAZON
SANDRO FONTANA
GIANCARLO GIAMBELLI
DAMIANO SCARONI
ANTONIO MUFFATTI
GIAN PAOLO MELZI D'ERIL

— AGRICOLTURA ED ECOLOGIA
Coordinatore: Sen. GIACOMO MAZZOLI
Relatori: MARIO CAMPAGNOLI
GIUSEPPE VERCESI
ERNESTO VERCESI
GIOVANNI RUFFINI
NINO PISONI
GIANCARLO SIENA
CHERUBINO ULZEGA

— TRASPORTI, OPERE PUBBLICHE, URBANISTICA
Coordinatore: On. ANTONIO MARZOTTO
Relatori: VITO SONZOGNI
GIUSEPPE GUZZETTI
FELICE BERNASCONI
ELIO MALVEZZI

— SANITA', PIANO OSPEDALIERO, RIFORMA, ASSISTENZA
Coordinatore: On. LEANDRO RAMPA
Relatori: VITTORIO RIVOLTA
GUIDO VITALE
PIERVIRGILIO ORTOLANI
ARTURO MINELLI
ENRICO RIVA

antipatie, ma si aggreghino e si disaggreghino, si ritrovino minoranza o maggioranza, attorno - possibilmente - a linee politiche. Il nostro problema è di elaborare delle linee politiche semplici e di facile riferimento invece di cercare aggregazioni attorno ai supposti "capi carismatici".

Quindi questa relazione introduttiva all'assemblea democristiana lombarda auspicata, come dicevo, dalla segreteria politica, avrà ad un'attenta lettura, non pochi elementi di problematica in ordine a talune ipotesi di scelta e di costruzione di linea politica. Su una questione però, e questo è un avvertimento che voglio dare e che ritornerà anche quando dirò delle cose che non saranno, come è giusto che sia, condivise da tutti; una questione però, come dicevo, non vi è dubbio: le ipotesi, - e talune indicazioni -, muovono da un desiderio vivo e mai smentito di un servizio alla stabilità del livello del governo centrale e locale come presupposto di miglioramento graduale ma sicuro delle istituzioni di democrazia. E' quello che abbiamo fatto nell'esperienza regionale ed è quello che facciamo continuamente negli enti locali, nel tentativo di contrastare la linea di tendenza della nostra democrazia che ritrova - paradossalmente - nell'instabilità dei livelli di governo il "meglio" della sua capacità di fare politica.

Quindi il nostro servizio alla democrazia è per la stabilità delle istituzioni a qualsiasi livello e mi onoro di dire che tale è l'impegno che abbiamo fin qui esplicato nei confronti della Regione Lombardia, così come nei confronti di ogni e qualsiasi livello del governo locale.

Questo se vale per noi come intendimento a contrastare una tendenza in atto, dovrebbe a maggior ragione essere soprattutto l'impegno per il livello centrale stante le gravose e fondamentali responsabilità in ordine all'operatività del governo del Paese. Quindi l'esigenza per una tendenza politica di stabilità di governo ai vari livelli pare sia emersa ed è stata correttamente assicurata alla prima legislatura regionale lombarda. Da essa viene l'auspicio che tale condizione si accompagni anche allo svolgersi difficile della nuova legislatura regionale. Dopo questi accenni introduttivi ed allo scopo di offrire elementi di valutazione al dibattito del Partito, mi sembra doveroso premettere alcune, ovviamente parziali, valutazioni del quadro interno e internazionale.

Mi sia permesso dire che ho coscienza che si tratta di una difficile esercitazione di politica generale nella quale, comunque, caratterizzante è - ripeto - il servizio alle istituzioni in generale e alle istituzioni di democrazia in particolare. E veniamo alla crisi, alla crisi della società italiana!

CRISI DELLA SOCIETA' ITALIANA

La nostra società che si dice dei consumi nella parte cosciente della mentalità collettiva non si riferisce che a ideologie di benessere fino al punto che la nozione stessa di austerità si trova bollata da ostracismo anche da parte di quei rivoluzionari che dovrebbero sapere quanto costerebbe in lavoro e in virtù una rivoluzione autentica.

Il nostro quadro sociale è dunque alla ricerca confusa della propria identità, che si esprima nella struttura dello Stato, garantendogli una ritrovata legittimità, ora messa in discussione dall'ondata di sfiducia delle masse popolari verso le strutture democratiche. In molti casi esse si rivelano inadatte a soddisfare le esigenze esposte dal paese reale, e determinano quella che è stata definita "l'espropriazione di responsabilità" della persona umana la quale è spesso costretta a delegare all'apparato dei pubblici poteri, l'appagamento delle proprie legittime aspirazioni. Vedrete che nel corso di questa mia relazione compariranno sovente quelle che oggi sono ritenute delle cose ovvie, ma probabilmente è ritrovarsi attorno a quelle che sembrano le cose ovvie che riscopriremo il gusto di fare politica. Al centro di questa crisi - che può essere riassunta nella sostanziale inadeguatezza delle esperienze in corso di organizzazione della società - viene situata la cosiddetta "questione democratica" intendendo per essa la collocazione del partito all'interno dello schieramento politico, nonché la problematica del suo assetto interno.

Si tratta tuttavia, in larga misura, di un problema posto in modo errato in quanto in buona parte riflette il malessere che agita il quadro politico del paese e non viceversa. Malessere che risente in larga misura dei complessi e spesso contrastanti influssi determinati da una situazione internazionale quanto mai difficile e delicata che vediamo in atto o per i cambiamenti della società e dalla sua evoluzione politica.

LA CRISI POLITICA IN LOMBARDIA

E qui la Lombardia, esposta più di ogni altra regione ai contraccolpi di una crisi economica senza precedenti, con un'opinione pubblica stanca e sfiduciata, è al centro di questa crisi. Ciò è avvenuto perché in essa, da una parte, i mutamenti intercorsi nella società si sono susseguiti più intensamente che altrove e, dall'altra, sono più stridenti i contrasti, più acute le discrasie e cioè le smagliature che la società urbana ha al suo interno.

Il voto del 15 giugno ha mostrato inequivocabilmente un avvenuto mutamento della nostra società. O meglio: i mutamenti intervenuti nell'ultimo decennio si sono radicati divenendo situazioni. Ma altri mutamenti già si stanno verificando, e siamo in dovere di tenerne conto. In via più generale, il sistema politico lombardo, per limitarci ad un ambito regionale, era caratterizzato dalla predominanza di un partito di centro con alla destra e alla sinistra due poli antitetici a polarizzazione antisistema; (chiedo scusa se uso parole difficili ma qualche volta dobbiamo introdurle nei nostri discorsi poiché sono entrate nella pubblicistica politica a cui noi dobbiamo necessariamente riferire). Esisteva inoltre una frangia intermedia di semi accettazione, rappresentata dai socialisti e dai partiti minori laici che sviluppavano un'azione ambivalente. Quindi il centro, aveva il compito da svolgere ad un tempo una duplice e a volte contraddittoria funzione di "parte" e di salvatore dell'intero sistema. Il "centro", in Lombardia, era configurato nella Democrazia Cristiana: un partito con radici profondissime nel tessuto sociale e nella cultura della regione. Infatti, pur essendo pluripartito, il sistema era squilibrante in quanto all'opposizione irresponsabile di destra, debole e senza basi organizzative, si contrapponeva a sinistra il Partito Comunista che era ed è, al di là delle apparenze, di tutt'altra natura, sicché ad ogni competizione elettorale pur essendovi un pluripartitismo si formava sempre un fronte (seppur frastagliato e con spazi di terra di nessuno) dualista: da un lato comunisti e alleati, dall'altro D.C. ed alleati. Quindi, fino alle ultime elezioni, per il partito (predominante) al centro, il problema della rotazione non si poneva, dal momento che esso era perno insostituibile di qualunque coalizione; e che, per ragioni opposte, il problema non si poneva neppure per i partiti estremi, i quali erano esclusi per definizione dal governo.

Questa situazione di accesso periferico al potere della tradizionale opposizione, aiuta a comprendere la terza caratteristica del plurpartitismo imperfetto: lo sviluppo di una opposizione irresponsabile. Una opposizione è infatti "frenata", vale a dire è indotta a comportarsi responsabilmente, se sa di poter essere chiamata a rispondere, e a rendere conto di ciò che ha promesso. Ecco perché l'idea di opposizione responsabile deriva all'esperienza di sistemi bipartitici ed è strettamente legata alla effettiva alternativa di potere.

Ciò si è puntualmente verificato ed oggi le posizioni si sono ribaltate. Il Partito Comunista si è trasformato in forza di governo; in molti enti locali territoriali la Democrazia cristiana ha assunto il ruolo di opposizione politica. Il dibattito si è trasferito dal piano delle coalizioni e degli schieramenti a quello dei sistemi, ormai l'alternativa essendo fra pluralismo e collettivismo centralista.

LA CRISI ECONOMICA

In questa cornice politica, si innesta la situazione economica, che attualmente risente di pesanti spinte recessive. Spinte che si evidenziano in ritmi produttivi depressi, in fattori di produzione inadeguatamente sfruttati, in prezzi in continua lievitazione, in liquidità eccessivamente accentuata che è al tempo stesso causa ed effetto di una paralisi degli investimenti e della tendenza a limitare l'entità del capitale di rischio. I punti di crisi tendono naturalmente ad acuirsi col passare del tempo, cosicché la situazione attuale appare ancor più pesante di quanto non fosse 12 mesi fa. Nel settore industriale, l'attività produttiva nei primi 6 mesi dell'anno in corso ha manifestato una flessione percentuale più accentuata che in passato. Gli interventi della "Cassa integrazione guadagni" hanno coperto un altissimo numero di ore lavorative, di molto superiore a quello del periodo corrispondente dello scorso anno. Ma l'adozione di tale espediente, non ha sostanzialmente modificato le condizioni operative delle imprese, e sono stati frequenti i casi di aziende che hanno programmato o attuato ulteriori sospensioni dell'attività lavorativa. Le attese a breve termine restano pessimistiche, e su esse pesa anche l'incognita del prossimo rinnovo di numerosi contratti di lavoro. Sullo sfondo della situazione di cui abbiamo cercato di mettere in evidenza i momenti a nostro parere più significativi, nel quadro delle perdurante e preoccupante situazione economica si è svolta l'azione del sindacato, che si trova oggi ad un bivio: accentuare la propria politicizzazione, e quindi agire contro il sistema, oppure cercare nuove intese con altre componenti sociali, aumentando la propria responsabilizzazione nei riguardi delle altre forze interagenti nella società.

Quello che emerge chiaramente su questa materia, di evidente importanza pratica e ideologica, è che le parti sono ancora e, forse, più profondamente divise. Con l'estendersi dei compiti dei sindacati e con la loro conseguente maggiore accentuazione politica, i motivi di dissenso crescono naturalmente all'interno della organizzazione sindacale stessa, e sempre più difficile si rende, assieme alla volonterosa conciliazione delle posizioni, il passaggio alla realizzazione concreta della unità tra le diverse Confederazioni. Nella presente stagione contrattuale, l'azione sindacale è senza dubbio tesa verso uno snaturamento del ruolo dell'imprenditore, che si verrebbe costretto a mero soggetto di rischio.

Vi è un sottile tentativo di considerare strategicamente le piattaforme rivendicative per colpire l'industria nella sua stessa concezione.

Occorre invece difendere ed affermare il ruolo dell'imprenditoria, che ormai pare destinata a ricoprire, secondo alcuni, solo la funzione di battistrada alla instaurazione del sistema collettivista. In tale quadro, occorre dire che è strumentale e artificiosa la contrapposizione che si tenta di creare tra piccola e grande impresa. Al contrario, come hanno dimostrato i fallimentari tentativi di creare artificialmente industrie nel sud, la grande impresa si dimostra produttiva soprattutto solo quando si innesta su un tessuto preesistente di piccole e medie imprese. Queste ultime a loro volta, trovano nella grande impresa il loro naturale sbocco produttivo. Deve essere chiaro che la nostra concezione economica in ordine all'impresa, deve quindi mirare all'integrazione di queste due realtà, entrambe indispensabili per il funzionamento del nostro sistema economico. Se questa è la realtà, volendo perseguire la costruzione di una società veramente democratica, occorre sempre più energicamente promuovere una decisa e generalizzata partecipazione di tutte le componenti sociali alla formazione della volontà dello Stato nelle sue varie articolazioni di governo, affinché i cittadini possano iniziare a misurarsi sulle scelte concrete di più immediata rilevanza.

E perciò la partecipazione, è la concreta possibilità della società italiana di avvicinare i "partners" sociali, ed evitare sia l'autogestione utopica e populistica, che il dirigismo burocratico, l'uno come l'altra non potendo portare che ad un ulteriore esplosione di conflittualità. E qui abusando della vostra pazienza mi pare giusto ricordare che queste cose la Democrazia Cristiana Lombarda le aveva dette ancora prima del 15 giugno; e cioè sin dal 5 aprile, nella riunione del suo Comitato regionale, aveva posto alla comune attenzione delle linee da offrire poi alla considerazione dei più interessati gruppi, sia sindacali che imprenditoriali, in ordine alla problematica dell'economia nel nostro paese e, per quel che ci riguarda da vicino, della Regione Lombardia.

LA PROBLEMATICA DELL'ECONOMIA

La situazione economica del Paese suscita preoccupazioni sempre maggiori in ordine al superamento della crisi in atto ed alle fondamentali modifiche di struttura, cui occorre tendere per assicurare possibilità di concreto e duraturo riordino della situazione sociale ed economica.

Tale riordino non può che conseguire ad una chiarezza di intenti e di prospettive nel quadro istituzionale. Più che mai va riconosciuta, nell'attuale fase di depressione del ciclo economico, ormai ben al di là delle ricorrenti fluttuazioni, l'importanza fondamentale, per un riequilibrio sostanziale della situazione socio-economica del paese, del fattore istituzionale, inteso anche come catalizzatore dei fermenti propulsivi dell'evoluzione sociale in un corretto utilizzo di tutte le risorse disponibili sul territorio. E' una premessa affinché possa svilupparsi un'azione idonea ad affrontare concretamente i problemi emergenti della società, sia di quelli di maggiore immediatezza, sia di quelli a più lungo termine. Con riguardo ai primi, cioè ai problemi più immediati, un deciso intervento deve prendere ad oggetto la situazione di depressione che caratterizza l'attuale momento economico e sul quale si accentra l'interesse più vivo degli organi di governo ad ogni livello e di tutte le componenti sociali ed economiche del Paese.

In rapida sintesi appare chiaramente che il sistema economico occidentale, specialmente in Europa, ha risentito in misura accentuata la sollecitazione degli eventi di questi ultimi anni: rivalutazione straordinaria delle materie prime fondamentali e particolarmente del petrolio, con insorgere di nuove potenze finanziarie; sostanziali emergenti difficoltà in termini di capacità industriale e potenza finanziaria tra i Paesi del sistema occidentale tra loro legati da grandi ragioni di interscambio; inflazione mondiale di tipo composto (da domanda e da costi); progressiva recessione economica accelerata dalle notevoli distorsioni nella qualità e nella quantità della domanda individuale in quanto da tempo si faticava a realizzare equilibri nazionali e internazionali a motivo di uno sviluppo industriale decisamente anomalo in ordine alla qualità della produzione (eccesso di beni e servizi di utilità individuale), alla spinta eccessiva sulla domanda individuale, agli stessi obiettivi dell' attività economica (eccessivo utilitarismo di impresa). Questo tipo di sviluppo socio-economico, inquadrato in una logica ancora strettamente deterministica delle leggi economiche ha sovente coinvolto tutto e tutti ai propri obiettivi sacrificando la soddisfazione di talune esigenze fondamentali dell'uomo nel senso di un giusto equilibrio in modo naturale dell'habitat e di un migliore grado di libertà delle scelte individuali (insediamenti, tipi di consumo, ecc.).

Le terapie che si vorranno adottare per consentire all'Italia di uscire completamente da questa crisi con sostanziali possibilità di modificare strutturalmente e con segno positivo l'indirizzo di politica economica sin qui seguito, dovranno essere precedute da un severo riesame, in sede politica, dei limiti e delle opportunità di utilizzo del territorio e delle risorse naturali del paese, nonché dell'impiego della manodopera disponibile.

Gli strumenti principali per definire e concretare questo ripensamento generale del rapporto economia-politica sono fra gli altri: la ricerca e la programmazione, il cui rilancio è indilazionabile. I suoi obiettivi immediati sono individuabili nella definizione della qualità e quantità della domanda individuale in beni, servizi, strutture sociali (nelle componenti attuate secondo schemi socialmente più avanzati); nell' identificazione di programmi di sviluppo e degli spazi operativi di più opportuna adozione per l'Italia nell'ambito internazionale (nel più vasto contesto di una probabile conversione della normativa CEE). Posto quanto sopra si rendono necessari la revisione degli obiettivi della partecipazione e degli interventi dello stato nell'attività economica. Ad un corretto rapporto economia-politica non può non accompagnarsi anche un correlato discorso sul controllo democratico delle forme reali del potere (si pensi ad esempio, alla gestione delle partecipazioni statali).

Comunque ipotizzato, per forme da innovare anche a livello delle istituzioni, tale vero controllo sarà possibile soltanto se saranno prese decisioni sulle necessità di dare maggiore e tempestiva pubblicità ai "rendiconti" dello Stato e degli enti da esso controllati. Un più attivo controllo va anche ipotizzato per talune strutture, quali gli istituti di credito, che hanno talvolta aggravato le ripercussioni della stretta creditizia, mostrando assai frequentemente una assoluta indifferenza ai problemi di vaste categorie economiche ed alle implicazioni occupazionali, particolarmente gravi in talune zone montane o depresse dove non vi sono adeguate possibilità alternative di lavoro.

Infatti, ben al di là dell'essere le economie fondate sul libero gioco delle forze economiche o indirizzate da schemi programmatori, più o meno imperativi, la loro positiva evoluzione non può mai prescindere dall'esistenza di organismi finanziari che possono efficacemente svolgere il loro ruolo di raccoglitore di disponibilità per assicurarne nel miglior modo possibile la ripartizione nei settori d'investimento. E' da notare come il sorgere di nuove, più complesse ed ampie relazioni nel mercato, le profonde modifiche della distribuzione del reddito, l'esigenza di una accentuata sensibilità del sistema delle imprese e della stessa economia delle singole aziende ad istanze non prettamente economiche, ma comunque suscettibili di influenzare l'ambito operativo, e di orientare verso migliori condizioni di vita (istanze etiche, sociali, politiche) abbiano finito col rivelare nuove esigenze e dovrebbero sollecitare gli organismi finanziari ad un adattamento. In genere si tratta di sovvenire, attraverso tali interventi, alle carenze di disponibilità non investibili per processo spontaneo, in settori prioritari fra cui quelli delle aziende minori e delle strutture di pubblico servizio; in breve di integrare la funzione normalmente svolta sia dagli Istituti di credito ordinario, sia dalle forme di credito speciale, sia dagli altri circuiti finanziari, attraverso particolari strutture idonee a mobilitare su basi volontaristiche ed orientare gli organismi già esistenti, ben oltre i normali criteri di intervento.

Anche al fine del superamento dei momenti negativi delle fasi alterne e delle fasi cicliche dell'economia, risultano di particolare rilievo l'efficienza dei circuiti finanziari nonché le condizioni operative degli stessi in ordine alla tempestività ed all'entità dei mezzi resi disponibili per il sistema delle imprese ed alla minore onerosità dei finanziamenti. Non può non sorprendere, infatti, che nel corso di una pesante depressione, a lato delle difficoltà a tutti note in cui si dibattono le diverse categorie economiche e sociali del Paese, gli istituti di credito abbiano realizzato nel decorso 1974 i più lusinghieri risultati d'esercizio. Del pari non si giustifica l'assenza, già annotata, di indirizzi perequativi o di comportamenti prioritari nella concessione dei finanziamenti. Basti ricordare, ad esemplificazione, come la stretta creditizia, apparentemente uguale per tutti o comunque per larghe fasce del sistema delle imprese, abbia finito di fatto col ripercuotersi in modo assai più evidente sulle imprese minori che più delle altre, a lungo andare, hanno rischiato ed ancora rischiano di ridursi in condizioni di precaria marginalità od addirittura di vedere compromessa la loro stessa sopravvivenza. Non a caso si è fatto richiamo alle imprese minori che nella Regione Lombardia rappresentano numericamente la quasi totalità delle imprese ed offrono nell'assieme un contributo di particolarissimo rilievo all'assetto economico regionale.

Gli accenni sin qui fatti alle esigenze di concreta azione di politica economica rientrano in una considerazione di più vasta portata che attiene al vuoto di potere delle istituzioni, nel quadro eccessivamente disarticolato di sottopotere, connesso anche con la presenza di gravose strutture burocratiche accentratrici. Non si vuole qui negare la validità di certi dimensionamenti aziendali, dovuti a ragioni di natura tecnico economica e di ottimalità nelle scelte ubicazionali alle quali tali aziende sono tenute, segnatamente per effetto delle ampie strutture mercantili da tempo delineatisi.

Tuttavia, è innegabile che i vantaggi delle attività di tali aziende sono maggiori e tanto più contenuti gli effetti negativi se esse svolgono le loro vicissitudini economiche in modo strettamente correlato al modello di sviluppo prescelto, attraverso la dialettica fra tutte le componenti politiche.

Non vi è infatti dubbio che certe crisi sono state esaltate dagli squilibri nello sviluppo del mercato di taluni prodotti. Gli inconvenienti di un errato modello di sviluppo, peraltro influenzante relazioni fra consumi privati e pubblici a danno di quest'ultimi, e la composizione degli stessi consumi privati, accentuano le fluttuazioni negative dell'economia e determinano i lamentati fenomeni di congestionamento in certe aree del Paese e di ulteriore squilibrio in altre aree economicamente meno favorite.

Alla problematica dei modelli di sviluppo, si accompagna quella dei modi di intervento pubblico nell'economia. Quanto alla prima, cioè al modello di sviluppo, non può essere sottaciuto il ruolo dei consumi. Per vero, la teoria generale keinesiana ha svolto un ruolo stimolante e, seguendo i suoi criteri ispiratori, nuove ipotesi sono state formulate, che a mano a mano hanno considerato nuove e ulteriori variabili, segnatamente nel sostegno di una più diffusa socialità, nonché dell'individuazione di una relazione fra entità dei consumi permanenti e temporanei e quantità di disponibilità effettivamente spendibili. Questa considerazione non vuole esaurire l'ampia tematica accennata; intende solo richiamare la grande importanza di un problema: quello dei consumi che hanno assunto particolare rilievo nell'attuale momento e di fronte al quale si esige da tutti un meditato orientamento. Ciò considerato si osserva, che, lasciando la soluzione al caso si finirebbe con l'essere travolti da impostazioni non accettabili sul piano di una corretta conduzione del Paese. <u>Basti considerare la fondamentale proposizione, in base alla quale l'urgenza di bisogno non diminuisce in modo apprezzabile quando la maggior parte dei bisogni è soddisfatta.</u>

Questo può verificarsi in modo autonomo: l'aumento dei consumi, corrispondente ad un incremento della produzione, agisce nel senso di creare i bisogni per via di suggestione o di emulazione; oppure può accadere che i produttori si occupino attivamente di stimolare i bisogni usando gli strumenti idonei ad incidere sull'orientamento del consumatore.

Tutto ciò spiega la constatazione di una insoddisfazione per l'attuale struttura dei consumi quale si è andata configurando. Si tratta quindi di individuare nuovi schemi che comprimendo i consumi privati meno compatibili con le risorse del Paese, riattivino i circuiti finanziari per tramite dei quali le risorse disponibili affluiscono ai settori d'attività economica privata e pubblica e lasciano più ampi margini all'utilizzazione in consumi pubblici. Il discorso dei consumi pubblici, da concretarsi con un auspicato migliore livello di efficienza dei servizi di pubblico interesse e, più in generale, di produttività della spesa pubblica, si ricollega al secondo punto, dianzi richiamato, dei modi in cui si attua l'intervento pubblico all' economia, non realizzato soltanto in termini di contrapposizione o di connivenza, tra aziende pubbliche e private senza una adeguata finalizzazione e con margini di discrezionalità eccessivi quanto al potere gestito, ma bensì in termini di concreta correlazione fra attività di queste aziende e le scelte fondamentali del Paese.

Fatta salva la libertà di intrapresa e di svolgimento delle attività economiche, non può non essere auspicata l'attuazione di un preciso indirizzo e di un efficace controllo sulle iniziative maggiormente suscettibili di esercitare effetti sulla dinamica socio-economica del Paese. Si vuole quindi in questa sede sottolineare l'opportunità di correlare gli interventi con le linee di politica economica, attraverso l'azione programmatoria, che armonizza le diverse componenti del tessuto economico, nel cui ambito le aziende minori sono da salvaguardare in modo particolare. Per tale azione sono chiamati in causa gli enti locali che con le loro diverse espressioni costituiscono i livelli ottimali di intervento programmatorio e pianificatore e che rappresentano pure una rilevante fase attuativa degli indirizzi più generali del Paese.

Il processo di riordino del potere locale è già avviato in Lombardia, e ponendosi tale processo per una moderna gestione della politica del territorio, troverà utili organismi comprensoriali gli strumenti politici e partecipativi più adeguati. Tale politica vuole assicurare il contributo degli Enti Locali alla programmazione regionale, cedendone le modalità di partecipazione e i compiti, nonché alla definizione di una politica urbanistica idonea a precisare i criteri per la realizzazione dei piani urbanistici comunali, intercomunali e comprensoriali, ad adeguare la pianificazione comunale in atto, "ex ante" rispetto alla legge 765 la cosiddetta "legge ponte" a definire le procedure di controllo e di approvazione da parte della Regione, a delegare gli strumenti attuativi dei piani agli Enti Locali.

Ed è nella Regione che si configura in questa fase, un momento di concentrazione idoneo a recepire i contributi positivi, provenienti dai diversi livelli, alla realizzazione di una politica del territorio, intesa anche come equilibrio economico-sociale e più specificatamente sviluppo dei consumi sociali e degli investimenti pubblici; difesa e sviluppo dell'occupazione e potenziamento delle strutture produttive; controllo dei fenomeni che insistono sul territorio a tutela dell'ambiente. Allo scopo di attuare la realizzazione dell'obbiettivo suddetto, la Regione ha individuato ed assegnato una priorità ad alcuni momenti operativi, prevedendo:

a) al fine di sviluppo dei consumi e dei servizi sociali e degli investimenti pubblici:

- il sostegno dell'edilizia popolare;

- l'avvio e l'attuazione dei programmi di edilizia scolastica ed ospedaliera e della assistenza sociale;

- la ristrutturazione dei servizi di trasporto pubblico su rotaia e su strada;

- l'intervento di sostegno agli enti locali per lo sviluppo dei servizi e delle opere pubbliche connesse;

b) al fine della difesa e sviluppo della occupazione:

- programmi di sostegno dei settori dell'agricoltura, dell'artigianato, del turismo mediante una programmazione di settore e favorendo l'affermarsi di forme associative e cooperativistiche.

c) al fine del controllo dei fenomeni che insistono sul territorio e della tutela dell'ambiente:

- la elaborazione di "standard" urbanistici differenziati sul territorio;

- la predisposizione di progetti di salvaguardia ambientale, costituzione dei parchi regionali, primo fra tutti quello del Ticino; acquisizione di un demanio regionale;

- l'avvio di programmi di difesa idrogeologica e di forestazione in montagna;

- l'avvio di programmi specifici per il controllo e la difesa ecologica (acqua, aria e suolo);

Per quanto attiene all'obiettivo più generale del riequilibrio, esso va assunto come obiettivo strategico, verso il quale devono concorrere gli stessi interventi precedentemente richiamati. Le realizzazioni ipotizzate per l'Ente regionale non possono non tenere conto della realtà attuale e sono in qualche modo connessi con la ricerca di una soluzione dei molteplici problemi che caratterizzano tuttora il momento economico. Tali soluzioni presuppongono serietà di intenti e chiarezza di idee, segnatamente in ordine al peso che si vuol dare ai singoli aspetti della realtà socioeconomica del Paese. Da parte del livello regionale ci si deve proporre di contribuire all'individuazione ed all'attuazione delle misure più opportune in un'ottica che assecondi le impostazioni politiche prescelte.

Tra i molteplici interventi attuati o di cui si auspica un'attenta considerazione, richiamiamo quelli destinati a salvaguardare il livello occupazionale e ad imprimere un rinnovato slancio segnatamente in taluni settori, in correlazione pure con le necessità di sostegno dei flussi di esportazione e di modifica del modello di consumo. Un discorso a sé, e da questa sede per gli altri livelli, merita la fornitura di beni e servizi all'estero: la sua dinamica è destinata a subordinare per molteplici aspetti i tempi e l'intensità con i quali potrà essere realizzato un essenziale miglioramento della congiuntura economica. Infatti, la ripresa della produzione industriale non mancherà di provocare un forte aumento delle importazioni data la posizione del nostro paese, largamente dipendente dall'estero per le materie prime fondamentali, e solo un adeguato sviluppo dell'esportazione può evitare serie ripercussioni sulla bilancia commerciale e su quella dei pagamenti.

Si tratta di un problema a cui si va prestando attenzione e che ci sembra opportuno di ulteriormente evidenziare. A tal fine assumono particolare significato i rapporti di interscambio con i Paesi industrializzati e segnatamente con i partners della Comunità Economica Europea.

Nuove frontiere vanno però delineandosi per effetto dei fermenti succitati dalle notevoli disponibilità dei Paesi medio orientali ed in genere di quelli produttori di petrolio. Il nuovo ruolo che questi Paesi sono chiamati a svolgere sui mercati internazionali sottopone alla nostra valutazione l'opportunità di un nuovo tipo di rapporti con quei Paesi nei cui confronti l'Italia, per tradizionale vocazione politica, condizione geografica e via dicendo, sembra collocarsi in una situazione di particolare vantaggio. In questo quadro andrebbe favorita anche la fornitura di know-how.

La Lombardia, in rapporto alla diversificazione delle sue attività produttive è certamente chiamata a prestare un ampio contributo allo sviluppo dei rapporti di interscambio nel senso suindicato ed auspica che in tale direzione operino adeguate misure agevolative. La struttura produttiva della nostra Regione, caratterizzata, come è noto, dalla presenza di numerose aziende piccole e medie e da un artigianato particolarmente diffuso e qualificato ci fa insistere nel sollecitare l'adozione di misure a favore dell'azione penetrativa di tali operatori sui mercati esteri, nella certezza di vedere in tal modo assecondate pure le istanze delle altre regioni del Paese.

Tale azione, pur prendendo le mosse dagli interventi a livello nazionale, vedrà impegnati anche gli organi del Governo locale. Questo livello di governo è infatti ben consapevole di come il patrimonio di libertà cui si ispira il nostro Paese vada difeso anche salvaguardando la libera intrapresa d'attività economica, con conseguente mantenimento di quell'equilibrio che verrebbe veramente compromesso in tutti i settori, allorquando venisse meno l'apporto delle imprese artigiane o minori.

L'accenno prioritario alle imprese minori non esclude tuttavia, ma anzi sollecita ogni possibile azione che consenta anche alle aziende di più grandi dimensioni di svolgere il ruolo ad esse peculiare. Inoltre, all'esigenza di penetrazione sui mercati esteri, e su quelli medio orientali in particolare, connessa con l'accennata problematica valutaria, si accomuna l'altro problema: quello della valorizzazione, la più intensa possibile, delle risorse interne; che richiama a sua volta l'esigenza di migliorare la produttività del settore agricolo, sia attraverso la razionalizzazione dei processi produttivi, sia mediante una migliore organizzazione della commercializzazione dei prodotti.

E' questo un problema al quale la Lombardia è particolarmente sensibile data la vocazione agricola di numerose aree del suo territorio; un ulteriore settore che sollecita incisivi interventi è quello della edilizia economico popolare e residenziale, nell'intento di assegnare all'abitazione il giusto significato di servizio. Esso si inserisce, come gli altri dianzi accennati, in una vasta problematica che va valutata e affrontata con determinazione se si vogliono conseguire, anche con l'intervento degli Enti Locali:

- un recupero completo e quanto più sollecito possibile delle condizioni economiche del Paese, evitando gli errori che possono farci ricadere in una situazione dalla quale sarebbe tanto più difficile risollevarci;

- un ulteriore passo avanti nel fondamentale riassetto di struttura cui si tende anche nel nostro Paese.

Quest'ultimo punto richiama gli interventi di più lungo respiro dianzi auspicati. Pur nella consapevolezza dell'esigenza di intervenire con misure idonee ad assicurare livelli di sussistenza alle categorie meno favorite ed a garantire adeguati livelli occupazionali, non può non essere sottaciuta l'esigenza di perseguire in misura idonea un duraturo riassetto strutturale del sistema socio-economico del Paese. Ove ciò non fosse sufficientemente avvertito ed assecondato si determinerebbero, oltre a possibili accentuazioni della fase negativa della congiuntura, anche involuzioni nel sistema suscettibili di riprodurre nel tempo fenomeni dannosi per la società, con accentuazione degli squilibri ai diversi livelli.

A tal fine le risorse disponibili debbono essere orientate in misura maggiore verso investimenti selettivi, tali da assicurare una correlazione fra offerta e domanda, in conformità con gli obiettivi dell'economia generale. Ad una più ampia destinazione di risorse agli investimenti ed a una loro finalizzazione, deve accompagnarsi il perseguimento di una soddisfacente mobilità delle forze di lavoro. E' certo un tema difficile, segnatamente allorquando si tratti di assicurare, nel contempo, livelli reddituali di sussistenza per tutte le categorie di lavoratori. Esso va però affrontato con le dovute ristrutturazioni, allorquando si verificano, come nel momento attuale, situazioni di squilibrio strutturale.

Il procrastinarne la soluzione significa di fatto consolidare deficienze non momentanee, ma strutturali che vanno rimosse, affinché non costituiscano nel tempo pesanti remore per il livello socio-economico del Paese. Questa constatazione si impone all'attuazione responsabile di tutte le forze politiche, sociali e in misura del tutto particolare alle organizzazioni sindacali.

Concludendo. Le circostanze socio-economiche che caratterizzano l'attuale momento, vanno imponendo per il nostro Partito, l'adozione di misure che mirino, da un lato, ad agevolare il superamento delle principali difficoltà di natura congiunturale e, dall'altro lato, ad intervenire affinché il ritorno a situazioni migliori abbia a verificarsi senza aggravare, ma possibilmente mitigando, i noti squilibri di cui soffre il Paese. Ad una valutazione d'assieme delle misure di politica anticongiunturale sinora adottate in correlazione con la crisi che pur accomunandoci agli altri Paesi occidentali si caratterizza con le note aggravanti italiane, non può sfuggire l'impressione di una pluralità di interventi i cui effetti si esercitano in diversa misura e vanno correlati ed auspicati obiettivi di politica economica generale.

E' a tutti noto che questi obiettivi vanno perseguiti in modo armonico, nel senso di evitare per tutto quanto possibile che gli eccessi nel perseguire uno di essi abbia a produrre effetti negativi sugli altri. Ed è del pari noto che ogni intervento di politica economica andrebbe correlato con le priorità assegnate all'uno anziché all'altro di questi obiettivi.

L'assenza, o la scarsa incisività di un siffatto riferimento, si traduce come dianzi detto in un andamento che può anche comportare gravi rischi e non assecondare in misura adeguata le fondamentali scelte di politica economica cui le istituzioni debbono essere sensibili.

Si impone quindi da tutti, uomini politici ed operatori sociali ed economici, un meditato ma deciso orientamento che, pur ispirandosi alle fondamentali esigenze del momento, non trascuri, ma abbia anzi esplicitamente presente una serie di istanze di riequilibrio nel medio-lungo termine, distanze alle quali è legata la possibilità di duraturo recupero sociale ed economico del Paese.

CETI MEDI E SCELTE POLITICHE

E veniamo al discorso sui ceti medi e sulle scelte politiche.

Non c'è dubbio, e l'analisi del recente voto lo conferma, che la battaglia decisiva si combatte sul terreno dei ceti medi, come per tutte le crisi vissute dal nostro paese dallo Stato liberale in poi. E quindi va ricordato che è forse l'unico merito storico del fu Partito d'Azione l'aver valutato l'esatta portata del ceto medio, valorizzandone la cultura, anche se fraintendendone il ruolo che esso era chiamato a compiere. L'aspetto paradossale del processo in atto è che i ceti medi, fortemente frustrati da una strategia prevalentemente operaistica e in assenza di una precisa indicazione politica che ne apprezzi il loro ruolo sociale e politico rischiano di farsi allettare dal pragmatismo messo in atto a loro favore proprio dal Partito Comunista Italiano, che prosegue un tentativo di conquistare l'egemonia politica completa sostenuta da Gramsci. I ceti medi, lo si voglia o no, sia per la loro consistenza numerica, sia per il loro peso predeterminante nella nostra economia, rappresentano quindi la componente fondamentale del Paese. Il loro disorientamento nasce dal mancato soddisfacimento da parte della classe politica della loro richiesta di una maggiore partecipazione alle scelte fondamentali del Paese. E' voce comune, che la "fuga a sinistra" dei quadri medi, sia determinata da un loro sostanziale declassamento. Secondo questa analisi, si assiste al declassamento dei ceti medi, che si proletarizzano, e che, per sfuggire a questo destino, si ribellano. Alberoni, sul "Corriere", parla di "panico di proletarizzazione". Altri contrappongono ai ceti medi, una non meglio precisata "classe emergente", intendendo per essa la parte politicizzata del proletariato affiancata dagli studenti e dagli intellettuali. Solo tale classe sarebbe - secondo questa analisi - portatrice di valori di progresso, destinati a soppiantare le strutture dello Stato definito borghese. Ciò nasce infatti da una osservazione parziale delle realtà in atto. Tenuto conto dell'aumento del numero dei "quadri intermedi", questi ultimi hanno un ruolo, un prestigio e -anche- remunerazioni inferiori alla media dei quadri di qualche decina di anni fa; è quasi una conseguenza matematica.

E' lo stesso problema che paradossalmente si trova nell' università! Passare attraverso l'università, un tempo significava qualche cosa proprio perché gli studenti in università, erano pochi; oggi ciò significa molto meno perché ce ne sono molti.

La nostra società, in fondo ancora "elitista", intende mantenere delle barriere create allo stesso livello. Per le spinte dal basso, il numero dei "quadri intermedi" si è molto ampliato, ma parallelamente il "mondo della direzione" è divenuto via via più inaccessibile. Noi viviamo in un sistema ove vi è più comunicazione, ma dove le barriere di ordine ' sociale ed intellettuale ' sono sempre più segreganti. Noi abbiamo prodotto un sistema che fabbrica costantemente e nello stesso tempo dei privilegiati e degli esclusi. I ceti medi hanno "reclutato" fra i proletari e non viceversa. Quindi oggi, la classe media rivendica per sé un potere maggiore, e desidera un quadro di riferimento stabile, entro cui esercitare la propria vocazione al pragmatismo. E' certo insieme una "società omogenea", nella cultura e nelle aspirazioni, e che ha messo in pratica un sostanziale interclassismo. E' in conseguenza di questa nuova realtà, che il comunismo, ha affievolito il rapporto con la sua base sociale, il proletariato operaio, ed ha compiuto una fuga in avanti, cercando un'alleanza con i cattolici, per nascondere la propria frana ideologica, abilmente celata con un efficientismo esasperato di una organizzazione "meticolosa".

L'ITALIA E IL QUADRO INTERNAZIONALE

Prima di affrontare seppur schematicamente il complesso tema del "compromesso storico" e dei rapporti con il Partito Comunista, pare doveroso tentare uno sforzo di evidenziare le non trascurabili influenze che il quadro internazionale ha determinato e può determinare sulla politica generale del nostro Paese per una realistica valutazione delle linee di tendenza anche per il nostro partito.

Lacerato dalle tensioni interne, minato da una instabilità ogni giorno sempre più accentuata, quasi si trattasse di una nuova filosofia di vita, che brucia oggi sul fuoco dell'intolleranza quelli che solo ieri erano modelli di comportamento, il nostro Paese sembra ormai aver dimenticato di appartenere alla comunità degli stati. In altre parole, sembra che l'Italia, per una forma di "appiattimento" politico, abbia perso la propria dimensione internazionale. Dei grandi fermenti che agitano il quadro mondiale, giunge nel nostro paese solo quella che potremo definire una sorta di "ondata emozionale".

Ogni avvenimento che coinvolge gli Stati esteri, viene cioè vissuto come fatto emotivo, significante per un contesto che non è quello originale o come accadimento strumentale rispetto a situazioni interne che si intende enfatizzare. Così il dramma cileno, il dramma della democrazia in quel lontano paese, è divenuto pretesto illustrativo in chiave antidemocristiana e la guerra vietnamita o quella del "Khippur", episodi strumentalizzati dalla sinistra in funzione antigovernativa e antioccidentale. Tali grandi capovolgimenti dell'orizzonte mondiale, insomma non hanno dato luogo a dibattiti di livello, in sede parlamentare o politica, per una meditata revisione del nostro ruolo, come invece è avvenuto in Francia. Ciò, senza considerare l'influsso che un simile atteggiamento produce nella pubblica opinione, denota in ogni caso l'imperante provincialismo del nostro quadro politico. Dopo la grande stagione degasperiana animata dalla visione atlantica ed europeista della nostra linea politica "contro gli opposti nazionalismi", si è assistito al rinascere di una sorta di neutralismo strisciante, che in realtà si è tradotto in un progressivo allontanamento della comunità nazionale dal mondo occidentale. Eppure, per la sua posizione geografica e per le pesanti pressioni che sul nostro paese sono in grado di esercitare i grandi blocchi internazionali, la funzione dell'Italia è determinante per gli equilibri politici mediterranei! Una mancanza di chiarezza nell'impostare il nostro quadro politico, acuendo la conflittualità oggi latente, potrebbe addirittura condurre ad una sorta di "vietnamizzazione" del nostro paese, logica conseguenza della "finlandizzazione" temuta da alcuni, pervicacemente propugnata da altri. D'altro canto, la crisi della Nato è ancora grave! La firma della "nuova Carta Atlantica", avvenuta con grande solennità un anno fa, si è conclusa in scontate e generiche affermazioni di solidarietà scarsamente produttive sul piano politico. Ciò ha condotto inevitabilmente ad un aumento della pressione economica americana sull'Europa, del resto travagliata dalla gravissima crisi in atto. Gli stessi comunisti italiani, oggi preoccupati di rassicurare non soltanto il proprio elettorato, ma soprattutto i potenti "protettori", continuano a ripetere la "loro fedeltà" al Patto Atlantico, forse preoccupati di tranquillizzare l'Unione Sovietica che da uno spostamento verso oriente del nostro paese trarrebbe l' immediata conseguenza di doversi trovare a ritrattare la intera sua posizione su basi differenti sia da Yalta, che da Helsinki. Il dopo Franco in Spagna dove sembra difficile poter riproporre una seconda "operazione Karamanlis", e il dopo Tito in Jugoslavia sono altrettanto pesanti ipoteche sulla estensione dell'area di influenza occidentale su due paesi determinanti per l'equilibrio mondiale. Inoltre, il rinascere della tendenza neo-isolazionista negli Stati Uniti limitando l'intervento americano, favorirebbe uno sbocco violento ai conflitti politici nei due paesi. Si riproporrebbe insomma in Europa la situazione indocinese, l'avanzata comunista nel nord Vietnam che ha condotto all'intervento americano. Tramutatosi quest'ultimo, anche per motivi interni agli USA, in un disastro, prima politico poi militare, abbiamo assistito al riesplodere di conflitti interni, che hanno determinato la situazione attuale, fortemente sbilanciata verso l'orbita comunista. La recente guerra del "Khippur" ha dimostrato la fragilità della situazione mediterranea. L'Europa, grande sconfitta di questo conflitto, non è riuscita ad esprimere una linea di tendenza omogenea. E l'Italia, si è trovata di conseguenza, ancora più isolata, e nel contempo determinante per l'aspetto sud-europeo. In questa cornice le dichiarazioni di Volpe sono parse quasi un fatto necessario, al quale lo schieramento marxista - o quella parte dello schieramento politico che vive in una sorta di sudditanza ideologica nei confronti del marxismo-ha risposto con il solito livore, rafforzando quindi le tesi espresse.

Di segno opposto il comportamento delle multinazionali: esse dimostrano una inequivocabile tendenza ad abbandonare il nostro paese. La Shell prima ed ora forse anche la Exxon, hanno giudicato non producenti gli investimenti del nostro paese. La complessità della situazione, dominata dall'incertezza e dalla contraddittorietà, non sottolinea che un aspetto per noi determinante: l'importanza degli influssi esterni sul mantenimento della libertà nel nostro paese. Ancora una volta terra di lotta per la supremazia mediterranea, oppure carta di scambio con il blocco orientale, l'Italia perderebbe per sempre la sua indipendenza, in modo certo non indolore. E quindi il discorso è sull'ancoraggio europeo nella solidarietà occidentale. Per evitare tutto questo, il nostro partito deve farsi promotore di un ripensamento della nostra posizione internazionale e di comportamenti realistici, che convinca in primo luogo gli Stati Uniti della necessità di considerare ormai fondamentale la posizione dell'Italia nel quadro dell'Alleanza Atlantica. Seguendo questa direttiva e le logiche che ne derivano, l'Europa non diviene solamente il richiamo di una vocazione, quanto necessità legata alla sopravvivenza del sistema, anche se oggi purtroppo l'Italia proprio per l'instabilità del suo quadro politico pare si stia allontanando dai confini della Comunità Economica Europea. "Gli ultimi anni, - ha dichiarato Ortolì - hanno segnato un regresso non soltanto dell'impedenza dell'Europa, ma anche delle sue possibilità di indipendenza". Infatti anche l'attenuarsi del legame atlantico dell'Europa comunitaria, ha rappresentato in questi anni l'altra faccia dell'immobilismo interno. A ciò si è accompagnata una evoluzione dei rapporti interni, secondo una linea di rafforzamento della Germania Federale - divenuta non solo il perno economico, ma soprattutto politico della Comunità grazie anche al progressivo abbandono da parte della Francia delle ambizioni golliste - e di emarginazione crescente dei paesi periferici, compreso il nostro.

Stiamo attenti, amici, perché si tratta di questioni più importanti di quanto non sembrino. Ma che dire se questo processo di neutralizzazione dovesse continuare oltre il previsto che cosa rimarrebbe della Conferenza di Helsinki? Mi sapete dire cosa rimarrebbe di questa divisione rispettosa almeno dei territori dei grandi blocchi nei quali esercitano la loro influenza USA e URSS? La prima conseguenza di questo sarebbe un rafforzamento sicuro della Germania Occidentale - la costituzione di un asse Bonn-Washington il quale determinerebbe il collocamento dell'Italia su posizioni marginali, perché il nostro paese, se pure al centro di delicati equilibri, non rappresenterebbe a quel punto un elemento di una qualche tranquillità. E qui il discorso ritorna ai motivi dell'Europa; all'Europa della grande stagione degasperiana. "L'Europa, si era domandato il grande poeta francese Valery nel 1919, all'indomani della prima cocente delusione della civiltà europea, diventerà il promontorio del continente asiatico, come è nella realtà geografica, o tornerà ad essere quello che è nella realtà spirituale, la parte preziosa dell'universo, perla di una sfera, la mente di un vasto corpo? ". Interrogativo di drammatica urgenza oggi. Come l'insterilimento dei grandi fermenti europei, dopo le delusioni di Copenaghen, dopo l'instaurarsi di una Europa contrattuale, oggi per inerzia faticosamente giustapposta attorno alla ragnatela dei regolamenti e degli accordi commerciali. I vari miracoli della ripresa economica verificatasi un po' dappertutto intorno agli anni '50-'60 e il diffondersi di una crisi generalizzata nel decennio successivo, hanno suscitato la riapparizione delle storiche rivalità, delle vecchie ambizioni di "leadership" e dei soliti egoismi particolari; insomma non è rinato il particolare concerto europeo, tema affascinante certo, di un passato millenario che ha creato man mano la ricchezza culturale dell'occidente e in primo luogo la personalità dei suoi popoli. Poiché la grave crisi monetaria e industriale ha messo ancora una volta in luce quanto invece dovrebbe contare l'ancoraggio europeo per una nazione che rischia altrimenti di veleggiare verso le sponde nord-africane o mediterranee tanto paventate da Gobetti e recentemente ricordate anche da acuti commentatori politici si può ben dire che la prospettiva europea è di capitale importanza nell'attuale momento politico e rappresenta una garanzia reale di appartenenza all'orbita occidentale. Infatti nell'appuntamento diplomatico, l'Europa si è posta, indipendentemente dai risultati raggiunti, come "blocco" nei riguardi sia del mondo orientale, che dell'occidente, oltre Atlantico. E' senz'altro la via più difficile che sarà messa presto sul banco di prova, quando la situazione portoghese e quella spagnola approderanno ad una soluzione stabile. Permanere in questo blocco e, per ragioni più generali, nel sistema articolato dell'alleanza atlantica vuole evitare quanto meno che si applichi anche nel paese l'amaro commento di Solgenitzin alla chiusura dei lavori della Conferenza di Helsinki. Facciamo sì che "l'ossequio funebre dell'Europa all'Est" con l'evidente allusione alle speranze di libertà in quei paesi, non s'attagli analogicamente anche per noi a motivo del nostro partecipare fuori da un contesto internazionale che fin qui ci ha consentito di mantenere un quadro di concrete libertà politiche. Se questo è il quadro offertoci dalla situazione internazionale occorre che l'Italia tenga conto con il necessario realismo, e quindi senza ambiguità, di quanto sia opportuno che il contesto interno possa continuare a rappresentare le caratteristiche principali che lo hanno sinora annoverato "partner" del sistema occidentale.

IL COMPROMESSO STORICO E L'EGEMONIA DEL PCI

Delineati alcuni elementi del quadro politico interno ed internazionale il discorso deve ritornare ad un elemento fondamentale del dibattito politico di questi anni, cioè al tema del "compromesso storico" e della paventata egemonia del Partito Comunista Italiano. Anche per questo non secondario aspetto il carattere del "compromesso storico" appare, mi si consenta fin paradossale e se si vuole anche un certo intento provocatorio, come un'operazione alquanto reazionaria, la quale non medierebbe tra due grandi forze popolari, la marxista e la cattolica, ma verrebbe ad assumere i caratteri di un accordo tra classe dirigente tradizionale e il partito comunista. Si propone per la terza volta nella vita politica italiana di questo secolo, il medesimo meccanismo: quello di assorbire le opposizioni al sistema, creando un "regime" (cioè arrestando la mobilità del quadro sociale) in contrapposizione al movimento politico che ne costituisce il supporto. Certo la soluzione più semplice, più conforme alla tradizione, simile a quella messa in atto dalla classe dirigente del 1922 prima, e nel 1925 poi: costituzionalizzare il fascismo, rinsanguarsi cioè essa col fascismo, ma nello stesso tempo svirilizzarlo e privarlo della sua carica eversiva e anti-costituzionale. Il vecchio gioco riuscito precedentemente allo stato liberale, quando aveva costituzionalizzato i repubblicani e un'ala del socialismo. Infatti viene così a spiegarsi il perché da parte della nostra classe politica si teme la cosiddetta "crisi al buio". Tra tale crisi, che in una misura o nell'altra comprometterebbe irreversibilmente le sue posizioni politiche ed economiche ed il comunismo berlingueriano, alcuni, preoccupati soprattutto di salvaguardare le loro attuali posizioni e di conseguenza le strutture portanti del sistema tradizionale che ormai non sono più in grado di difenderle contro l'attacco che viene loro volto dagli altri settori della società italiana, sono portati a scegliere il comunismo. Per coloro che caldeggiano tale operazione, il comunismo dovrebbe soprattutto "rivitalizzare" il sistema per combattere l'attuale immobilismo strisciante.

Per avallare l'immagine di partito propulsivo, oltre l'apparenza politica dell'ordine, del resto viziata da pesanti ambiguità come i rapporti non chiariti con le forze extraparlamentari, che si accompagnano alle contraddizioni di fondo sull'assetto internazionale, sul rispetto della democrazia istituzionale e del pluralismo, il Partito Comunista Italiano dopo il 15 giugno, forte del successo elettorale, porta avanti una strategia che punta ad affermare, in modo indolore, una sostanziale egemonia. Ma è una strategia che, dietro la facciata di una sorta di solidarismo di emergenza, pone le basi per il dissolversi della vitale dialettica democratica, per aprire la via ad un confuso e trasformistico assemblearismo. Assemblearismo generatore di una più accentuata paralisi della iniziativa politica in campo economico e sociale, di nuove tensioni particolaristiche e corporative: un'occasione non trascurabile per un salto di struttura. Si trattata di un modulo tattico caratteristico di quell'abile neotogliattismo, simile a quello che riuscì a salvare il Partito Comunista Italiano dall'isolamento dopo il 1948. Ed a questo punto va chiaramente affermato che la diversità della Democrazia Cristiana dal Partito Comunista italiano nasce da principi, da ideali, da obiettivi finali profondamente divergenti e contrapposti.

IL RUOLO DELLA D.C.

Bisogna ribadire che la Democrazia Cristiana rivendica il diritto ad una sua specifica presenza nella società italiana ed intende riproporre i valori peculiari della sua visione cristiana dell'uomo e della società in un rinnovato spirito di servizio per ulteriori livelli di civile progresso. E quando si chiede quali valori politici esprima e difenda la Democrazia Cristiana, si risponde che ci caratterizza la fiducia ed una intransigente difesa della libertà; che ci qualifica ancora, malgrado le debolezze, la volontà di promozione di una politica di più giusti assetti della società ma che ci qualifica soprattutto il considerare i valori della giustizia e della libertà nella loro globalità e nella loro indissolubilità. Se vi sono contenuti che non si possono considerare merci di scambio, questi sono sicuramente riferibili alle libertà. E' d'attualità più che mai dire che non siamo il partito che difende solo la libertà religiosa, anche se consideriamo nella nostra coscienza religiosa tale libertà un bene importante; conosciamo infatti come essa sia gracile e di breve durata dove manchino le altre libertà. Ciò non comporta discriminazioni o crociate ideologiche, ma la coscienza che essere diversi richiede l'assunzione di ruoli differenti, anche se, talvolta, complementari.

Prima di combattere sul piano dell'ideologia in nome di un integerrimo, chiuso e inefficace, occorre uscire, farsi avanti prima degli altri sul loro stesso terreno, pur seguendo una propria posizione di principio. Questo è il solo "confronto" accettabile!

E questa deve essere la Democrazia Cristiana che deve riaprire un colloquio con il mondo dei lavoratori e con la società tutta e non l'altra Democrazia Cristiana camaleontica, equivoca e frustrata, divisa e lottizzata dalla correntocrazia, volta a rincorrere con la ambiguità e il non governo il dissenso, il falso progressismo e il populismo imperante. I temi di incontro tra noi, e con le forze sociali non mancano; anche qui passando per il netto rifiuto di ogni astrattezza, respingendo tentazioni messianiche di nuovi quanto generici modelli di sviluppo, di grandi riforme che non si concretizzano perché viziate da pregiudiziali politiche e ideologiche; perseguendo invece, una sana e realistica azione riformatrice, una programmazione pragmaticamente intesa come sviluppo concertato della situazione della realtà socio-economica del paese. E' altresì inderogabile, un rinnovamento profondo delle nostre strutture politiche, capaci veramente di rappresentare in modo diretto ed incisivo le forze vive della società che in qualche modo si riconoscono nella battaglia ideale e politica dei cattolici. Attendere, dubitare, autocriticarsi aldilà del giusto significherebbe solo gettare la spugna, prepararci al nostro dissolvimento, lasciando il paese in balia della forza egemone del Partito Comunista Italiano anche quei partiti democratici laici che hanno ancora un'importante funzione per salvare la democrazia italiana. Una strategia nuova che accettando l'eventuale alternanza al potere una volta esaurita davvero, cosa che forse ancora non è, la sua funzione storica, garantisca alla Democrazia Cristiana il ruolo di partito che si articola nella società e con questa ricerca un rapporto anche provocatorio in proporzione del suo ruolo e non solo in funzione meccanica di garanzia democratica, con il risultato di confondere le strutture del partito con quelle dello Stato come forse è stato fino ad oggi.

IL P.S.I. E L'AREA LAICA PER L'ALTERNATIVA DEMOCRATICA

Quindi questa esigenza di aggregare attorno al Partito Socialista Italiano questo nucleo intermedio diviene allora un'esigenza della nostra democrazia e io concordo con Golfari quando scriveva queste cose, perché sono le opinioni della Democrazia Cristiana lombarda.

Ed inoltre: realismo politico vuole che il ruolo del Partito Socialista Italiano vada visto in modo diverso da quello che da noi è stato immaginato fin qui, ci faccia comodo o meno. Perché il discorso del PSI e di un nucleo liberal-democratico intorno ad esso è un discorso della democrazia italiana ed, al limite, è il discorso della alternativa democratica alla stessa Democrazia Cristiana; senza della quale alternativa, non ci può essere respiro per la democrazia italiana e alla fine noi finiremmo per cadere fatalmente o nel "compromesso storico" o nella egemonia del Partito Comunista Italiano. Io lo so che è difficile dire ai nostri amici che hanno a che fare con i vaniloqui dei socialisti nostrani e con il radicalismo degli stessi - propri della loro derivazione borghese- che occorre preferire la collaborazione con questi uomini invece che quella con gli uomini popolari del Partito Comunista; sò che è difficile dire queste cose! Ma quando mai è stato facile fare politica. Se ai tempi di Aristotele era già difficile fare politica, è ammissibile che oggi in questo quadro politico sia diventato meno difficile? La prospettiva dura di un lavoro di ripensamento al nostro interno, su cose che non "rispondono al nostro intimo modo di sentire" è tutt'altro che lusinghiera! La democrazia italiana ha bisogno di questa prova di coraggio da parte dei democratici cristiani; di pensare cioè all'alternativa di sé stessi, che deve essere alternativa democratica altrimenti, è ovvio, la fine della democrazia nel nostro paese è segnata. Le indicazioni della Democrazia Cristiana lombarda ai tempi della verifica del 1973 in ordine a questo tema, si sono poste all'insegna del più serio realismo politico. Certo alcune cose non sono state facili da accettare, però il discorso della democrazia viene ancor prima della Democrazia Cristiana. Pensare in questi termini richiede coraggio, ma la Democrazia Cristiana è ancora al servizio che la libertà richiede.

Per il grande partito dei cattolici democratici la fine verrà se non saremo capaci di essere accorti politici e di cogliere il segno dei tempi.

So di dire delle cose in termini duri, ma ritengo che sarei un pessimo segretario regionale e diventerei un irresponsabile se in un'assemblea della Democrazia Cristiana lombarda in questo momento, non ponessimo come riflessione il fatto positivo del formarsi di un'area laica e socialista autonoma rispetto alla D.C. Dopo il 15 giugno d'altra parte, è capitato in tutte le nostre provincie, che proprio quell'area sia stata soggetta a più "acuti" ripensamenti, anche a giudicare del come si sono formate alcune giunte.

Cari amici di Lodi, di Crema, di Cremona, del Milanese, del Bergamasco, eccetera, vediamole queste cose! Gli stessi socialdemocratici, liberali e repubblicani sono alla ricerca di nuovi punti di riferimento e i giovani di quelle formazioni politiche pensano diversamente oramai dai loro capi storici. L'accentuato frazionismo dell'area intermedia fra Democrazia Cristiana e il Partito Comunista rende ancora più complicata la politica nel nostro Paese. E' auspicabile che dette forze politiche trovino nuove forme aggregative. Si ha motivo di ritenere che l'opinione pubblica italiana e la cultura del nostro paese, sia pure con le contraddizioni ancora in grande misura proprie della tradizione laica, accoglierebbero favorevolmente il senso di questa aggregazione, ma occorre che anzitutto si esprimano su questa proposta le due più grandi formazioni politiche; per quel che riguarda la Democrazia Cristiana lombarda nelle mie parole, ma ancor prima nei miei scritti, è detto qual' è l'opinione della Democrazia Cristiana. Adesso la parola va al Partito Comunista Italiano che su questo punto deve uscire dalle ambiguità che hanno caratterizzato la sua strategia.

I CATTOLICI E UN COMUNE PROGETTO DI SOCIETA'

Ed ora il discorso deve rivolgersi, proprio mentre parliamo di "confronto" ed auspichiamo aggregazioni e, quindi, ipotizziamo la stessa alternativa democratica alla Democrazia Cristiana, ai cattolici, per un progetto di società. Noi infatti non possiamo andare avanti ulteriormente senza avere e mantenere un ruolo che abbiamo e che non è ancora esaurito, come ci confermano le diagnosi dei più acuti commentatori politici. Questo ruolo non essendo esaurito esige allora il nostro discorso. Per gestire i cambiamenti in atto nella nostra società, cambiamenti che abbiamo brevemente cercato di delineare, la D.C. deve risolvere il problema della propria identità, della propria struttura e della propria collaborazione. Infatti il nostro Partito rischia di vedere liquidata la propria esperienza politica, che è un patrimonio non solo dei militanti ma di tutto il movimento cattolico democratico: e non potrà togliersi da questa situazione di possibile asfissia né con lo scontro frontale, né con il "compromesso storico" che, di fatto, è estraneo alla nostra sensibilità democratica e che sarebbe egemonizzato da altro partito e da altra cultura e che ci vedrebbe dissolvere nella impotenza. Dopo il "referendum" sul divorzio, che ha galvanizzato le forze laiciste, i democratici cristiani vivono la stagione delle "grandi paure"; il distacco ormai irreversibile delle organizzazioni collaterali che ne costituivano il naturale supporto ideologico oltreché elettorale; il metodico attacco subito dalla grande stampa ormai attestata su posizioni radicali; la crisi dell'ordine pubblico e talvolta per singola prevaricazione fisica verso gli appartenenti al partito. Queste considerazioni relative al partito valgono anche per il mondo cattolico che ha soprattutto due condizioni da esigere nei confronti del sistema politico: quella di una vera coerenza democratica di tutte le forze politiche in modo che la pluralità di posizioni, che a questo riguardo il mondo cattolico ha ormai acquisito, respinga strategie dubbie e confermi la libertà, e quella di un rinnovamento politico dei cattolici-democratici, davvero e profondamente popolare. L'esperienza cristiana non può essere relegata a momento intimistico ed offrire spazio all'unità dei cattolici solo come fatto occasionale; essa deve favorire una linea di vero consenso civile. Ma porre questo problema di una "intesa" fra le forze di ispirazione cristiana significa creare un punto di riferimento per una nuova aggregazione nel partito, dove le correnti non hanno più senso e dove hanno da essere idee e linee politiche a mobilitare i militanti e gli elettori. Ecco allora il perché, nonostante la latitanza ideologica dei quadri del livello nazionale, i democratici cristiani che hanno combattuto con gli intenti di sempre, con grande coraggio e con grande tensione ideale la battaglia del 15 giugno, stanno ritrovando, in condizioni non facili proprio per il significato di un voto sfavorevole, una capacità di mobilitazione e di ripensamento degna di un grande partito democratico e nazionale. Perché ciò si concretizzi in positiva iniziativa e mobilitazione politica occorre rifiutare l'accentramento immobilista che concepisce il rilancio del partito in termini puramente organizzativi, assumere una nuova coscienza del ruolo da svolgere nelle istituzioni democratiche e nei loro momenti. Superata la prima fase, quella del "solidarismo" degasperiano rivelatosi inefficace - anche se storicamente utile - la seconda fase, caratterizzata dal momento organizzativo fanfaniano, la Democrazia Cristiana deve imboccare una nuova via, caratterizzata da un più diffuso concetto di pluralismo e partecipazione che la veda attivamente impegnata. Non si tratta quindi di un tentativo di recupero dei consensi elettorali sulla base di un ricostituito "blocco cattolico", storicamente superato e concettualmente improponibile, ma un'esperienza che rinunciando alla pretesa di rappresentare l'intera "cattolicità italiana" intenda configurarsi sul piano politico, accentuando la propria capacità di testimonianza dei valori cristiani, espressa mediante la tensione all'unità delle forze di sincera ispirazione cristiana e il superamento del dualismo tra azione politica e visione del mondo. Io lo dico con molto rispetto dei movimenti e di taluni espressioni che vogliono introdurre certamente motivi di rivitalizzazione e di rigenerazione all'interno del partito; noi abbiamo superato come Democrazia Cristiana questa visione dualistica tra azione politica e visione del mondo. Noi abbiamo fatto nostra la lezione di Weber "sull'etica del convincimento" e "sull'etica della responsabilità"!

Noi vogliamo invitare gli amici di Comunione e Liberazione e dei vari movimenti, tutti certamente importanti nel quadro delle varie forze ad ispirazione cristiana, perché riflettano su questo dualismo che noi come Democrazia Cristiana abbiamo -in fatto- superato.

Certo la Democrazia Cristiana ha superato tale dualismo in modo non sempre esemplare, come è dimostrato da molti comportamenti di questi anni! L'invito è quindi affinché tutti assieme, in uno sforzo di ripensamento di questa presenza nella società da parte delle forze di ispirazione cristiana, si pervenga al superamento di questa diversa visione delle istituzioni e dell'esercizio del potere nella società civile in quanto servizio dei propri fratelli e tendente verso più giusti assetti della società. Il nostro invito è a valutare opportunamente la caratteristica di un impegno civile in una società moderna come storicamente e sia pur con molti errori la Democrazia Cristiana ha dimostrato di essere capace di fare. Allora nel rapporto tra il partito e le forze che in esso confluiscono diverrà importante valorizzare i contributi provenienti da parte delle comunità cristiane, anche qualora queste formulino linea di tendenza più che "progetti" sociali sicuramente definiti e malgrado tali comunità non abbiano ancora chiaro il senso del lo Stato. In questo quadro è preziosa la funzione di mediazione che il partito è chiamato a svolgere, per portare avanti un'azione di elaborazione ed approfondimento dei problemi emergenti. A questo fine diventa un'esigenza improrogabile il delineare un "progetto" di società che non si configuri come un'utopica "terza via" alla costruzione della società stessa tra il liberalismo e il marxismo, ma che rappresenti le proposte operative delle forze che non si riconoscono in questi blocchi storici per la soluzione dei principali problemi che caratterizzano il momento presente. E quindi diventa chiaro il modello nostro di una società in cui una democrazia diventa veramente partecipativa e si pone quindi come vera e autentica democrazia; così come siamo andati a precisare nella Conferenza di Gardone Riviera. In questa linea è importante svolgere un'azione di raccordo e confronto in tutte le sedi, - istituzionali e non - fra tutte le componenti che si richiamano esplicitamente all'ispirazione cristiana, per un'opportuna traduzione, in termini di presenza sociale aggregante, delle indicazioni che i "fermenti" nel mondo cattolico pongono al partito, al fine di garantire la salvaguardia dei valori cristiani.

NUOVA "INIZIATIVA DEMOCRATICA"

Su questi temi occorre assumere una iniziativa precisa anche al la periferia, per fare della nuova prospettiva politica, quale quella indicata, non un fatto accademico, ma momento di ricostruzione del partito, perciò di battaglia ideale che inneschi di fatto meccanismi nuovi rispetto alle correnti. Queste ultime, del resto, da tutti aborrite a parole, possono essere superate in un solo modo: se la periferia decide di non riconoscerle più come canale di comunicazione nel partito, assumendo rapporti orizzontali, su linee politiche e su problemi di struttura, a livello degli stessi comitati provinciali e regionali, dando il via di fatto ad un nuovo modo di essere una forza politica in questa fase di emergenza.

Tutto questo senza perdere di vista l'esigenza, propria anche dei tempi normali, di un più stretto collegamento tra centro e periferia. Un partito che è e vuole essere nazionale, per essere autonomista nel paese, deve capire anche nella sua struttura l'importanza dei fatti locali, che pure non sono più soltanto tali, e nel loro insieme, sono la premessa della costruzione di una linea politica nazionale. Lo si è visto in Lombardia quando si è formata la nuova Giunta Regionale con un'unanime consenso di tutte le tradizione componenti del partito. Ed a proposito della soluzione data al governo dalla nostra Regione mi pare opportuno ribadire la validità della linea politica assunta che, giova ricordarlo, è stata approvata dalla Direzione e dal Comitato Regionale. Questo motivo mi induce a richiamare l'attenzione dell'assemblea sugli elementi di rilevante interesse che hanno caratterizzato la linea di politica autonomistica della Democrazia Cristiana lombarda. Sui contenuti di questa linea, accanto ai più generali contenuti di politica interna e internazionale, noi ci giochiamo la nostra capacità ad essere il vero e moderno partito delle autonomie. A Gardone e ancor prima nei nostri convegni, e nella verifica del 1973, il nostro partito ha ribadito che la programmazione sociale ed economica, la pianificazione territoriale, la politica del territorio e il suo riassetto globale ed equilibrato sono le componenti di un'unica qualificazione e sintesi politica rivolta ad obiettivi di sviluppo civile e sociale; che vi è uno stretto collegamento tra politica economica, politica sociale, politica territoriale e il rinnovamento delle istituzioni e dei loro rapporti; che a tal fine è necessario instaurare un nuovo metodo di partecipazione e collaborazione concreta fra lo Stato, Regione e Comuni secondo procedure istituzionalizzate, continue e chiaramente definite nella modalità e nei tempi. Il nostro partito ha inoltre precisato che la programmazione deve essere "partecipata" a tutti i livelli, ma che nel contempo la sintesi finale e l'approvazione delle scelte ai vari livelli di governo toccano agli organi politici responsabili a cui spettano peraltro le decisioni proprie del loro livello sempreché non coinvolgano competenze di livello superiore. A questo proposito mi sembra opportuno affermare con estrema franchezza, assieme a tutti i sostenitori di un corretto funzionamento del nostro sistema pluralistico e autenticamente democratico, che noi siamo per una partecipazione reale e concreta; non fasulla, caotica e quindi paralizzante. E' una sorta di "ideologia partecipazionista" quella che sta infestando la nostra società e le gracili istituzioni democratiche del paese. E' stato detto che non è più possibile governare al centro, se non si tiene conto di questa realtà che con le regioni a statuto ordinario si è mossa con una accelerazione imprevedibile. Nel potere locale si ravvisa ormai il corretto strumento di formazione del potere politico, come diceva Zampetti sempre a Gardone Riviera. La linea di politica autonomistica che abbiamo proposto e che ribadiamo, porterà ad un rinnovato vigore e dinamismo nella articolazione dello Stato e nei suoi momenti istituzionali e quindi i livelli del governo locale, le nuove unità previste dalle più piccole alle più grandi, saranno sottese da uno spirito che costituirà il tessuto connettivo di una società veramente nuova e dal volto più umano. Tutti i partiti democratici avvertono, ma in particolare il nostro, che è per autonomasia il partito delle autonomie, non può non avvertire il richiamo di questo impegno politico, tenendo presente che su questi motivi più che su altri si ritroveranno le energie sopite e l'intera collaborazione delle comunità. Questa è la dura e lunga marcia nelle istituzioni democratiche che la Democrazia Cristiana lombarda, ha iniziato e che, nonostante il risultato elettorale sfavorevole del 15 giugno, ritiene si debba riproporre come vero antidoto a quella tendenza alienante propria di una società consumistica ed edonistica come la nostra. Se il tempo e la vostra pazienza non esigessero il dovuto rispetto, meriterebbe soffermarsi su quale Democrazia Cristiana è in grado di corrispondere a questo disegno di un vero rinnovamento dello Stato. Mi auguro che questi opportuni contributi integrativi vengano dal dibattito a cui ci accingiamo.

IMPEGNO PER I GIOVANI E LA CONDIZIONE FEMMINILE

Parlando di dura marcia attraverso le istituzioni non si può non accennare al contributo che i giovani possono dare per rendere più spedito il cammino. Ma il discorso con i giovani deve essere fatto in modo diverso da come è stato fin qui. Innanzitutto voglio ricordare ai giovani che la condizione giovanile non è un privilegio e che tale condizione è un mito caduco della condizione umana; il mito cioè dell'età in cui si crede di essere felici. La battaglia per la libertà, per le sue caratteristiche rifugge da questo spirito giovanilistico. Si tratta invero di una dura e faticosa conquista! E' più facile innalzare inni alla libertà e in nome di essa pensare che solo una trasformazione palingenetica della società e dalla sua catarsi noi avremo una società veramente libera e giusta! Queste sono suggestioni che hanno niente in comune con la democrazia e la libertà. La nostra generazione e le precedenti hanno provato cosa ha voluto dire conquistare la libertà e difenderla giorno per giorno, e quindi è su questo tipo di impegno che noi aspettiamo i giovani. Bisogna che la smettiamo di considerare i giovani dei privilegiati. Il confronto con i giovani, e penso che per questo ce ne saranno grati, è un confronto alla pari, sulle cose che contano, cioè un confronto su quanto in politica è frutto del pensiero umano e quindi non abbisogna di contrapposizioni che non conoscono età e miti generazionali. La capacità quindi di confrontarsi sulle idee deve essere titolo di merito più che 'appartenenza ad una generazione'. Rispettiamo la loro capacità di crescere in sapienza attorno a qualcosa che meriti. E mi pare che il discorso sulle istituzioni, la libertà e sulla loro salvaguardia, sia ancora un discorso sul quale valga la pena di impegnarsi. E' un discorso questo che in parte vale anche per le donne; e vale anche nel rifiutare quelle deformazioni di una condizione femminile cosi come sono venute storicamente manifestandosi. Al di là dei vaniloqui isterici delle femministe e in una società che di fatto si è emancipata e che non ha più barriere fra i sessi, occorre essere capacità di una presenza che faccia giustizia di taluni modi di pensare che hanno reso difficile l'inserimento della donna in tutti i settori e nell'impegno che la politica richiede.

SUI COMPRENSORI

Prima di concludere con alcuni cenni al momento organizzativo mi sia consentito di accennare ad una questione che tutti gli amici democristiani e in particolare gli amministratori, dibattono anche di questi giorni nel partito e nelle istituzioni.

Mi riferisco alla questione dei comprensori! Ci sono state critiche, talvolta ingenerose, ma non possiamo non dirci le cose come sono. Cari amici, nella diversità fra una tesi che vede i comprensori come rottura degli equilibri di potere, e nella fattispecie del potere democristiano, e la nostra visione dei comprensori vi è una contrapposizione radicale. Agli amici che criticano i "regionali" e il governo della Regione per avere approvato queste leggi regionali io devo dire senza perifrasi, e me ne assumo tutte le responsabilità, che il discorso dei comprensori per la D.C. è il discorso degli spazi di libertà nel riordino del potere locale. Se siamo un partito che ha ancora capacità di fare politica, che sente il gusto dell'impegno politico e quindi della politica, se ciascuno di noi intende lasciare qualche volta la comoda presenza davanti al televisore la sera per gestire con altri le cose nuove di questo tempo politico, allora i comprensori sono una occasione per questo genere di impegno. Non sono certo una cosa comoda in quanto esigono una capacità politica di tipo nuovo e diverso rispetto agli usuali andamenti della gestione dei livelli del governo locale. Si creano infatti nuove forme e si hanno sedi più politicizzate per l'esercizio del potere. Dirò di più: i comprensori diventano in una certa misura, il dato che ci consentirà di verificare se il partito è capace di sopravvivere allo sconforto ed al conseguente disimpegno che qualche volta pare prevalere. Agli amministratori provinciali che trovavano meno defatiganti le tradizionali sedi del potere, agli amministratori comunali che certamente pensavano e pensano ad una più facile gestione del potere senza i comprensori, ricordo che il momento politico in cui viviamo ha come segno il confronto democratico in questi organismi. Ecco perché sono stati pensati come luogo di un confronto e di una crescita politica perché ci premeva nel disegno dei comprensori dimostrare la nostra capacità come partito di ritrovare momenti delle istituzioni nei quali si superassero le anguste visioni municipalistiche.

Chiedo scusa se in questo discorso ho introdotto un tema che, ad un tempo, è politico e amministrativo; ma a me premeva soprattutto di sottolineare questo tema come l'impegno fondamentale, l'occasione irripetibile per rinvigorire e per rivitalizzare l'azione del partito.

IL RINNOVAMENTO DEL PARTITO

Ecco che a questo punto s'inserisce il momento organizzativo, il quale deve ridare al partito la sua insostituibile funzione di naturale tramite tra la società e le istituzioni democratiche.

L'art. 49 della Costituzione, del nostro paese, vale per tutti; vale per le forze sociali che sono collocate, mi pare giustamente, agli artt. 34 e seguenti della Costituzione in quanto fondamentali momenti associativi. Ma i partiti hanno dall'art 49 riconosciuta la fondamentale funzione di tramite necessario della società nel suo insieme e le istituzioni statali. Questo è il significato della nostra Costituzione e questa è la funzione costituzionale dei partiti al di là di ogni critica qualunquistica alla peraltro presunta incapacità di essere gestori della vicenda politica e di esserne i qualificati responsabili. Proprio per rispondere in termini nuovi e responsabili a tali esigenze occorre adeguare le norme che presiedono alla svolgimento della vita del Partito. Si tratta in primo luogo, di formulare un nuovo statuto, rifiutando le modifiche parziali.

Attualmente, la Democrazia Cristiana possiede un prolisso e minuzioso regolamento, ma nulla di più. Occorre invece uno statuto di principi ideologici e di linee politiche, che lasci ampio spazio alle autonomie locali del partito.

Uno "statuto quadro", entro il quale venga lasciata la massima agibilità ai comitati regionali. Regioni e comprensori, due nuove dimensioni sulle quali va fondandosi il potere locale. Nel partito invece, come è noto, è il comitato provinciale che concentra la maggiore quantità di poteri, mentre il corrispondente livello amministrativo è fuori di dubbio che sta diventando più debole nel quadro dei livelli di governo.

Inoltre i comprensori interprovinciali e le esigenze di programmazione del territorio, necessitano una differente articolazione delle strutture periferiche. Occorre quindi ristabilire l'equilibrio rappresentativo, attraverso meccanismi di adeguamento territoriale ed elettivo.

La D.C. deve tuttavia continuare ad esistere come "partito di iscritti".

Infine il partito deve tendere ad una struttura presidenziale, che eviti gestioni "assemblearistiche" o "colpi di mano", che sono non dissimili nei risultati allo scavalcamento della volontà degli iscritti come quello che si verifica in una sorta di gestione unanimistica del partito.

Mentre si pongono in modo sintetico queste esigenze, pare doveroso riesaminare le proposte di ristrutturazione formulate dal segretario politico e dalla direzione ed offrire come contributi alcuni suggerimenti di modifiche dello statuto che siano la corretta espressione di quanto sopra. A ciò provvederà l'apposita commissione che si insedierà questa sera e che già gode di rilevanti e intelligenti contributi.

Ed eccomi alla conclusione: Rousseau diceva che gli inglesi si illudono di essere liberi o sono liberi fino al momento in cui votano, dopo il voto non sono più liberi; è una verità che sembra abbia del paradossale! Troviamo in questa fase i motivi profondi della contestazione "ante litteram". Ed allora il discorso si pone in ordine al superamento dei "momenti" di democrazia formale per una democrazia sostanziale. E' il discorso di una terza via tra la società marxista e la società liberale. Quindi una società partecipativa, di autentica democrazia popolare, è da sola in grado di rispondere in termini propri del '75, allo scetticismo del grande filosofo. Dopo le elezioni il discorso sugli spazi di libertà e su questa strategia partecipazionista ci rende pienamente responsabili in ordine a questo tipo di società che risponde alla nostra ispirazione cristiana perché in essa si esalta la persona umana; che è cristiana perché si rifà ai valori dell'umanesimo cristiano. E la strada delle libertà e di una democrazia autenticamente popolare che fa propria una ideologia di partecipazione e di questa riempie gli spazi di libertà di questo nostro tempo assetato di libertà sostanziali e di azioni riformatrici.

Da Capriate per quello che la Democrazia Cristiana lombarda significa nel più vasto contesto della D.C. nazionale viene un ulteriore servizio al Partito ed alcune modeste idee agli amici perché evitino di ripetere gli errori del passato. E sulle idee infatti noi abbiamo il diritto di chiedere che si abbiano le naturali e logiche aggregazioni.

Aggregazioni che ci auguriamo consistenti, ma anche sufficientemente comprensibili da noi. Solo così allora celebreremo il congresso; un congresso celebrato in altri modi credo non ci interessi granché.

Zaccagnini all'Assemblea Regionale della DC tenutasi a Capriate. Tre Domande al Segretario Regionale DC

La Domenica del Popolo, 30 novembre 1975

L'assemblea politico-organizzativa della Democrazia Cristiana lombarda è stata tenuta nei giorni 15 e 16 novembre presso il centro Minitalia di Capriate. Dopo l'intervento del segretario regionale, Alberto Galli sul quale si è aperto un ampio e costruttivo dibattito, si è avuto l'atteso intervento del segretario nazionale On. Benigno Zaccagnini. Accolto da calorosissimi applausi,- che vanno interpretati come un vivo consenso all'azione che, con lucidità e fermezza, sta conducendo all'interno del suo partito per un rilancio della DC come forza protagonista nella vita del Paese - col suo discorso non ha deluso le attese, soprattutto dei giovani che nelle parole di Zaccagnini hanno trovato riflesse le loro aspirazioni e un ulteriore stimolo per la loro carica ideale.

Zaccagnini, affermato che la prima esigenza per i democristiani è di riprendere il gusto di far politica e di discutere con franchezza dei problemi nel rispetto delle diverse opinioni, ha detto: "Ci avviamo a un Congresso che vorremmo fosse non di divisioni e di conformismo, ma di idee libere, di apporti liberi e convergenti nella riaffermazione di valori che sono propri della nostra storia e della nostra tradizione, ma che vogliamo misurare con una realtà che è cambiata, che cambia e che continuerà a cambiare".

Parlando del rilancio della DC, Zaccagnini ha detto che il Partito "spesso immiseritosi nella pura e semplice pratica del potere", ha bisogno di essere liberato "dalle vecchie strutture, dai vecchi padronati, dalle vecchie forme non più rispondenti ai tempi che dobbiamo vivere". Per giungere a tanto, è determinante l'apporto della base: "O c'è alla periferia e in ciascun iscritto la volontà di liberarsi dalla propria sudditanza e allora si lotta e si rompono queste incrostazioni; oppure, si torna al proprio ovile e allora il respiro di liberazione interna non si potrà mai realizzare".

Affermato che nei confronti della DC si riscontra tensione e speranza da parte dei giovani e una nuova attenzione da parte degli uomini di cultura e delle forze sociali e sindacali, Zaccagnini ha detto che queste speranze e tensioni troveranno spazio "dopo aver rotto i vecchi schemi che stanno all'interno

del nostro partito". E il Congresso è il veicolo per far passare la voce "di chi rappresenta l'avvenire, le forze del lavoro, dei giovani e della cultura" non per strumentalizzarle e inserirle in un gioco politico, perché "a questo gioco, giovani, donne e lavoratori non ci stanno più, e hanno ragione". Zaccagnini si è dichiarato convinto che nella DC rimane vivo il senso dell'unità sulle cose essenziali e la capacità di aprirsi all'ascolto e al confronto. Per questo occorre delineare una politica della DC coerente con la sua storia e con i suoi principi, che costituisca una svolta, una ricerca sia pure difficile ma esaltante di libero consenso, e ciò si ottiene imponendosi per carica ideale, capacità politica, sacrificio e lotta sul terreno delle cose concrete. Concludendo, Zaccagnini ha confermato che "per noi è incompatibile e inconcepibile la confusione dei ruoli fra maggioranza e opposizione; ma nessuno pensi che questo possa divenire alibi per eludere problemi di fronte ai quali ogni mentalità e attendismo è colpevole. Deve essere anzi, la D.C. a proporre una propria autonoma iniziativa per la soluzione dei nodi più gravi della società. Dobbiamo, cioè, essere punto di riferimento e forza trascinante alla quale possano guardare con fiducia gli operatori del lavoro e dell'impresa, gli intellettuali, le donne e soprattutto i giovani".

TRE DOMANDE AL SEGRETARIO REGIONALE DC

Signor Alberto Galli, può dirci in che cosa di nuovo è consistito l'intervento del Segretario nazionale della Democrazia Cristiana, avv. Begnino Zaccagnini a Capriate San Gervasio?

L'intervento dell'On. Zaccagnini a Capriate all'Assemblea della D.C. regionale lombarda è nuovo per il tipo di discorso e la carica umana che l'ha contraddistinto. A queste caratteristiche aggiungasi una certa "grinta" con la quale il Segretario politico ha invitato a superare consunti schemi di ·gestione del potere, ponendo al Partito un'esigenza di liberazione, per riprendere, con nuovo slancio, una rinnovata presenza nella società italiana.

L'entusiasmo suscitato nel folto uditorio di giovani, che cosa significa in definitiva, secondo lei?

Il contenuto dell'intervento dell'On. Zaccagnini ha entusiasmato l'uditorio perché è riuscito, in primo luogo, a comunicare una forte carica umana, come detto sopra, ed allo stesso tempo ha indicato un bisogno emergente fra i giovani: il gusto di far politica, chiedendo una partecipazione nella definizione e nella concretizzazione di una linea politica per la D.C.: rovesciando quindi un rapporto e alcuni schemi nei quali gli iscritti al Partito e gli elettori non si riconoscono più.

"La Democrazia Cristiana - ha detto il Segretario nazionale Zaccagnini – deve rinnovarsi", ribadendo che molto è cambiato e che il continuo mutamento della società italiana impone una revisione. Che cosa pensa che la base politica possa fare aiutando questo ricambio? O avrà ancora soltanto, purtroppo, la possibilità di parlare con il suo volto politico? O la base elettorale potrà dire anche prima i suoi nuovi orientamenti?

La base del Partito può aiutare questo rinnovamento liberandosi da vecchie forme e condizionamenti non più rispondenti alle attuali esigenze di far politica. Infatti, se il Partito si è immiserito nella pura e semplice gestione del potere, questo lo si deve anche a facili accomodamenti dettati da facili sudditanze, causa ed effetto ad un tempo di molti nostri guai. Di ciò siamo tutti responsabili e il ripensare in modo diverso il nostro far politica consentirà il vero rilancio ed una nuova vitalità della D.C.

Intervento al Congresso Straordinario per l'Elezione dei Delegati al XIII Congresso Nazionale D.C

come Segretario Regionale, Milano, 25 febbraio 1976

"Un partito è per le idee che agita, per gli interessi morali e materiali che tutela, per l'azione riformatrice che crea" (Don Sturzo)

Premessa

La D.C. lombarda nell'affrontare il suo congresso per la nomina dei delegati al XIII Congresso Nazionale non può considerare questo avvenimento alla stregua di altri precedenti momenti congressuali.

E' in discussione l'assetto del partito per i gravosi compiti e per il confronto che attende la D.C.

Occorre quindi considerare la partecipazione della D.C. lombarda al Congresso Nazionale in modo da sottrarla per quanto possibile alle tentazioni ed ai condizionamenti che i capi storici possono alla fine giocare nei confronti delle delegazioni al Congresso Nazionale.

Questo impone una strategia del cambiamento da parte della D.C. lombarda ed in collaborazione, con altre delegazioni regionali che si attendono una nuova gestione del Congresso, il pervenire alla richiesta di modificazioni sostanziali in ordine alla convivenza interna del partito per determinare "in fatto" quel rinnovamento e quella diversa gestione del partito che è nelle cose e che la segreteria Zaccagnini ha lasciato intravvedere alla D.C. e al Paese.

Occorre, al di là di stanche mozioni e di sofisticate elaborazioni politiche, nonché di surrettizi unanimismi e nominalismi, definire con chiarezza il ruolo che si intende assumere e le necessarie solidarietà, ed agire di conseguenza nella sede propria del Congresso.

Ciò premesso veniamo ad alcune fondamentali linee politiche e ai loro contenuti ed a talune proposte per il nuovo assetto che si vorrebbe auspicare.

Le elezioni regionali del 15 giugno ed il mutamento al vertice della D.C., culminato con la nomina di Zaccagnini alla Segreteria Politica, hanno determinato nel Partito una positiva e serrata ripresa del dibattito politico.

La linea di rinnovamento proposta dal Segretario politico On.le Zaccagnini che viene accettata nelle sue implicazioni deve essere consolidata utilizzando l'occasione del Congresso Nazionale non per una meccanica verifica dei "pacchetti delle tessere", ma per un reale cambiamento dei metodi, dei comportamenti e della classe dirigente del Partito.

La D.C. attraverso il Congresso ridefinisce quindi il suo ruolo e la sua funzione e intende riproporsi al servizio della democrazia italiana in un momento di tumultuosa crescita civile, di tensione sociale e di grave crisi economica.

Presupposto di questa "linea" è la convinzione che senza il contributo e l'apporto della Democrazia Cristiana non potrà aversi, in Italia, un'autentica libertà ed una reale difesa del pluralismo politico, sociale e culturale.

In questo quadro la D.C. lombarda - che da anni costituisce un importante punto di riferimento politico culturale - ha ritenuto di elaborare alcune "tesi" che propone qui all' attenzione dell'Assemblea per il dibattito.

1 - RUOLO POLITICO DELLA D.C. E SUA ISPIRAZIONE IDEALE

"Partito di centro che marcia verso sinistra", la D.C. come disse De Gasperi ha sempre rappresentato l'asse portante di una società realmente libera che ha rifiutato qualunque disegno integralista di potere e vuole continuare ad essere una forza riformatrice. Ed è per questo che la linea politica proposta dal Segretario Politico Zaccagnini significa il superamento definitivo di ogni prassi e schieramento ispirato al concetto della cosiddetta "centralità".

La linea politica elaborata dal Partito deve rappresentare una sintesi effettiva e non il frutto di astratte mediazioni che sfociano sempre nell'immobilismo operativo e quindi nella perdita di iniziative e di autonomia nei confronti delle altre forze politiche.

Perché il Partito possa riacquistare una chiara dimensione popolare e riprendere l'iniziativa politica, è necessario che le realtà maggiormente collegate al mondo del lavoro, dei giovani, della cultura, dei ceti produttivi, abbiano una presenza determinante nella direzione politica. Questa esigenza non riguarda solo questa o quella corrente interna, ma l'intero partito, riguarda la sua capacità di guida del Paese, la sua volontà di porsi attento del dibattito politico laddove i problemi si misurano per la loro aderenza alle reali esigenze della nostra Società.

La D.C. si richiama ai valori della Resistenza nella quale hanno operato i suoi uomini e ribadisce la sua naturale vocazione antifascista.

La D. C. mentre si riconferma nella sua tradizione e crede alla concezione cristiana della società e della persona, riconferma altresì la sua piena ed autonoma responsabilità nel campo politico, la piena laicità dello Stato, che esclude ogni privilegio a qualsiasi confessione religiosa non disgiunta però, dal perseguimento di ideali e di tensioni morali che formino le coscienze al senso di responsabilità e di servizio.

La D.C. lombarda, con ciò, riconferma la propria natura di partito laico d'ispirazione cristiana e di partito democratico e popolare ed inoltre tende a respingere con vigore, non solo per ragioni ideologiche e culturali, ma anche per l'interesse diritto dei ceti e delle istanze popolari che rappresenta, ogni tendenza a trasformare la D.C. in un partito conservatore.

2 - VERSO LA SOCIETA' CIVILE

L'apertura del partito ha tutte le componenti della "società civile" è una delle istanze essenziali del rinnovamento della D.C.

Il tempo della "delega in bianco" da parte degli elettori, è finito, poiché la società vuole partecipare alle scelte politiche, non una volta tanto con il voto, ma costantemente.

E' un'apertura che impone, dunque, precisi e nuovi rapporti:

- con il mondo del lavoro del quale dobbiamo essere interpreti dell'ansia di giustizia e del diritto di ciascuno ad avere un preciso collocamento nella società, garantendo innanzi tutto un posto di lavoro;

- con il sindacato e con le organizzazioni imprenditoriali e produttive, che nel pluralismo previsto dalla Costituzione, stanno assumendo una responsabilità ogni giorno più vasta nel processo economico e sociale.

Il processo d'unità sindacale è un fattore positivo e importante per una ulteriore responsabilizzazione del sindacato, purché esso proceda nel rigoroso rispetto dell'autonomia e della libertà di opinioni politiche e del pluralismo che vanno doverosamente garantiti all'interno del mondo del lavoro;

- con i ceti medi di cui si riconosce il crescente ruolo nella vita economica e sociale del Paese e la cui rappresentanza politica non può essere in alcun modo ceduta al P.C.I.

E' in conseguenza di questa nuova "realtà di ceto", che il comunismo, ha affievolito il rapporto con la base sociale, il proletariato operaio, e ha cercato un'alleanza con i cattolici, per nascondere le proprie contraddizioni ideologiche rispetto a questa linea politica.

La D.C. deve inoltre impegnarsi perché la realtà del ceto medio e in particolare di quello produttivo, si ricolleghi all'esigenza di un rinnovamento della società superando posizioni corporative e settori ali in un rinnovato rapporto di solidarietà fra le masse lavoratrici e il ceto medio produttivo stesso; con il mondo della cultura e per rinnovati rapporti con esso, la D.C. dovrebbe ridefinire il concetto e l'ambito in cui la "sua" cultura specifica si determina e si rinnova. Nell'ambito della globalità della cultura come assieme degli svolgimenti dello spirito umano dobbiamo considerare la differenziazione di due concezioni che a noi interessano particolarmente: quella di derivazione marxista e quella di ispirazione cristiana che fa da supporto all'indirizzo e alle scelte perseguite dalla D.C.

Il marxismo parte dal presupposto che i rapporti giuridici e le forze dello Stato non sono conquiste dello spirito umano in costante evoluzione bensì un susseguirsi di rapporti materiali tra individui. Il marxismo sostiene anche che il rapporto della produzione non ha alcun nesso con le volontà dell'uomo, ma si trova collegato ad un certo grado di sviluppo delle forze produttive. A tale concezione, che per comodità abbiamo solo annunciato, opponiamo la nostra concezione della cultura che non vuole essere egemonica dei fatti culturali di una società, ma decisamente si muove su una riflessione in ordine al concetto ed ai valori della persona, nonché alle profonde solidarietà che essa determina nella civile convivenza.

E' in questa matrice culturale che si attuano le libertà di cui l'uomo sente il bisogno, rifuggendo nel contempo agli aspetti esasperanti di un esistenzialismo che realizza soltanto il puro arbitrio. Pertanto occorre una mobilitazione della D.C. intesa a perseguire, in tale contesto, una sua proposta che colmi alcuni vuoti culturali presenti nel Paese, sempre però nell'intento di tutelare i principi fondamentali di libertà ed i diritti civili che ne discendono. E' necessario perciò recuperare quei filoni di cultura cattolica e di spazi sociali che oggi, aderendo alle proposte di rinnovamento del Partito, esaminino con serietà la possibilità di un ritorno all'impegno ed al contributo attivo per partecipare al processo di aggiornamento e di rilancio del Partito su basi rinnovate.

3 - LA D.C. E I GIOVANI

I risultati del 15 giugno, che hanno visto una marcata disaffezione giovanile verso la D.C., il sempre crescente ruolo delle giovani generazioni nelle realtà democratiche di base, l'esigenza di dar vita a un partito aperto e rinnovato, sono tutti fattori che impongono una estrema attenzione alla funzione dei giovani nella Democrazia Cristiana.

Appare pertanto indispensabile liberare la presenza giovanile dai condizionamenti precostituiti di correnti conferendo parallelamente una reale autonomia politico-organizzativa e un'effettiva presenza negli organi statutari di partito. E' dunque auspicabile che i giovani D.C. ritrovino al più presto una dimensione nazionale democraticamente ricostituita così da portare il loro contributo al Congresso Nazionale del partito, nella piena rappresentanza politica dei giovani che sono iscritti alla D.C. e dei tanti altri che vi si riconoscono, in un impegno culturale e politico quotidiano.

4 - LA D.C. E LA CONDIZIONE FEMMINILE

La D.C. riconosce le capacità di mobilitazione delle forze femminili nella società italiana e intende valorizzare appieno quei fermenti personalistici che animano le richieste del mondo associativo femminile e delle iscritte.

Le donne infatti non intendono disgiungere il loro impegno per l'accoglienza e per la tutela della vita da quello indispensabile per ottenere da tutta la società le condizioni sociali ed economiche che permettano e favoriscono tale accoglienza e tale difesa della vita; per questo motivo non separano i problemi relativi alle responsabili scelte della coppia in ordine alla procreazione da quelli della prevenzione sanitaria e sociale. Né da quelli dell'edilizia abitativa e sociale dell'organizzazione del territorio.

La D.C. nel cogliere insieme a queste indicazioni che vengono dal mondo associativo femminile, dalle iscritte e da tutte le donne, la diffusa esigenza di partecipazione femminile fa proprio l'impegno a predisporre ed ad esigere strutture democratiche che permettono e favoriscono la partecipazione femminile ai diversi livelli, gestionali, organizzativi e politici nel senso più ampio del termine.

5 - RAPPORTI CON IL MONDO CATTOLICO

Il mondo cattolico ha due esigenze nei confronti del sistema partitico: quella di una vera coerenza democratica di tutte le forze politiche in modo che la pluralità di opzioni respinga strategie dubbie e confermi la libertà e quella che si realizzi l'esigenza di un rinnovamento politico reale e profondamente popolare dei cattolici-democratici.

Non si tratta quindi di un tentativo di recupero dei consensi elettorali sulla base di un ricostituito "blocco cattolico", storicamente superato e concettualmente improponibile, ma di un'esperienza che – rinunciando alla pretesa di rappresentare l'intera "cattolicità italiana" – intenda configurarsi direttamente sul piano politico, accentuando la propria capacità di testimonianza dei valori cristiani espressa mediante la tensione all'unità delle forze di sincera ispirazione cristiana e il superamento del dualismo tra azione politica e visione del mondo. Nel rapporto tra il partito e le forze che in esso confluiscono è importante valorizzare i contributi provenienti da parte di tutte le comunità cristiane.

A questo fine diventa un'esigenza improrogabile il delineare un "progetto" di società che non si configuri come un'utopica "terza via" alla costruzione della società stessa tra il liberalismo e il marxismo, ma che riaffermando i valori della giustizia sociale e del solidarismo rappresenti delle proposte operative delle forze che non si riconoscono in questi blocchi storici per la soluzione dei principali problemi che caratterizzano il momento presente.

6 - LA LINEA DI POLITICA AUTONOMISTICA DELLA D.C.

Sui contenuti di questa linea noi giochiamo la nostra capacità di essere il *vero* e moderno Partito delle autonomie locali.

La D.C. ha ribadito in tutte le occasioni e sostiene che la programmazione sociale ed economica, la pianificazione territoriale, la politica del territorio e il suo riassetto globale ed equilibrato sono le componenti di una qualificata iniziativa politica rivolta ad obiettivi di sviluppo civile e sociale; che vi è uno stretto collegamento tra politica economica, politica sociale, politica territoriale ed il rinnovamento delle istituzioni e dei loro rapporti; che a tal fine è necessario instaurare un nuovo metodo di partecipazioni e di collaborazione concreta tra Stato, Regioni, Provincie e Comuni secondo procedure istituzionalizzate, continue e chiaramente definite nelle modalità e nei tempi.

Il nostro Partito ha inoltre precisato che alla programmazione deve concorrere un generale contributo di partecipazione ai vari livelli, collocando le necessarie sintesi finali e l'approvazione delle scelte ai corrispondenti livelli di Governo.

"L'ideologia partecipazionistica" che sta investendo la nostra società e le gracili istituzioni democratiche del Paese, dimostra che non è più possibile governare al centro se non si tiene conto del potere locale come unico e corretto strumento di formazione del "potere politico".

Noi dobbiamo rinnovare le istituzioni! La Regione ha fatto esplodere la crisi che era latente. Chi immaginava che la Regione potesse innestarsi in un quadro vecchio senza far succedere nulla, oggi è profondamente deluso e giustamente, perché non poteva essere che così. La Regione si è inserita in un quadro statico da anni mettendolo in movimento.

E' un processo in atto e noi dobbiamo lavorare per una conclusione positiva, efficiente e democratica.

La crisi investe lo stesso Parlamento nazionale, ma investe ancor di più il Governo nel suo complesso; la mancanza di coordinamento che spesso notiamo nella politica generale del Paese è il riflesso della debolezza dell'esecutivo derivata anche dalla mancata attuazione di quella legge detta della presidenza del consiglio che è una delle cause della mancata politica di programmazione. La crisi del Governo locale non ha bisogno di essere ulteriormente ribadita: in precisione e sovrapposizione di funzioni, pesantezza della situazione finanziaria. La crisi, del resto, investe lo stesso rapporto tra istituzioni e società. La crisi del CNEL né è un riflesso. Il documento fondamentale del Paese, il bilancio dello Stato soffre pure di rilevante crisi "istituzionale"; esso non corrisponde più a quello che esiste nel Paese, a quello che c'è nelle istituzioni, che di fatto si sono trasformate, che hanno assunto competenze diverse e che si apprestano ad organizzarsi attraverso l'attuazione della legge 382.

La linea di politica autonomistica che abbiamo proposto e che ribadiamo, porterà ad un rinnovato vigore e dinamismo nello Stato e nei suoi momenti istituzionali e, quindi, livelli del Governo locale saranno sottesi da uno spirito che costituirà il tessuto connettivo di una società veramente nuova e dal volto più umano.

Tutti i partiti democratici avvertono, ma in particolare la D.C. - che è il "partito delle autonomie" - deve avvertire il richiamo a quest'impegno politico, tenendo presente che su questi motivi più che su altri si potranno ritrovare energie e l'intera collaborazione delle comunità.

Questa è la lunga e dura marcia nelle istituzioni democratiche che la D.C. Lombarda ha iniziato e che ritiene si debba riproporre come vero antidoto a quella tendenza alienante propria di una società consumistica ed edonistica come la nostra.

7 - POLITICA ECONOMICA

La situazione economica che il Paese sta attraversando richiede un'assunzione di responsabilità estremamente esplicita. Fino a non molto tempo fa i problemi da risolvere concernevano prevalentemente il superamento dei maggiori squilibri geografici di distribuzione del reddito (consumi pubblici - consumi privati) e di struttura economica (industria - agricoltura). Ora si pongono problemi ancora più pressanti che attengono da una parte alla ripresa del meccanismo di accumulazione, dall'altra parte alla necessità di garantire un allargamento della base produttiva e quindi una nuova dinamica positiva dell'occupazione. Oggi, infatti, l'obiettivo primario, è quello dell'occupazione della difesa dei suoi attuali livelli, contro disoccupazione e sottoccupazione, e della crescita dei tassi di attività in grado di garantire, in particolare, il lavoro ai giovani.

Solo garantendo questo obiettivo è possibile avviare la discussione su altri aspetti quali quelli della mobilità, della qualificazione e riqualificazione della manodopera, del costo del lavoro e della eventuale fiscalizzazione degli oneri sociali, dall'organizzazione del lavoro della produttività e del grado di utilizzo degli impianti, dell'assenteismo, del salario garantito.

Infine, ribadisce la necessità che l'economia italiana rimanga nell'ambito dei meccanismi che regolano il funzionamento dell'economia a mercato aperto, e più esplicitamente regolano il funzionamento delle economie occidentali.

I requisiti fondamentali di tale politica economica sono:

a) una politica fiscale fortemente progressiva ed in grado di eliminare le eccezionali aree di evasione fiscale esistenti sulla base della legislazione attuale; una politica fiscale ancora in grado di ridare ampia autonomia operativa agli Enti Locali ed alle Regioni, livelli di Governo dai quali dipende in misura sempre più esclusiva la quantità e qualità dei beni pubblici (casa, sanità, scuola, trasporto pubblico) che la pubblica amministrazione è in grado di creare.

b) una gestione della politica monetaria e creditizia che garantisca una netta priorità alle esigenze di sviluppo e quindi soprattutto alle esigenze di finanziamento degli investimenti direttamente produttivi. In tale direzione è prioritaria l'individuazione di una manovra straordinaria per la politica monetaria e creditizia tendente ad assegnare al sistema produttivo italiano le risorse necessarie per recuperare il terreno perduto in alcuni anni di sviluppo economico molto più ridotto rispetto a quello di altre economie.

c) Non si può pensare che la situazione possa essere affrontata senza un coordinamento, senza una intenzione generale di politica industriale e secondariamente, per quanto attiene le procedure di intervento, senza punti di riferimenti precisi. Bisogna delineare un progetto di collegamento tra la realtà economica e sociale delle regioni ed i programmi del Governo centrale. Questa volontà può essere ragionevolmente recuperata in un progetto di politica economica a medio termine che non voglia soltanto aggiungere stanziamenti, ma modificare seriamente la qualità e il modo dell'intervento. Se il progetto di riconversione industriale (tremila miliardi in tre anni) non si mette su questa strada potrà rappresentare un'altra occasione perduta. Il coinvolgimento, quindi, e la mobilitazione di tutte le forze sociali, dei lavoratori ed imprenditori, diviene indispensabile per consentire e guidare la politica di riconversione industriale; ma questo non può essere predicato in astratto e, perciò, il livello del Governo locale regionale, soprattutto, diviene essenziale come sede di incontro delle forze interessate al superamento degli attuali squilibri e dell'attuale grave disorganicità.

Una politica industriale, che tenda ad un raccordo più funzionale con le aree regionali, non potrà infine eludere il discorso sulla riforma delle partecipazioni statali. Le aziende di Stato debbono perseguire criteri economici e dare un contributo al rafforzamento del sistema industriale, non essere viceversa motivo di ulteriore scoordinamento politico, sociale e programmatico. Ecco perché un loro più preciso aggancio alle politiche regionali può sostituire un momento di approfondimento del loro ruolo e una più stretta relazione ai problemi di riequilibrio nazionale.

d) Una precisa priorità alle esigenze di sviluppo del mezzogiorno nello ambito di un disegno tendente ad inserire quell'area nel contesto di un circuito economico a mercato aperto, rompendo gli schemi clientelari e protezionistici che condannerebbero quell'area ad un destino marginale e quindi a ruolo di sistema economico perennemente protetto.

e) L'attuale difficile momento economico richiede anche da parte del sindacato un esplicito appoggio ad un disegno di riforma, disegno che può anche richiedere sacrifici sul piano strettamente economico. Ma tali sacrifici sarebbero comunque imposti da un meccanismo di mercato pressoché ineluttabile qualora il sindacato ignorasse i vincoli che derivano dai persistenti gravi problemi di pareggio dei nostri conti economici con l'estero e dalle esigenze di una netta ripresa della produttività globale del nostro sistema economico e di difesa dell'imprenditorialità.

f) Un ribadito impegno a favore dell'agricoltura, di cui dovrà essere sostenuto lo sforzo di ristrutturazione dell'artigianato e del commercio individuando nella cooperazione il principale strumento di supporto per il superamento della crisi strutturale in cui tali settori si trovano.

8 - POLITICA ESTERA

I vari miracoli della ripresa economica verificatasi un po' dappertutto intorno agli anni '50 e '60 e il diffondersi di una crisi generalizzata nel decennio successivo, hanno suscitato la riapparizione delle storiche rivalità delle vecchie ambizioni di "leadership" dei soliti egoismi particolari. Poiché la grave crisi monetaria e industriale, ha messo ancora una volta in luce quanto dovrebbe invece contare l'idea di Europa per una nazione che rischia altrimenti di veleggiare verso le sponde Nord-africane o mediterranee, si può ben dire che la prospettiva europea é di capitale importanza.

Assume particolare rilievo di un'Europa integrata e federata, idea che dobbiamo riproporre con forza e con fede soprattutto ai giovani per un impegno internazionalista che basterebbe da solo a riempire gli ideali di una intera generazione.

Dobbiamo perciò prepararci alle elezioni parlamentari europee, recentemente decise a Roma, come protagonisti di un'Europa concepita come incontro di popoli.

Mentre siamo partecipi di tale importante impegno e rinnoviamo il nostro consenso al sistema di solidarietà atlantica nello spirito della Conferenza di Helsinki dobbiamo fare ogni sforzo per assicurare al nostro quadro politico l'ulteriore possibilità di una corretta convivenza nel sistema occidentale.

9 - ALLEANZE DEMOCRATICHE

La D.C. quindi, deve porsi nella condizione di proporre al Paese un disegno che, fondandosi sulla libertà e su una democrazia pluralista e partecipata, consenta il superamento del neo-capitalismo e dei suoi negativi effetti tendendo al superamento dei privilegi e dei parassitismi e con essi eliminando cause di possibili rigurgiti reazionari.

Avvertiamo l'esigenza imprescindibile per la democrazia italiana che si aggreghi intorno al P.S.I. un significativo nucleo intermedio, corrispondente a quell'area laica che non si riconosce nel comunismo ed auspichiamo quindi una sorta d'intesa, di democrazia socialista e laica, come riferimento anche per la D.C.

In questo più generale obiettivo si configura essenziale un diverso incontro con il P.S.I. nel comune intento di realizzare una strategia organicamente riformatrice e non semplicemente delle "azioni riformiste", quali hanno caratterizzato l'ultimo scorcio del centro sinistra e ne hanno segnato la fine prematura. Un incontro D.C.-P.S.I. dunque, rispettoso della diversità ideologica delle le due forze politiche, corretto e saldo nella definizione programmatica che, da un lato, impegni la D.C. in una più incisiva azione in senso progressista e, dall'altro imponga al P.S.I. l'abbandono di rischiosi atteggiamenti radicaleggianti rifacendosi alla sua matrice autenticamente popolare: è questo l'obiettivo della Democrazia Cristiana Lombarda. Occorre, quindi, una strategia nuova che, accettando l'eventuale alternanza al potere, garantisca comunque alla D.C. il ruolo di partito che si articola nella società e che con questa ricerca un rapporto anche provocatorio e di promozione del nuovo e mantenga di fatto al Paese il quadro delle libertà civili e le istituzioni democratiche.

10 - RAPPORTI CON IL P.C.I.

La "strategia del confronto" rappresenta in termini impegnati e dalle nostre precise posizioni ideali e programmatiche nella distinzione di ruoli fra Governo e opposizione, la linea politica della D.C. di fronte alla realtà comunista. Un confronto che, se chiarisce in materia inequivocabile i punti di diversificazione, di distinzione e di dissenso, non esclude anche le eventuali convergenze programmatiche atte a risolvere i gravi problemi del paese. Un confronto dinamico che sia anche correttamente articolato e se ciò significa l'esigenza di porre il P.C.I. di fronte alle sue contraddizioni sull'assetto internazionale, e sul quadro globale del sistema delle libertà, nonché sulla conseguente garanzia in ordine al pluralismo politico, vuol dire anche che si può giungere in sede nazionale ad un ampio schieramento di forze politiche nell'attività legislativa più legata all'attuazione del disegno costituzionale e soprattutto a quello delle libertà civili e , in sede periferica, nel pieno rispetto delle autonomie locali , a quel confronto palese su programmi specifici e precisi. Tale confronto è ormai da ricondursi alla sfida credibilità delle proposte di ciascuna forza politica. Il P.C.I. dice che occorre produrre per avere risorse da destinare ad una diversa spendibilità rivolta principalmente ai pubblici servizi, richiama la necessità di portare l'ordine e la legalità nel Paese, propugna la moralizzazione della vita pubblica, propone meccanismi di autoregolazione e di autogestione, si dichiara disponibile a collaborazioni democratiche per avviare a soluzione i gravi problemi del Paese. E' chiaro che ormai il confronto investe la nostra capacità di dare concrete risposte a questa sfida non più latente e rimandabile.

Dall'esplicazione o meno di queste capacità dipende la nostra ulteriore sopravvivenza come grande partito. Ciò detto siamo altresì convinti che una reale autonomia del P.C.I. dai condizionamenti internazionali, anche se riduttiva della ideologia e della prassi di una grande forza politica quale, di fatto è questo partito, potrebbe rappresentare un momento importante e fondamentale per il rafforzamento del sistema democratico italiano. Ma sappiamo che tale conquista non è ancora avvenuta al di là degli sforzi della sua dirigenza. E fino a che ciò non si verificherà noi dovremo essere i gelosi custodi di ciò che di più caro abbiamo: la libertà. Per questo soprattutto per questo, è importante il "confronto" con il P.C.I. perché solo attraverso il "confronto" sarà possibile accelerare il processo fondamentale per dare stabilità alla società italiana.

11 - PROPOSTE PER IL PARTITO

Se questi sono i termini della "questione democristiana" è chiaro che sul piano del metodo e del costume interno occorre un impegno sincero per il rinnovamento del Partito. Per il superamento delle correnti e per la ricerca di una reale unità attraverso il dibattito delle idee e le convergenze sulle scelte da compiere. Tutto ciò non può significare né l'abolizione della dialettica interna, né la ricerca di fittizie soluzioni unanimistiche, bensì il superamento delle distinzioni artificiose che appaiono sempre più incomprensibili e che impediscono di fatto l'elaborazione di quelle sintesi politiche in cui tutto il partito deve riconoscersi e attraverso le quali si misura il suo grado di autonomia da interessi particolaristici. Si tratta di uno sforzo che deve investire ogni iscritto, ogni gruppo ed ogni realtà consapevole della sopravvivenza del nostro sistema democratico: è questo appunto lo sforzo che i proponenti della presente mozione intendono fare per la Lombardia e per il Paese.

Ecco perché auspichiamo che il Congresso Nazionale prenda impegno di indire al più presto una grande assemblea costituente nella quale la D.C. possa apertamente confrontarsi con i giovani, con il mondo della cultura, con le forze sociali e produttive, per ridefinire la propria identità di partito aperto alle istanze di una società industriale e moderna. Questo è il significato che noi vogliamo assegnare alla linea di rinnovamento della segreteria Zaccagnini della quale proponiamo la riconferma. Ed è intorno a questa linea che si è attestata la D.C. lombarda: da Capriate alle successive scelte a livello di Comitato Regionale, la D.C. ha valutato tutta la novità del nuovo corso politico in atto al proprio interno, trovandolo rispondente alla propria storia, alla propria natura di partito popolare, alla propria tradizione civile e culturale. In Lombardia la D.C. ha sempre avuto un ruolo essenziale per lo sviluppo civile e democratico dell'intera regione, la sua natura antifascista le ha consentito di essere punto di riferimento, con altre forze politiche, della resistenza dei cittadini lombardi durante la difficile fase della difesa delle istituzioni democratiche nei momenti di più acuta tensione politica; il suo spirito di servizio verso il Paese la vede seriamente impegnata nel governo regionale ed anche da questa assise congressuale deve venire un ulteriore sostegno alla sua difficile opera per contribuire a superare la crisi sociale ed economica che attraversa l'intero Paese.

E per venire ad alcune concrete proposizioni circa le modificazioni dell'assetto interno del Partito che corrispondano alle enunciazioni suaccennate si ritiene opportuno sottolineare:

a) il livello regionale, quello comprensoriale e di base sono le nuove realtà sulle quali deve riorganizzarsi il nostro Partito per rispondere alle esigenze di una società "partecipata".

Occorre quindi ristabilire l'equilibrio rappresentativo attraverso meccanismi che diano più potere ai Comitati Regionali e che rafforzino e ristrutturino le Zone da determinare in funzione dei Comprensori e delle altre realtà istituzionali di base come momento di decisione della linea politica relativa ai problemi amministrativi di quei livelli;

b) propone che al Segretario politico ed ai segretari ai vari livelli eletti dalle corrispondenti assemblee, sia riconosciuto il potere di scegliere i collaboratori della segreteria; per evitare abusi di potere si possano rafforzare i meccanismi di garanzia già contenuti nello Statuto;

c) i candidati alle nomine negli Enti esterni siano scelti dagli organi statutari competenti ai vari livelli su una rosa di candidati che offrano garanzie di professionalità per la quale dovrà essere fornita circostanziata motivazione;

d) le candidature alle cariche elettive e di partito siano decise dagli iscritti e dagli elettori D.C. (questi ultimi rappresentati per il 12% dai parlamentari per il 12% dagli Enti Locali e per il 12% dalle forze sociali di ispirazione cristiana);

e) i mandati elettivi non potranno, di norma, superare le tre legislature, mentre per quelle di partito sarà limitato a due con aumento della durata per ciascun mandato di partito a tre anni;

f) devono essere previste incompatibilità rigorose tra cariche elettive e incarichi di partito;

g) i Segretari Regionali sono membri di diritto della Direzione Nazionale che dovrà essere ristrutturata con la partecipazione a pieno titolo dei soli membri eletti dal Consiglio Nazionale;

h) il bilancio del partito deve essere predisposto ripartendo gli stanziamenti pubblici per cui almeno il 50% vada ai Comitati regionali che a loro volta dovranno garantire l'autonomia gestionale delle strutture periferiche di partito.

In questo senso l'impegno della D.C. lombarda nel governo regionale si salda con quello più vasto a livello nazionale e si muove nella linea indicata da Zaccagnini quando con forza essa si richiama alla costatazione elementare che una D.C. forte e rinnovata non è problema che riguarda solo i democratici cristiani ma tutti coloro che intendono potenziare la libertà ed il progresso nel nostro Paese.

Intervento Al Comitato Regionale D.C.
come Consigliere Regionale, Milano, 5 febbraio 1977

Signor Presidente, Amici,

prendo immediatamente la parola in questo Comitato Regionale poiché penso che sarebbe un' inutile finzione il ritenere che tutto continua come prima nella scia dei discorsi e delle convergenze di Bruzzano e di Boario.

Mi sia permesso un richiamo che in questo momento assume un non so' che di romantico!

L'avere infatti il Segretario Guzzetti tralasciato (il richiamo era solo a Bruzzano e Boario) lo "spirito di Capriate" è, per certi segni, indicativo di quanto siano illusorie e oramai lontane le speranze di chi intendeva portare nel nostro Partito quel modo diverso di fare politica che, prima ancora, doveva essere il modo diverso dello "stare insieme" rispetto al passato per poter affrontare con lo spirito di una nuova stagione della D.C. la temperie di questo periglioso e complesso, ma tuttavia interessante, tempo politico.

Ed ancora da Capriate: il discorso su Zaccagnini, come "immagine" e garante del superamento dei "cosiddetti capi-storici", nonché delle logiche anacronistiche delle correnti e dei gruppi. Curiosa dimenticanza!

E ' forse perché se ci si rifà a Capriate occorreva dire anche chi c 'era e chi non c'era dato che questo ha delle connessioni con alcuni stanchi giuochi della politica! Come non ricordare il "cliché" abusato del doppio tavolo e del doppio recinto, a scelta! Comunque mi ricordo che c'erano molti amici più o meno illustri; altri significativamente mancavano!

Ma nello "spirito di Capriate" c'erano giovani e coloro che volevano ritornare giovani ed auspicavano il ritorno ad un modo antico di ripristinata solidale convivenza politica della D.C.

Ecco la speranza, l'utopia, ed ecco perché oggi, in questo Comitato, il richiamo a Capriate viene ad assumere un aspetto romantico, almeno per quanto di nobile questo aggettivo significa.

Certo sono poi seguiti altri atti non meno importanti e significativi, che rivisti a distanza di un anno, in questo Comitato Regionale, lasciano una strana sensazione. Ma proprio per la natura e la caratteristica di tali atti questo Comitato Regionale avrebbe dovuto essere, ad un tempo, rendiconto del passato a indicazione di riaffermate tendenze per l'avvenire. Ciò non è stato se non in parte; da qui una sensazione di amarezza!

Sconto in partenza, lo so bene, il giudizio di scarsa serenità ed obiettività che accompagnerebbe il mio dire da qualche tempo a questa parte.

Sconto altresì il fatto che la mia critica abbia taluni toni crepuscolari che mal s'addicono a chi per sua natura era ottimista e credeva, nonostante tutto, nella politica come arte e come scienza e quindi come fatto di razionalità.

Infatti non posso non ammettere quanto ho consentito con quegli autori politici che disquisivano sulla natura complessa della politica ed intorno all'accettazione delle regole del gioco come -diciamo - elemento fondamentale della politica. Ed aggiungo che ritenevo e ritengo che il paradosso, il compromesso, l'ambiguità sono componenti accettabili della politica, perché da questa non scindibili!

Ecco perché tutto pare ritorcersi contro di me in ordine a quanto, per quello che mi riguarda, ho deciso di fare!

Non desidero a questo punto caricare di inutile "patos", e quindi di viva passione, la vicenda passata fino alle mie dimissioni rassegnate alla Direzione Centrale, poiché ritengo, per quel che mi riguarda, concluso un periodo di cui (mi si passi l'avverbio) storicamente sono stato parte, per ritornare alle cose più semplici ed elementari anche se fra queste vi sono da collocare cose che proprio elementari non sono; e cioè un giuoco, quello della politica, con le sue alterne vicende fatte di solidarietà e di aggregazioni, di contrapposizioni necessitanti e quindi di possibili alternanze nella gestione del potere, di paradosso e di quant'altro s'alimenta la vita politica in generale e della D.C. in particolare.

Qualcuno potrà aggiungere alle inespresse componenti di questo giuoco la linea politica. E' a dire: con quale linea politica e su quali temi più peculiari si stabiliranno le opportune differenziazioni?

E che importanza riveste la domanda dopo che siamo arrivati a questo punto?

Non vorrei apparire uno scettico, tanto più che uno come me, definitosi da sempre tradizionalista, che crede dogmaticamente nella Verità e quindi in un fine trascendente con quel che ne discende per i comportamenti societari, e, per quanto riguarda il "temporale" da buon conservatore fa propria la teoria che le istituzioni pubbliche vanno considerate come un modo di organizzazione della società per un giusto progresso dei cittadini e per assicurare ad essi nel miglior modo possibile la "pubblica felicità".

Dopo queste divagazioni in premessa ritengo di non collocarmi ulteriormente all'insegna del passato e non eccedere oltre in ricordanze, anche se sarò ·obbligato di seguito a fugaci riferimenti.

Non se ne abbia a male più del necessario il Segretario se giudico che la formulazione dell'o.d.g. di questo Comitato Regionale si colloca - direi banalmente e brutalmente – in quella sorta di massima della politica di casa nostra che fa della continuità di un gruppo un fatto carismatico per realizzare una missione di tipo politico. Infatti al processo di legittimazione del "dono" per realizzare la missione intrapresa s'accompagna la ostentazione di potenza interna, con nuove regole e nuovi modi di controllo e con una dichiarata capacità di continuità. Certo questo è un modo per allargare li "carisma" posto che di "carisma" si tratti.

Il Segretario Regionale infatti ce ne dà esempio e richiama tutti ad attivamente operare; e per l'incalzare dei tempi e degli avvenimenti ci propone imperativi categorici e ci richiede impegni indeclinabili.

Mi corre l'obbligo di dirgli che in questo momento mi sento, con qualche ragione, prigioniero di una sorta di pigrizia.

Intuendo che devo obbedire ad alcuni segni, devo indugiare in ordine alla richiamata "continuità" e formulare pensieri nuovi con il buon senso antico, cosa che significa abbondonare quel tanto di senso comune che ha caratterizzato qualche parte dei miei comportamenti anche se ciò può apparire a taluno paradossale.

E per essere più esplicito dichiaro che considero chiuso come un simpatico "accidente" Boario (e Bruzzano), non per quanto di positivo si fece, ma per l'eterogeneità - rimasta tale- dei compagni di viaggio ed anche perché non mi è dato avvertire le giustificazioni politiche per illusorie solidarietà e quindi non più riproponibile - almeno per me - l'aggregazione di allora. Devo francamente ammettere che non avrei mai voluto avere occasione di dire ciò.

Ma siccome mi riconosco realisticamente libertà di valutazione e dignità di comportamento preferisco d'ora in poi segnare con solidarietà antiche i comportamenti, piuttosto che continuare a fingere di pensare, come orgogliosamente avevo immaginato possibile, di cambiare con la bacchetta magica gli uomini e le cose della politica così come questo Paese continua a mostrarcele.

Prendiamo il discorso delle correnti, Le correnti continuano ad esistere come prima e più di prima, e non solo a Roma, e pertanto è fatale riprendere i giuochi antichi e convenire, nostro malgrado, con l'On. Moro sulla necessità della loro esistenza per un partito composto come la D.C.

Altro che il "rimescolamento delle carte" di Sorrento e lo "scomporre per ricomporre" di Moro del novembre 1968.

Credo che dovremo ricomporci e subito! Questo soprattutto per la "diaspora" dorotea e fanfaniana! Infatti ciò servirà paradossalmente anche alle sinistre interne ed in particolare alla corrente (o gruppo interno) della "BASE", nel segreto intento che avendo necessità di ritagliarsi qualcosa di più valido che non la quotidiana applicazione del modulo leninista della gestione dello scarso potere interno della D.C., ritrovi la capacità di ritornare ad essere all'altezza delle sue migliori tradizioni culturali.

Agli altri amici, che non si riconoscono nei gruppi esistenti, viene il realistico richiamo ad aggregazioni che consentano il riprodursi di una dialettica interna senza della quale la D.C. finisce sulle secche di una attivismo a fini di mera gestione del potere.

Tanto più che tutti nella D.C. ora danno per acquisita la bontà dell'immagine di Zaccagnini e della utilità più generale della sua persona alla Segreteria Politica ; inoltre sono venute meno le arbitrarie collocazioni a destra od a sinistra; come pure altre amenità del linguaggio politico di tempi passati sono un fuor d'opera ; di analisi e soluzioni ai molti irrisolti problemi, ciascuno ha nei propri fardelli "dossier" esaurienti; mancano alcune cose che non dipendono solo da noi (si pensi ad esempio al problema della governabilità del Paese) ma sulle quali si converge ormai largamente dentro e fuori del Partito.

Allora cosa fare? Il discorso che può vedere attenti ciascuno di noi è quello che indicavo nella relazione di Boario: e cioè un discorso di tipo euristico mediante il quale si recuperi l'arte e il metodo di ricercare il "vero" per quanto ciò sia possibile in politica.

Un contributo di tipo nuovo e costruttivo al servizio del Partito al di là di collocazioni in gruppi o in maggioranza e minoranza. Questo mi pare il dato positivo insito anche in questa mia proposta; che si può accettare o rifiutare per le logiche del 'particolare", ma che nell' essenza e riguardo all'interesse generale della D.C. resta pienamente valida.

In conclusione devo aggiungere che quanto sopra non vedo perché non lo si possa fare tutti insieme nella D.C.; anche se personalmente da oggi i suaccennati contributi non dovrò elaborarli primariamente con tutti gli amici della lista n. 1 così come ritenevo a Boario Terme; sarà mio impegno fare analogo sforzo con altri amici (in nuove aggregazioni) qui e altrove, sempre però nel Partito ed al servizio del Partito.

Signor Presidente, Amici,

L'occasione di questo Comitato Regionale, oltre che per le doverose dichiarazioni che ho fatto, mi consente – sia pur breve brevemente- di accennare ad alcuni problemi concreti, l'importanza dei quali è determinata da alcuni principi fondamentali che vi sono sottesi. Mi riferisco all'attuazione dei comprensori e alle ipotesi di regolamento.

Bisogna che il Partito ponga grande attenzione ad alcuni punti di riferimento, diciamo classici, e non attuare la tecnica della doccia scozzese in dipendenza dei mutevoli umori e delle ambigue strategie di tutte le forze politiche. Infatti illusoriamente si crede che in un quadro di generale dispersione dei poteri in un sistema democratico (il nostro ne è l'esempio) e proprio perché si determinano fatalmente le cosiddette "supremazie improprie" o neo centralistiche e quindi le confuse egemonie dei vari livelli di governo, il rimedio sia quello di recuperare qualche "scampolo" di potere. Ricordo a me stesso, ed a tutti che ci sono principi riferiti alle istituzioni, ma soprattutto alle istituzioni democratiche che, starei per dire, hanno valore "metapolitico", rispetto alle forze politiche. Ecco il perché del mio richiamo a tenere fermi alcuni principi come punti di riferimento.

La crisi vera del nostro Paese è discendente dalla non stabilità del governo, quello centrale in primis, a vari livelli e quindi dalla non governabilità che pervade tutto il sistema.

Mi fermo qui, per il breve richiamo ad alcune questioni che in concreto mi premeva porre all'attenzione del Comitato Regionale, auspicando che tali questioni sia pure sommariamente accennate vengano responsabilmente assunte per le realistiche decisioni che si devono prendere.

Atti Consiliari 2010 Regione Lombarda
Intervento sulla proposta di legge costituiva del Parco dei Colli di Bergamo
II Legislatura - Resoconto delle discussioni - Seduta del 30 Giugno 1977

Presidente

La parola al Consigliere Galli.

Galli

Signor Presidente e egregi Colleghi. Vediamo un po' se a quest'ora mi riesce di non essere banale e quindi di non portare in quest'aula motivi di una polemica che continua ad offrire qualche spunto di troppo al mio personale gusto. Orgoglio di Consigliere regionale bergamasco e di operatore della Democrazia Cristiana bergamasca: ecco il motivo conduttore di alcune brevi riflessioni circa l'iniziativa legislativa in discussione. L'ampio e colorito scorcio che si offre alla vista di chi, risalendo dalla pianura e dal denso aggregato metropolitano milanese, si dirige in direzione dell'arco prealpino-orobico, evidenzia immediatamente la semplicità ed al tempo stesso il riuscito accostamento di due suggestive componenti: il borgo medioevale di Bergamo, eccezionalmente sottratto al diffuso destino di tanti centri storici e, ad un tempo, caratterizzato da una individualità ancor oggi immediatamente percepibile. L'accesso al centro storico, meglio ancora una panoramica dall'alto, consentono tuttavia di rilevare le alterne vicende di un assedio urbano che, al di là di vittorie e sconfitte

convegno internazionale sul restauro e la conservazione dei tessili, Como, ottobre 1980

significative, testimonia una seconda realtà con la quale ogni scelta urbanistica deve misurarsi: la presenza di vaste aree urbanizzate ed in espansione, ormai pressoché saldate tra loro, lungo la fascia pedecollinare che dalle propaggini occidentali del Canto Alto presso Villa d'Almé si sviluppano in territorio dei Comuni di Almé, Paladina, Val Brembo e Mozzo, congiungendosi con il tessuto urbano del capoluogo e da qui proseguendo lungo le direttrici Ponteranica, Sorisole e Torre Boldone, Ranica.

La realtà complessa costituita dall'area dei colli di Bergamo, se da un lato ha richiesto e richiede interventi di ordine negativo, quali vincoli e salvaguardia a tutela dei valori paesaggistici e monumentali considerevoli, dall'altro esige di superare una pianificazione urbanistica frammentaria e saltuaria, limitata a stabilire semplicemente determinati livelli di inedificabilità a difesa del .verde, per rivolgersi a scelte innovative in termini di riequilibrio attivo tra zone edificate e zone di integrità ambientale o di ricreatività.

Un tale disegno, in conseguenza del tipo di dimensioni e di interventi che richiede, rende necessaria la creazione di un supporto politico-amministrativo, su scala sovracomunale, improntato non a una dichiarata insufficienza della circoscrizione comunale per i nuovi compiti istituzionali, quanto piuttosto all'esigenza di non limitare ad un ambito territoriale circoscritto, e per tradizione codificato, il dibattito ed il contributo di idee e di impegno che la struttura politico-amministrativa di ogni Ente territoriale locale richiede.

Per "incidens", va detto che in questa ottica il Comune di Bergamo, i Comuni contermini e la Provincia, fin dall'inizio degli anni Sessanta si erano fatti carico di diversamente considerare le proprie esigenze di organizzazione del loro territorio. Infatti, tutti i lavori per la predisposizione del piano regolatore generale di Bergamo, dal punto di vista di una corretta metodologia, sono indicativi di tale volontà. Oltre all'assunzione di misure di salvaguardia nell'accezione tradizionale, occorreva ed occorre, con ogni migliore sollecitudine, procedere alla determinazione di tutte quelle altre misure necessarie a bloccare la degradazione ambientale indotta da incontrollabili interventi, suscettibili di dar luogo - come nel caso di incendi che periodicamente devastano le pendici collinari - a forme di deterioramento gravi e non di facile superamento.

Quindi, nel campo delle iniziative che si propongono di disciplinare ed orientare lo sviluppo urbanistico dell'area considerata, emerge in primo piano il compito affidato al Consorzio di redigere il piano territoriale di coordinamento. Si tratta di demandare l'opera di pianificazione ad un organismo sovramunicipale, qual 'è appunto il Consorzio, in grado di esprimere e vagliare le diverse e più dettagliate esigenze presenti a livello locale, in collaborazione con l'Ente Regione, cui viene attribuita la competenza decisionale e definitiva in materia. Tale procedura stabilisce quindi, con le più ampie garanzie, i presupposti per l'attuazione di una pianificazione sciolta da spinte particolaristiche locali ed al tempo stesso costruita a misura delle oggettive necessità delle comunità insediate nel territorio considerato.

Per altro, ritengo di non indugiare oltre su motivi riflettenti alcune caratteristiche che erano alla base dell'iniziativa legislativa da me presentata con i colleghi Carrara,

Giuliani e Ruffini, stante il fatto che la relazione del collega Consigliere Chiesa, riassumendo il lungo e faticoso "iter" del testo che ci viene sottoposto per l'approvazione, riconosce implicitamente il grande valore ambientale del territorio considerato e la rilevanza dei beni tuttora esistenti, che i livelli del governo locale, talora assecondando lo spirito della norma, ma, spesso anticipandola con intuizioni di qualche interesse in ordine ai contenuti, hanno di fatto salvaguardato.

Questi livelli del governo locale, che per precisa volontà politica si sono dotati anche di aggiornata strumentazione urbanistica, saranno i gestori attenti di questo nuovo Organismo che viene loro offerto, e credo che questa classe dirigente politico-amministrativa, banalmente vituperata, saprà nel suo insieme organizzare come si conviene una complessa realtà territoriale, che vede al centro un esempio di città, mirabile tra le città mirabili di questo nostro Paese.

Voglio infine dire che non è stata la proposta legislativa dei Consiglieri democristiani il fiore all'occhiello da offrire ai fatti associativi locali o ai gruppi, per le opportune benemerenze di un tempo politico alquanto confuso in fatto di riconoscimenti; ma la testimonianza di un buon lavoro svolto fin qui è il pegno più sicuro per l'ulteriore duro lavoro che attende gli amministratori degli Enti locali, i fatti associativi, i cittadini tutti, nell'intento dichiarato di mettere al servizio della regione un'area di inestimabile bellezza che la natura, l'arte, la storia ci hanno consegnato.

omissis.........

Presidente

È aperta la discussione sull'art. 6 e sui relativi emendamenti.

La parola al Consigliere Galli.

Galli

A proposito degli emendamenti all'articolo 6 proposti dal Relatore, devo chiarire la natura di questi emendamenti. Infatti l'articolo 6 del progetto di legge in questione disciplina gli interventi delle zone agricole e assimilate, in quelle a verde privato e in quelle definite come nuclei e centri storici, comprese nel perimetro del parco, per il periodo intercorrente tra la data di entrata in vigore della legge e l'approvazione del piano territoriale del parco. Viene osservato incidentalmente che le misure di salvaguardia, dettate dalla norma in questione, sono già di per sé assai più restrittive di quelle previste dalla stessa legge regionale n. 51, articolo 17, punto 3, per i centri storici, in attesa del piano particolareggiato di attuazione del P.R.G.

Tali misure, stabilisce poi la norma, si applicano nei centri storici solo fino a quando entreranno in vigore gli strumenti urbanistici attuativi (piani particolareggiati e piani di lottizzazione).

Fin qui sta bene! Pur rilevando, così è per la cronaca, il rigore delle misure di salvaguardia, che nell'osservazione del Comune di Bergamo erano definite invece con puntuale attendibilità e articolazione. Tuttavia occorre rilevare che nei piani regolatori dei Comuni compresi nel parco, e in particolare nel P.R.G. di Bergamo, esistono zone soggette a piano particolareggiato, ovvero ad altra normativa speciale di attuazione che sono qualificate come zona agricola o boschiva o di tutela ambientale. Per tali ambiti, il Comune di Bergamo, nella fattispecie ha già provveduto a conferire gli incarichi di progettazione del piano particolareggiato con finalità di tutela paesaggistica e di recupero ambientale e sociale. In base alla norma in discussione, tale iniziativa sarebbe praticamente vanificata, così almeno come era nella prima stesura a cui eravamo pervenuti, in quanto le previsioni del piano particolareggiato, anche dopo la sua approvazione regolare, non potrebbero essere attuate fino alla approvazione del piano territoriale che comunque ad esse si sovrappone. Si perderebbe così - questo è il motivo del dilungarmi nello specificare la portata di questo emendamento - oltre agli impegni e agli sforzi in essere, anche le potenzialità di sperimentazione rispetto all'intero territorio del parco, che agli studi e le elaborazioni in atto consentirebbe di sviluppare entro termini brevi, addirittura entro il corrente anno o i primi mesi del 1978. Questa proposta di emendamento è stata accolta in altra forma dal Relatore e credo che verrà sottoposta in quei termini all'approvazione del Consiglio. Mi premeva di far capire il significato di questo emendamento, che la *Commissione* consiliare del Comune di Bergamo aveva fatto proprio e offerto alla Regione per venire incontro ad alcune esigenze in essere.

Infine, il secondo emendamento, che è stato invece fatto proprio dalla *Commissione* e che verrà incluso nel progetto di legge e sottoposto ad approvazione per essere incluso nella legge, dice che vi sono alcuni ambiti, compresi nel perimetro del parco, per i quali il Comune di Bergamo ha già provveduto a inventariare tutti gli immobili esistenti, predisponendo schede illustrative assai dettagliate per ciascuno di essi, con l'indicazione delle caratteristiche dei valori storico-ambientali presunti e degli interventi ammessi, edificio per edificio. Tale inventario sarà oggetto di una apposita variante alle norme di attuazione del P.R.G. già approvata all'unanimità dalla Commissione consiliare all'uopo costituita, intesa a rendere vincolanti le prescrizioni dell'inventario. Anche in questo caso, appare del tutto assurdo impedire che queste previsioni così dettagliate e rigorose non possano essere attuate una volta che siano regolarmente approvate dalla Regione, e in questo senso il Relatore e gli altri colleghi Consiglieri hanno ritenuto di accettare la proposta.

Quindi, mentre apprezzo e valuto come positivo il fatto che uno degli emendamenti - quello aggiuntivo -, il terzo comma della lettera c, art. 6, sia stato accolto, *mi dolgo* che non sia stato accolto l'altro emendamento che, a motivo del suo contenuto, rappresentava un esempio da seguire per le rimanenti aree dell'istituendo Parco dei Colli di Bergamo e consentiva di verificare un metodo di lavoro ed una normativa con molti segni positivi.

Presidente

Pongo in votazione, per alzata di mano, l'emendamento modificativo.

(Il Consiglio approva).

Lettera dell'On. Mario Pedini,
Ministro per i Beni Culturali e Ambientali
Roma, 1 settembre 1977

Caro Galli,

il documento che mi hai consegnato in occasione della mia visita a Bergamo mi sembra molto valido e costituisce una riflessione sulla quale possiamo trovarci in molti in momenti così delicati per la vita della democrazia italiana.

Mi piace poi la sollecitazione ad una presa di coscienza culturale cui la Democrazia Cristiana deve aprirsi e mi lascia pienamente soddisfatto il collegamento costante tra fatto nazionale e fatto internazionale.

Dimmi se devo provvedere io a diffondere il documento tra gli amici lombardi più vicini o se in queste settimane hai elaborato una sintesi più breve.

Ti ringrazio e colgo l'occasione per porgerti i affettuosi auguri di buon riposo e di vivo impegno per la ripresa di settembre.

Con amicizia

tuo aff.mo   firmato Mario (Mario Pedini)

On. Alberto GALLI
Consigliere Regionale
Via Baschenis, 7 BERGAMO

Risposta all'on. Mario Pedini
Bergamo, 7 settembre 1977

Caro Ministro,

al rientro del periodo delle ferie ho trovato la Tua cortese lettera e Ti sono grato delle gentili, anche se immeritate, espressioni.

Accogliendo il Tuo suggerimento sto provvedendo ad una rielaborazione del documento, anche per renderlo più leggero e breve, ma ritengo che la di là della mia fatica, sia assolutamente importante una presa dei contatti fra gli Amici che hanno una antica comune consonanza di pensieri, senza attendere troppo da Roma.

Avevo sentito parlare di un incontro, fra i Senatori lombardi (esteso agli ex) che ritengono positiva l'azione di Mazzotta alla D.C. di Milano e questo mi sembrava un fatto importante. Si tratta, nelle prossime settimane, di inventare qualcosa a livello lombardo per avviare un processo - non facile- di riaggregazione di quella che è la diaspora dalle posizioni centrali della D.C. in vista delle scadenze future.

Intanto con l'Amico Vitale ed altri noi continuiamo l'azione di opposizione alle espressioni basiste più dure, che, purtroppo, imperversano nella D.C. lombarda.

Con spirito di viva collaborazione e di sincera stima Ti prego di accettare i più deferenti amicali saluti.

Allegato alla Risposta all'on. Mario Pedini

Introduzione

In premessa va assunta come ipotesi di lavoro la constatazione che, come linea di tendenza, il nostro sistema democratico ritrova -paradossalmente- nell'instabilità del governo ai vari livelli il "meglio" della sua capacità di far politica.

Quindi da un'angolazione del servizio alla democrazia si deve ricercare per il nostro sistema istituzionale e anche come riferimento per la società civile, la stabilità del governo, sia al livello centrale come pure alle varie articolazioni del governo locale, anche se ciò non può avvenire a qualsiasi prezzo.

Ciò vale quindi come intendimento a contrastare una tendenza in atto e, a maggior ragione, dovrebbe caratterizzarsi in riferimento al livello del governo centrale stante le gravose e fondamentali responsabilità di guida del Paese e della persistenza di un quadro democratico necessitante di migliori elementi di funzionalità, di produttività e quindi di operatività complessiva.

Quanto sopra premesso è opportuno porre ad una discussione nel Partito, per l'assunzione di corrette determinazioni in punto politico, gli elementi discendenti da una valutazione del quadro interno e internazionale.

E incominciamo dalla società italiana e dalla sua crisi.

CRISI DELLA SOCIETA' ITALIANA

La nostra società, che si dice dei consumi, nella parte cosciente della mentalità collettiva non si riferisce che a ideologie di benessere, fino al punto che la nozione stessa di austerità si trova bollata da ostracismo anche da parte di quei rivoluzionari che dovrebbero sapere quanto costerebbe in lavoro e in "virtù" una rivoluzione autentica.

Il nostro quadro sociale è dunque alla ricerca confusa della propria identità, che si possa correttamente esprimere nella struttura dello stato democratico, garantendogli una ritrovata legittimità. In molti casi infatti essa si è rivelata inadatta a soddisfare le esigenze esposte dal paese reale, ed ha determinato quella che è stata definita "l'espropriazione di responsabilità" della persona umana.

Al centro di questa crisi - che può essere riassunta nella sostanziale inadeguatezza delle esperienze in corso di organizzazione della società civile e dello stato - viene situata la cosiddetta "questione democristiana" intendendo per essa la collocazione del partito all'interno dello schieramento politico e la necessità di revisione del suo assetto interno.

Si tratta di un problema posto in modo errato in quanto almeno in buona parte riflette il malessere che agita il quadro politico del paese e non viceversa. Malessere che risente in larga misura dei complessi e spesso contrastanti influssi determinati da una situazione internazionale quanto mai difficile e delicata e/o per i cambiamenti della società e per la sua evoluzione politica.

LA CRISI POLITICA IN LOMBARDIA

E qui la Lombardia, esposta più di ogni altra regione ai contraccolpi di una crisi economica senza precedenti e con un'opinione pubblica stanca e sfiduciata, è al centro di questa crisi. Ciò è avvenuto perché in essa, da una parte, i mutamenti intercorsi nella società si sono susseguiti più intensamente che altrove e, dall'altra, sono più stridenti i contrasti, più acute le discrasie e cioè le smagliature che la società civile ha al suo interno.

Il voto del 15 giugno ha mostrato inequivocabilmente un avvenuto mutamento della nostra società. O meglio: i mutamenti intervenuti nell'ultimo decennio si sono radicati divenendo situazioni. Ma altri mutamenti già si stanno verificando, e siamo in dovere di tenerne conto.

L'analisi del sistema politico lombardo non può essere sviluppato più in profondità per ragioni di sintesi, ma non possiamo omettere la riflessione su una caratteristica che ha giocato in modo determinante nell'accesso al potere da parte dell'opposizione. Se ben osserviamo si sviluppò, soprattutto da parte dell'opposizione comunista, una opposizione cosiddetta "irresponsabile".

Una opposizione è infatti "frenata", vale a dire è indotta a comportarsi responsabilmente, se sa di poter essere chiamata a rispondere, e a rendere conto di ciò che ha promesso. Ecco perché l'idea di opposizione responsabile deriva all'esperienza di sistemi bipartitici ed è strettamente legata alla effettiva alternativa di potere.

Il partito comunista si è trasformato in forza di governo, in molti enti locali territoriali e la Democrazia Cristiana ha assunto il ruolo di opposizione politica. Il dibattito si è trasferito dal piano delle coalizioni e degli schieramenti a quello dei sistemi, ormai l'alternativa essendo fra pluralismo e collettivismo centralista.

E' solo un'esperienza del cosiddetto accesso periferico al potere?

<u>LA CRISI ECONOMICA</u>

In questa cornice politica, si innesta la situazione economica, che attualmente risente di pesanti spinte recessive. Spinte che si evidenziano in ritmi produttivi depressi, in fattori di produzione inadeguatamente sfruttati, in prezzi in continua lievitazione, in liquidità eccessivamente accentuata che è al tempo stesso causa ed effetto di una paralisi degli investimenti e della tendenza a limitare l'entità del capitale di rischio. I punti di crisi tendono naturalmente ad acuirsi col passare del tempo.

Nel settore industriale, l'attività produttiva nei primi 6 mesi dell'anno in corso ha manifestato una flessione percentuale pii accentuata che in passato. Gli interventi della "Cassa integrazione guadagni" hanno coperto un altissimo numero di ore lavorative.

Ma l'adozione di tale espediente, non ha sostanzialmente modificato le condizioni operative delle imprese, e sono stati frequenti i casi di aziende che hanno programmato o attuato ulteriori sospensioni dell'attività lavorativa. Le attese a breve termine restano pessimistiche.

Sullo stondo della situazione di cui abbiamo cercato di mettere in evidenza i momenti a nostro parere più significativi, nel quadro della perdurante e preoccupante situazione economica si è svolta l'azione del sindacato, che si trova oggi ad un bivio: accentuare la propria politicizzazione, e quindi agire contro il sistema oppure creare nuove intese con altre componenti sociali, aumentando la propria responsabilizzazione nei riguardi delle altre forze interagenti nella società.

Quello che emerge chiaramente su questa materia, di evidente importanza pratica e ideologica, è che le parti sono ancora profondamente divise. Con l'estendersi dei compiti dei sindacati e con la loro conseguente maggiore accentuazione politica, i motivi di dissenso crescono naturalmente all'interno della organizzazione sindacale stessa, e sempre più difficile si rende, assieme alla volonterosa conciliazione delle posizioni, il passaggio alla realizzazione concreta della unità tra le diverse Confederazioni.

Nella passata stagione contrattuale, l'azione sindacale è stata rivolta a tentativi di snaturamento del ruolo dell'imprenditore, che si vorrebbe costretto a mero soggetto di rischio.

Occorre invece difendere ed affermare il ruolo dell'imprenditoria, che ormai pare destinata a ricoprire, secondo alcuni, solo la funzione di battistrada alla instaurazione del sistema collettivista. In tale quadro, occorre dire che è strumentale e artificiosa la contrapposizione che si tenta di creare tra piccola e grande impresa.

Al contrario, come hanno dimostrato i fallimentari tentativi di creare artificialmente industrie nel Sud, la grande impresa si dimostra produttiva soprattutto solo quando si innesta su un tessuto preesistente di piccole e medie imprese. Queste ultime a loro volta, trovano nella grande impresa il loro naturale sbocco produttivo.

Deve essere chiaro che la nostra concezione economica in ordine all'impresa, deve quindi mirare all'integrazione di queste due realtà, entrambe indispensabili per il funzionamento del nostro sistema economico.

Se questa è la realtà, volendo perseguire la costruzione di una società veramente democratica, occorre sempre più energicamente promuovere una decisa e generalizzata partecipazione di tutte le componenti sociali alla formazione della volontà dello Stato nelle sue articolazioni di governo, affinché i cittadini possano iniziare a misurarsi sulle scelte concrete di più immediata rilevanza. E perciò la partecipazione diviene la concreta possibilità della società italiana di avvicinare i "partners" sociali, ed evitare sia l'autogestione utopica e populistica, che il dirigismo burocratico, l'uno come l'altra non potendo portare che ad un ulteriore esplosione di conflittualità.

<u>CETI MEDI E SCELTE POLITICHE</u>

E veniamo al discorso sui ceti medi e sulle scelte politiche.

Non c'è dubbio, che la battaglia decisiva si combatte sul terreno dei ceti medi, come in tutte le crisi vissute dal nostro paese dallo Stato liberale in poi. E quindi va ricordato che è forse l'unico merito storico del fu Partito d'Azione l'aver valutato l'esatta portata del ceto medio, valorizzandone la cultura, anche se fraintendo il ruolo che esso era chiamato a compiere.

L'aspetto paradossale del processo in atto è che i ceti medi, fortemente frustrati da una precedente strategia prevalentemente operaistica e in assenza di una precisa indicazione politica che ne apprezzi il loro ruolo sociale e politico, rischiano di farsi allettare dal pragmatismo messo in atto a loro favore proprio dal Partito Comunista Italiano, che prosegue un tentativo di conquistare l'egemonia politica completa sostenuta da Gramsci. I ceti medi, lo si voglia o no, sia per la loro consistenza numerica, sia per il loro peso predominante nella nostra economia, rappresentano quindi la componente fondamentale del Paese. Il loro disorientamento nasce dal mancato soddisfacimento da parte della classe politica della loro richiesta di una maggiore partecipazione alle scelte fondamentali del Paese.

E' voce comune, che la "fuga a sinistra" dei quadri medi, sia determinata da un loro sostanziale declassamento. Secondo questa analisi, si assiste al declassamento dei ceti medi, che si proletarizzano, e che, per sfuggire a questo destino, si ribellano.

Altri contrappongono ai ceti medi una non meglio precisata "classe emergente", intendendo per essa la parte politicizzata del proletariato affiancata dagli studenti e dagli intellettuali. Solo tale classe sarebbe secondo questa analisi, portatrice di valori di progresso, destinati a soppiantare le strutture dello Stato definito borghese. Ciò nasce infatti da una osservazione parziale delle realtà in atto. Tenuto conto dell'aumento del numero dei "quadri intermedi", questi ultimi hanno un ruolo, un prestigio e -anche- remunerazioni inferiori alla media dei quadri di qualche decina di anni fa; è quasi una conseguenza matematica.

E' lo stesso problema che paradossalmente si trova nell'Università.

Passare attraverso l'università un tempo significava qualche cosa proprio perché gli studenti erano pochi; oggi ciò significa molto meno perché ce ne sono molti! La nostra società, in fondo ancora "elitista"', intende mantenere delle barriere create allo stesso livello. Per le spinte dal basso, il numero dei "quadri intermedi" si è molto ampliato, ma parallelamente il "mondo della direzione" è divenuto via via più inaccessibile.

Noi viviamo in un sistema ove vi è più comunicazione, ma dove le barriere di ordine sociale ed intellettuale sono sempre più seggreganti. Quindi oggi, la classe media rivendica per sé un potere maggiore, e desidera un quadro di riferimento stabile, entro cui esercitare la propria vocazione al pragmatismo. E' certo insieme una "società omogenea", nella cultura e nelle aspirazioni, e che ha messo in pratica un sostanziale interclassismo. E' in conseguenza di questa nuova realtà, che il comunismo, ha affievolito il rapporto con la sua base sociale, il proletariato operaio, ed ha compiuto una fuga in avanti, cercando un'alleanza con i cattolici per nascondere la propria frana ideologica, abilmente celandola con l'efficientismo esasperato di una organizzazione "meticolosa".

L'ITALIA E IL QUADRO INTERNAZIONALE

Prima di affrontare seppur schematicamente il complesso tema del "compromesso storico" e dei rapporti con il partito comunista, va tentato uno sforzo di evidenziare le non trascurabili influenze che il quadro internazionale ha determinato e può determinare sulla politica generale del nostro Paese per una realistica valutazione delle linee di tendenza anche per il nostro partito.

Lacerato dalle tensioni interne, minato da una instabilità ogni giorno più accentuata, quasi si trattasse di una nuova filosofia di vita, che brucia oggi sul fuoco dell'intolleranza quelli che solo ieri erano modelli di comportamento, il nostro Paese sembra -in fatto- aver dimenticato di appartenere alla comunità degli stati. In altre parole, sembra che l'Italia, per una forma di "appiattimento" politico, abbia perso la propria dimensione internazionale. Dei grandi fermenti che agitano il quadro mondiale, giunge nel nostro paese solo quella che potremo definire una sorta di "ondata emozionale".

Ogni avvenimento che coinvolga gli Stati esteri, viene cioè vissuto come fatto emotivo, significante per un contesto che non è quello originale o come accadimento strumentale rispetto a situazioni interne che si intende enfatizzare.

La complessità della situazione, dominata dall'incertezza e dalla contraddittorietà, non sottolinea che un aspetto per noi determinante: l'importanza degli influssi esterni sul mantenimento della libertà nel nostro paese.

Ancora una volta terra di lotta per la supremazia mediterranea, oppure carta di scambio con il blocco orientale, l'Italia perderebbe per sempre la sua indipendenza, in modo certo non indolore. E quindi il discorso è sull'ancoraggio europeo nella solidarietà occidentale. Per evitare tutto questo, il nostro partito deve farsi promotore di un approfondito pensamento della nostra posizione internazionale e di comportamenti realistici, che convinca in primo luogo gli Stati Uniti della necessità di considerare ancora fondamentale la posizione dell'Italia nel quadro della alleanza atlantica.

Seguendo questa direttiva e le logiche che ne derivano, l'Europa non diviene solamente il richiamo di una vocazione, quanto necessità legata alla sopravvivenza del sistema, anche se oggi purtroppo l'Italia, proprio per l'instabilità del suo quadro politico, pare si stia allontanando dai confini della Comunità Economica Europea. "Gli ultimi anni - ha dichiarato Ortolì - hanno segnato un regresso non soltanto dell'indipendenza dell'Europa, ma anche delle sue possibilità di indipendenza". Infatti anche l'attenuarsi del legame atlantico dell'Europa comunitaria, ha rappresentato in questi anni l'altra faccia dell'immobilismo interno. A ciò si è accompagnata una evoluzione dei rapporti interni, secondo una linea di rafforzamento della Germania Federale - divenuta non solo il perno economico, ma soprattutto politico della Comunità e dell'alleanza atlantica grazie anche al progressivo abbandono da parte della Francia delle ambizioni golliste e di emarginazione crescente dei paesi periferici, compreso il nostro.

Si tratta di questioni più importanti di quanto non sembrino. Se questo processo di neutralizzazione dovesse continuare oltre il previsto che cosa rimarrebbe della Conferenza di Helsinki e di Belgrado? E che cosa rimarrebbe di questa divisione rispettosa almeno dei territori dei grandi blocchi nei quali esercitano la loro influenza USA e URSS?

La prima conseguenza di questo sarebbe un rafforzamento sicuro della Germania Occidentale e la costituzione di un asse Bonn-Washington il quale determinerebbe il collocamento dell'Italia su posizioni marginali, perché il nostro paese, se pure al centro di delicati equilibri, non rappresenterebbe a quel punto un elemento di una qualche tranquillità.

E qui il discorso ritorna ai motivi dell'Europa; all'Europa della grande stagione degasperiana. "L'Europa, si era domandato il grande poeta francese Valery nel 1919 - all'indomani della prima cocente delusione della civiltà europea -, diventerà il promontorio del continente asiatico, come è nella realtà geografica, o tornerà ad essere quello che è nella realtà spirituale, la parte preziosa dell'universo, perla di una sfera, la mente di un vasto corpo?" Interrogativo di drammatica urgenza oggi.

Come l'insterilimento dei grandi fermenti europei, dopo le delusioni di Copenaghen, dopo l'instaurarsi di una Europa contrattuale, oggi per inerzia faticosamente giustapposta attorno alla ragnatela dei regolamenti e degli accordi commerciali. I vari miracoli della ripresa economica verificatasi un po' dappertutto intorno agli anni '50 - '60 e il diffondersi di una crisi generalizzata nel decennio successivo, hanno suscitato la riapparizione delle storiche rivalità, delle vecchie ambizioni di "leadership", dei soliti egoismi particolari; insomma non è rinato il particolare concerto europeo, tema affascinante certo, di un passato millenario che ha creato man mano la ricchezza culturale dell'occidente.

Poiché la grande crisi monetaria e industriale ha messo ancora una volta in luce quanto invece dovrebbe contare l'ancoraggio europeo per una nazione che rischia altrimenti di veleggiare verso le sponde nord-africane o mediterranee tanto paventate da Gobetti e recentemente ricordate anche da acuti commentatori politici, si può ben dire che la prospettiva europea è di capitale importanza nell'attuale momento politico e rappresenta una garanzia reale di appartenenza all'orbita occidentale.

Infatti nell'appuntamento diplomatico, l'Europa si era posta, indipendentemente dai risultati raggiunti, come "blocco" nei riguardi sia del mondo orientale, che dell'occidente, l'oltre atlantico.

Permanere in questo blocco, e, per ragioni più generali, nel sistema articolato dell'alleanza atlantica vuole evitare quanto meno che si applichi anche nel paese l'amaro commento di Solgenitzin alla chiusura dei lavori della Conferenza di Helsinki.

Facciamo sì che l "ossequio funebre dell'Europa all'Est" con l'evidente allusione alle speranze di libertà in quei paesi, non s'attagli analogicamente anche per noi a motivo del nostro partecipare fuori da un contesto internazionale che fin qui ci ha consentito di mantenere un quadro di concrete libertà politiche. Se questo è il quadro offertoci dalla situazione internazionale occorre che l'Italia tenga conto con il necessario realismo, - quindi senza ambiguità - di quanto sia opportuno che il contesto interno possa continuare a rappresentare le caratteristiche principali che lo hanno sinora annoverato "partner" del sistema occidentale.

IL COMPROMESSO STORICO E L'EGEMONIA DEL PCI

Delineati alcuni elementi necessariamente sintetici e parziali del quadro politico interno ed internazionale il discorso deve ritornare ad un elemento fondamentale del dibattito politico di questi anni, cioè al tema del "compromesso storico" e della paventata egemonia del Partito Comunista Italiano. Anche per questo non secondario aspetto, il carattere del "compromesso storico" appare, - si consenta, il paradosso e se si vuole anche un certo intento provocatorio, - come un'operazione alquanto reazionaria, la quale non medierebbe tra due grandi forze popolari, quella ad ispirazione marxista e quella ad ispirazione cattolica, ma verrebbe ad assumere i caratteri di un accordo tra classe dirigente tradizionale e il partito comunista.

Si proporrebbe per la terza volta nella vita politica italiana di questo secolo, il medesimo meccanismo: quello di assorbire le opposizioni al sistema, creando un "regime" (cioè arrestando la mobilità del quadro sociale) in contrapposizione al movimento politico che ne costituisce il supporto. Certo la soluzione più semplice, più conforme alla tradizione, simile a quella messa in atto dalla classe dirigente nel 1922 prima, e nel 1925 poi: costituzionalizzare il fascismo, rinsanguarsi cioè essa col fascismo, ma nello stesso tempo svirilizzarlo e privarlo della sua carica eversiva e anti-costituzionale. Il vecchio giuoco riuscito precedentemente allo stato liberale, quando aveva costituzionalizzato i repubblicani e un'ala del socialismo.

Questo spiega il perché da parte della nostra classe politica si teme la cosiddetta "crisi al buio". Tra tale crisi, che in una misura o nell'altra comprometterebbe irreversibilmente le sue posizioni politiche ed economiche ed il comunismo berlingueriano, alcuni preoccupati soprattutto di salvaguardare le loro attuali posizioni e di conseguenza le strutture portanti del sistema tradizionale che ormai non sono più in grado di difenderli contro l'attacco che viene loro rivolto dagli altri settori della società italiana, sono portati a scegliere il comunismo. Per coloro che caldeggiano tale operazione, il comunismo dovrebbe soprattutto "rivitalizzare" il sistema per combattere l'attuale immobilismo strisciante.

Per avallare l'immagine di partito propulsivo, oltre all'apparenza politica dell'ordine, del resto viziata da pesanti ambiguità (come i rapporti non chiariti con le forze extraparlamentari) che si accompagnano alle contraddizioni di fondo sull'assetto internazionale, sul rispetto della democrazia istituzionale e del pluralismo, il Partito comunista italiano dopo il 20 giugno, forte del proprio successo elettorale, continua in una strategia che punta ad affermare, in modo indolore, una sostanziale egemonia. Ma è strategia che, dietro la facciata di una sorta di solidarismo di emergenza, pone le basi per il dissolversi della vitale dialettica democratica, per aprire la via ad un confuso e trasformistico assemblearismo. Assemblearismo generatore di una più accentuata paralisi della iniziativa politica in campo economico e sociale, di nuove tensioni particolaristiche e corporative: un'occasione non trascurabile per un salto di struttura. Si tratta di un modulo tattico caratteristico di quell'abile neotogliattismo, simile a quello che riuscì a salvare il Partito Comunista italiano dall'isolamento dopo il 1948. Ed a questo punto va chiaramente affermata la diversità della Democrazia cristiana dal Partito Comunista italiano da principi, da ideali e da obiettivi finali profondamente divergenti e contrapposti.

IL RUOLO DELLA D.C.

La Democrazia cristiana rivendica il diritto ad una sua specifica presenza nella società italiana ed intende riproporre i valori peculiari della sua visione cristiana dell'uomo e della società in un rinnovato spirito di servizio per ulteriori livelli di civile progresso. E quando si chiede quali valori politici esprima e difenda la Democrazia Cristiana, si risponde che la caratterizza una fiduciosa ed intransigente difesa della libertà; che qualifica ancora la D.C., malgrado le debolezze della sua classe dirigente, la volontà di promozione di una politica di più giusti assetti della società; ma che qualifica soprattutto la D.C. il considerare i valori della giustizia e della libertà nella loro globalità e nella loro indissolubilità. Se vi sono contenuti che non si possono considerare merci di scambio, questi sono sicuramente riferibili alle libertà. E' d'attualità più che mai dire che la D. C. è il partito che difende solo la libertà religiosa, anche se va considerata per la coscienza religiosa dei suoi iscritti tale libertà un bene importante; conosciamo infatti come essa sia gracile e di breve durata dove manchino le altre libertà. Ciò non comporta discriminazioni o crociate ideologiche, ma la coscienza che essere diversi richiede l'assunzione di ruoli differenti, anche se, talvolta, complementari. Prima di combattere sul piano dell'ideologia in nome di un integrismo, chiuso e inefficace, occorre uscire, farsi avanti prima degli altri sul loro stesso terreno, pur seguendo una propria posizione di principio. Questo è il solo "confronto" accettabile!

E questa deve essere la Democrazia Cristiana che deve riaprire un colloquio con il mondo dei lavoratori e con la società tutta e non l'altra democrazia cristiana camaleontica, equivoca e frustrata, divisa e lottizzata dalla correntocrazia risorgente, volta a rincorrere con la ambiguità e il non governo il dissenso, il falso progressismo e il populismo imperante. I temi di incontro tra noi, e con le forze sociali non mancano; anche qui passando per il netto rifiuto di ogni astrattezza, respingendo tentazioni messianiche di nuovi quanto generici "modelli di sviluppo", di grandi riforme che non si concretizzano perché viziate da pregiudiziali politiche e ideologiche; perseguendo invece, una sana e realistica azione riformatrice, pragmaticamente intesa come sviluppo concertato della situazione e della realtà socio-economica del paese. E' altresì inderogabile, un rinnovamento profondo delle nostre strutture politiche, capaci veramente di rappresentare in modo diretto ed incisivo le forze vive della società che in qualche modo si riconoscono nella battaglia ideale e politica dei cattolici.

Una strategia nuova che accettando l'eventuale alternanza al potere una volta esaurita davvero - cosa che forse ancora non è - la sua funzione storica, garantisca alla Democrazia Cristiana il ruolo di partito che si articola nella società e con questa ricerca un rapporto anche provocatorio in proporzione del suo ruolo e non solo in funzione meccanica di "garanzia democratica".

IL P.S.I. E L'AREA LAICA PER L'ALTERNATIVA DEMOCRATICA

In questa nuova strategia viene ad essere fondamentale l'esigenza di aggregare attorno al Partito Socialista Italiano un nucleo intermedio di forze politiche: le forze cioè della cosiddetta area laica socialista. Ed inoltre: realismo politico vuole che il ruolo del Partito Socialista Italiano vada visto in modo diverso da quello che da noi è stato immaginato fin qui, ci faccia comodo o meno. Perché il discorso del PSI e di un nucleo liberal-democratico intorno ad esso è un discorso della democrazia italiana ed, al limite, è il vero discorso della alternativa democratica alla stessa Democrazia Cristiana; senza della quale alternativa, non ci può essere respiro per la democrazia italiana e alla fine noi e le altre forze politiche finiremmo per cadere fatalmente o nel "compromesso storico" o nella egemonia del Partito Comunista Italiano. E' difficile dire ai nostri amici che hanno a che fare con i vaniloqui dei socialisti nostrani e con il radicalismo degli stessi-proprio della loro derivazione borghese - che occorre preferire la collaborazione con questi uomini invece che quella con gli uomini "popolari" del partito comunista; è difficile dire queste cose! Ma quando mai è stato facile fare politica! La prospettiva dura di un lavoro di ripensamento al nostro interno, su cose che rispondono al nostro intimo modo di sentire, è tutt'altro che lusinghiera!

La democrazia italiana ha bisogno di questa prova di coraggio da parte dei democratici cristiani; di pensare cioè all'alternativa di se stessi, che deve essere alternativa democratica; altrimenti, è ovvio, la fine della democrazia nel nostro paese è segnata.

Pensare in questi termini richiede coraggio!

Per il grande partito dei cattolici democratici la fine verrà se non saremo capaci di essere accorti politici e di cogliere il segno dei tempi.

In questo momento, va posto ancora e nonostante ulteriori difficoltà come elemento riflessione il fatto positivo del formarsi di un'area laica e socialista autonoma rispetto alla D.C..

Dopo il 15 giugno d'altra parte, è capitato in tutte le nostre provincie, che proprio quell'area sia stata soggetta a più "acuti" ripensamenti, anche a giudicare del come si sono formate alcune giunte.

L'accentuato frazionismo dell'area intermedia fra Democrazia Cristiana e Partito Comunista rende ancora più complicata la politica nel nostro Paese. E' auspicabile che dette forze politiche trovino nuove forme aggregative. Si ha motivo di ritenere che l'opinione pubblica italiana e la cultura del nostro paese, sia pure con le contraddizioni ancora in grande misura proprie della tradizione laica, accoglierebbero favorevolmente il senso di questa aggregazione, ma occorre che anzitutto si esprimano su questa proposta le due più grandi formazioni politiche.

I CATTOLICI E UN COMUNE PROGETTO DI SOCIETA'

Ed ora il discorso deve rivolgersi proprio mentre parliamo di "confronto", ed auspichiamo aggregazioni e, quindi, ipotizziamo la stessa alternativa democratica alla Democrazia Cristiana ai cattolici, per un progetto di società. Noi infatti non possiamo andare avanti ulteriormente senza idee e mantenere un ruolo che abbia e che non è ancora esaurito, come ci confermano le diagnosi dei più acuti commentatori politici.

Questo ruolo non essendo esaurito esige allora il nostro discorso.

Per gestire i cambiamenti in atto nella nostra società, la D.C. deve risolvere il problema della propria identità, della propria struttura e della propria collaborazione. Infatti il nostre Partito rischia di vedere liquidata la propria esperienza politica, che è un patrimonio non solo dei militanti ma di tutto il movimento cattolico democratico; e non potrà togliersi da questa situazione di possibile asfissia né con lo scontro frontale, né con il "compromesso storico" che, di fatto, è estraneo alla nostra sensibilità democratica e che sarebbe egemonizzato da altro partito e da altra cultura e che ci vedrebbe dissolvere nella impotenza. Dopo il "referendum" sul divorzio, che ha galvanizzato le forze laiciste, i democratici cristiani vivono la stagione delle "grandi paure"; il distacco ormai irreversibile delle organizzazioni collaterali che ne costituivano il naturale supporto ideologico oltreché elettorale; il metodico attacco subito dalla grande stampa ormai attestata su posizioni radicali; la crisi dell'ordine pubblico e talvolta persino la prevaricazione fisica verso gli appartenenti al partito.

Queste considerazioni relative al partito valgono anche per il mondo cattolico che ha soprattutto due condizioni da esigere nei confronti del sistema politico: quella di una vera coerenza democratica di tutte le forze politiche in modo che la pluralità di opzioni, che a questo riguardo il mondo cattolico ha ormai acquisito, respinga strategie dubbie e confermi la libertà, e quella di un rinnovamento politico dei cattolici-democratici.

L'esperienza cristiana non può essere relegata a momento intimistico ed offrire spazio all'unità dei cattolici solo come fatto occasionale; essa deve favorire una linea di vero consenso civile. Ma porre questo problema di una "intesa" fra le forze di ispirazione cristiana significa creare un punto di riferimento per una nuova aggregazione nel partito, dove hanno da essere idee e linee politiche a mobilitare i militanti e gli elettori.

Occorre assumere una nuova coscienza del ruolo da svolgere nelle istituzioni democratiche e nei loro momenti.

La Democrazia Cristiana deve imboccare una nuova via, caratterizzata da un più diffuso concetto di pluralismo e partecipazione che la veda attivamente impegnata. Non si tratta quindi di un tentativo di recupero dei consensi elettorali sulla base di un ricostituito "blocco cattolico", storicamente superato e concettualmente improponibile, ma un'esperienza che rinunciando alla pretesa di rappresentare l'intera "cattolicità italiana" intenda configurarsi sul piano politico, accentuando la propria capacità di testimonianza dei valori cristiani, espressa mediante la tensione all'unità delle forze di sincera ispirazione cristiana e il superamento del dualismo tra azione politica e visione del mondo e ciò con molto rispetto dei movimenti e di talune espressioni che vogliono introdurre certamente motivi di rigenerazione all'interno del partito.

Invitiamo gli amici di "Comunione e Liberazione" e dei vari movimenti, tutti certamente importanti nel quadro delle varie forze ad ispirazione cristiana, perché riflettano su questo dualismo che come Democrazia Cristiana abbiamo - in fatto - superato.

Certo la Democrazia Cristiana ha superato tale dualismo in modo non sempre esemplare, come è dimostrato da molti comportamenti di questi anni! L'invito è quindi affinché tutti assieme, in uno sforzo di ripensamento di questa presenza nella società da parte delle forze di ispirazione cristiana, si pervenga al superamento di questa diversa visione delle istituzioni e dell'esercizio del potere nella società civile in quanto servizio dei propri fratelli e tendenza verso più giusti assetti della società. L'invito deve essere nel senso di valutare opportunamente la caratteristica di un impegno civile in una società moderna come storicamente e sia pur con molti errori la Democrazia Cristiana ha dimostrato di essere capace di fare.

Allora nel rapporto tra il partito e le forze che in esso confluiscono diverrà importante valorizzare i contributi provenienti da parte delle comunità cristiane, anche qualora queste esprimano motivi profetici e formulino linee di tendenza più che "progetti" sociali sicuramente definiti, e malgrado tali comunità non abbiano ancora chiaro il senso dello Stato.

In questo quadro è preziosa la funzione di mediazione che il partito è chiamato a svolgere, per portare avanti un'azione di elaborazione ed approfondimento dei problemi emergenti. A questo fine diventa un'esigenza improrogabile il delineare un "progetto" di società che non si configuri come un'utopica "terza via" alla costruzione della società stessa tra il liberalismo e il marxismo, ma che rappresenti le proposte operative delle forze che non si riconoscono in questi blocchi storici per la soluzione dei principali problemi che caratterizzano il momento presente. E quindi diventa chiaro il modello nostro di una società in cui una democrazia diventa veramente partecipativa e si pone quindi come vera e autentica democrazia.

In questa linea è importante svolgere un'azione di raccordo e confronto in tutte le sedi, -istituzionali e non - fra tutte le componenti che si richiamano esplicitamente all'ispirazione cristiana, per un'opportuna traduzione, in termini di presenza sociale aggregante, delle indicazioni che i "fermenti" nel mondo cattolico pongono al partito, al fine di garantire la salvaguardia dei valori cristiani.

NUOVA "INIZIATIVA DEMOCRATICA"

Su questi temi occorre assumere una iniziativa precisa anche alla periferia, per fare della nuova prospettiva politica, quale quella indicata, non un fatto accademico, ma un momento di ricostruzione del partito, perciò di battaglia ideale che inneschi di fatto meccanismi nuovi rispetto alle correnti. Queste ultime, del resto, da tutti aborrite a parole, possono essere superate in un solo modo: se la periferia decide di non riconoscerle più come canale di comunicazione nel partito, assumendo rapporti orizzontali, su linee politiche e su problemi di struttura, a livello degli stessi comitati provinciali e regionali, dando il via di fatto ad un nuovo modo di essere una forza politica in questa fase di emergenza.

Tutto questo senza perdere di vista l'esigenza, propria anche dei tempi normali, di un più stretto collegamento tra centro e periferia.

Un partito che è e vuole essere nazionale, per essere autonomista nel paese, deve recepire anche nella sua struttura l'importanza dei fatti locali, che pure non sono più soltanto tali, e nel loro insieme, sono la premessa della costruzione di una linea di politica nazionale.

Sui contenuti di questa linea, accanto ai più generali contenuti di politica interna e internazionale, noi ci giochiamo la nostra capacità di essere il vero e moderno partito delle autonomie. Va ribadita che la programmazione sociale ed economica, la pianificazione territoriale, la politica del territorio e il suo riassetto globale ed equilibrato sono le componenti di un'unica qualificazione e sintesi politica rivolta ad obiettivi di sviluppo civile e sociale; che vi è uno stretto collegamento tra politica economica, politica sociale, politica territoriale e il rinnovamento delle istituzioni e dei loro rapporti; che a tal fine è necessario instaurare un nuovo metodo di partecipazione e collaborazione concreta fra Stato, Regione, Provincie, Comuni secondo procedure istituzionalizzate, continue e chiaramente definite nella modalità e nei tempi.

La programmazione deve essere "partecipata" a tutti i livelli, ma nel contempo la sintesi finale e l'approvazione delle scelte ai vari livelli di governo toccano agli organi politici responsabili a cui spettano peraltro le decisioni proprie del loro livello sempreché non coinvolgano competenze di livello superiore. A questo proposito va affermato con estrema franchezza, che per un corretto funzionamento del nostro sistema pluralistico e autenticamente democratico, siamo per una partecipazione reale e concreta; non fasulla, caotica e quindi paralizzante; è una sorta di "ideologia partecipazionista" quella che sta investendo la nostra società e le gracili istituzioni democratiche del paese. E' stato detto che non è più possibile governare al centro, se non si tiene conto di questa realtà che con le regioni a statuto ordinario si è mossa con una accelerazione imprevedibile.

Nel potere locale si ravvisa ormai il corretto strumento di formazione del potere politico, come diceva Zampetti sempre a Gardone Riviera.

La linea di politica autonomistica che abbiamo proposto e che ribadiamo, porterà ad un rinnovato vigore e dinamismo nelle articolazioni dello Stato e nei suoi momenti istituzionali e quindi i livelli del governo locale - le nuove unità previste - dalle più piccole alle più grandi, saranno sottese da uno spirito che costituirà il tessuto connettivo di una società veramente nuova e dal volto più umano. Tutti i partiti democratici avvertono, ma in particolare il nostro, che è per antonomasia il partito delle autonomie, non può non avvertire il richiamo di questo impegno politico, tenendo presente che su questi motivi più che su altri si ritroveranno le energie sopite e l'intera collaborazione della comunità.

Questa è la dura e lunga marcia nelle istituzioni democratiche che la Democrazia Cristiana, ha iniziato e che, ritiene si debba riproporre come vero antidoto a quella tendenza alienante propria di una società consumistica ed edonistica come la nostra.

IMPEGNO PER I GIOVANI E LA CONDIZIONE FEMMINILE

Parlando di dura marcia attraverso le istituzioni non si può non accennare al contributo che i giovani possono dare per rendere più spedito il cammino. Ma il discorso con i giovani deve essere fatto in modo diverso da come è stato fin qui. Innanzitutto ai giovani va ricordato che la condizione giovanile non è un privilegio e che tale condizione è un mito caduco della condizione umana: il mito cioè dell'età in cui si crede di essere felici. La battaglia per la libertà, per le sue caratteristiche, rifugge da questo spirito giovanilistico.

Si tratta invero di una dura e faticosa conquista! E' più facile innalzare inni alla libertà e in nome di essa pensare che solo da una trasformazione palingenetica della società e dalla sua catarsi noi avremo una società veramente libera e giusta! Queste sono suggestioni che hanno niente in comune con la democrazia e la libertà.

La nostra generazione e le precedenti hanno provato cosa ha voluto dire conquistare la libertà e difenderla giorno per giorno, e quindi è su questo tipo di impegno che noi aspettiamo i giovani.

Il confronto con i giovani, è un confronto alla pari, sulle cose che contano, cioè un confronto su quanto in politica è frutto del pensiero umano e quindi non abbisogna di contrapposizioni che non conoscono età e miti generazionali. La capacità quindi di confrontarsi sulle idee deve essere titolo di merito più che l'appartenenza ad una generazione.

Il discorso sulle istituzioni di libertà e sulla loro salvaguardia e anche per essi un discorso sul quale valga la pena di impegnarsi. E' un discorso questo che quale vale anche per le donne; e vale anche nel rifiutare quelle deformazioni di una condizione femminile così come venute storicamente manifestandosi. Al di là dei vaniloqui isterici delle femministe e in una società che di fatto si è emancipata e che non ha più barriere fra i sessi, occorre essere capaci di una presenza che faccia giustizia di taluni modi di pensare che hanno reso difficile l'inserimento della donna in tutti i settori e nell'impegno globale che la politica richiede.

IL RINNOVAMENTO DEL PARTITO

Ecco che a questo punto s'inserisce il momento organizzativo, il quale deve ridare al partito la sua insostituibile funzione di naturale tramite tra la società e le istituzioni democratiche.

L'art. 49 della Costituzione, del nostro Paese, vale per tutti; vale per le forze sociali che sono collocate, mi pare giustamente, agli artt. 34 e seguenti della Costituzione in quanto momenti associativi fondamentali.

Ma i partiti hanno dall'art. 49 riconosciuta la fondamentale funzione di tramite necessario tra la società nel suo insieme e le istituzioni statuali.

Questo è il significato della nostra Costituzione e questa è la funzione costituzionale dei partiti al di là di ogni critica qualunquistica alla loro presunta incapacità di essere gestori della vicenda politica e di essere i qualificati responsabili. Proprio per rispondere in termini nuovi e responsabili a tali esigenze occorre adeguare le norme che presiedono alla svolgimento della vita del Partito.

Si tratta in primo luogo, di formulare un nuovo statuto, rifiutando le modifiche parziali.

Ed ecco una conclusione: Rousseau diceva che gli inglesi si illudono di essere liberi o sono liberi fino al momento in cui votano; dopo il voto non sono più liberi! E' una verità che sembra abbia del paradossale!

Ed allora il discorso si pone in ordine allo sforzo di integrare i "momenti", di "democrazia formale" per tendere, ad una "democrazia" sostanziale.

Forse una società partecipativa, e cioè un'autentica mobilitazione democratica della società civile, è la sola risposta, in termini propri del '77, allo scetticismo del grande filosofo. Si tratta di uno sforzo culturale di grande impegno!

Soprattutto dopo le elezioni del 20 giugno 1976 il discorso sugli spazi di libertà e su questa strategia partecipazionista ci rende pienamente responsabili in ordine a questo tipo di società che risponde alla nostra ispirazione cristiana perché in essa si esalta la persona umana; che è cristiana perché si rifà ai valori dell'umanesimo cristiano.

E' la strada delle libertà e di una democrazia autenticamente popolare che fa propria una ideologia di partecipazione e di questa riempie gli spazi di libertà di questo nostro tempo assetato di libertà sostanziali e di azioni riformatrici.

Ecco alcune modeste idee agli amici perché evitino di ripetere gli errori del passato. E sulle idee infatti che si ha il diritto di proporre naturali e logiche aggregazioni.

Atti Consiliari Regione Lombarda
Intervento sulla proposta di legge di costituzione delle I.P.A.B., II Legislatura - Resoconto delle discussioni - seduta del 15 Dicembre 1977

Presidente

La parola al Consigliere Galli.

Galli

Signor Presidente e signori Consiglieri. Nel prendere la parola in sede di discussione sul progetto di legge al nostro esame, ho l'obbligo di dichiarare innanzitutto che mi atterrò alla disciplina di gruppo e voterò a favore del progetto di legge in questione. Questo mi consente di sottolineare, come già fatto con altri Colleghi in III Commissione nel tentativo di migliorare i testi dei progetti di legge della Giunta n. 232 e 234 sottoposti alla comune attenzione, come tali progetti di legge si sono dimostrati, con la loro fretta ed una sottesa carica di diffidenza del tutto simili al prodotto di quei tardo-epigoni della municipalità provvisoria che, in nome del popolo "cosiddetto sovrano", all'indomani dell'ammainabandiera della Repubblica Veneta, e quindi della presa in possesso completa della città ed in nome del Console Napoleone Bonaparte, nell'intento di adeguarsi al nuovo corso, si affrettarono a sopprimere come incostituzionale il Consorzio della Misericordia Maggiore di Bergamo.

A ben guardare, anche noi oggi, assumendo in tutta la sua pregnanza il cosiddetto "effetto 616" in questa materia non siamo dissimili e semmai con minori giustificazioni, da quei *sanculotti*, del tempo storico ricordato, che avevano la preoccupazione di piantare la bandierina o l'albero della libertà, che è la stessa cosa, della urgenza e del tributo ad una supposta esigenza di razionalizzazione del sistema di Istituzioni di assistenza e beneficenza pubblica.

Chiedo scusa se da alcune reminiscenze di storia patria me n'è venuto il destro per impertinenti accostamenti. Ma tutta la vicenda mi ha personalmente amareggiato, poiché la ragion politica e il "Nuovo Principe", con ciò riferendomi ad un vasto accordo interpartitico e a quella sorta di istinto delle combinazioni non nuovo come categoria sociologica nella storia della vicenda della classe dirigente politica del Paese, così hanno voluto.

A mio avviso, ripeto, questa vicenda, esigeva una qualche maggiore ponderazione, stante la natura dei delicati e complessi interessi in gioco e i tempi a nostra disposizione riguardanti appunto il D.P.R. 616. Ma poiché questo non è avvenuto, credo di impormi il richiamo, mercé il tributo come ho dianzi ricordato al voto favorevole, ad altre reminiscenze che io qui voglio ricordare.

Mi sia prima consentito di parafrasare un aforisma di Albert Camus, il quale diceva: "È comodo sfruttare una formula piuttosto che una sfumatura". Mi domando più volte, e soprattutto assistendo alle vicende politiche in quest'aula e nelle Commissioni, se oggi la relatività della vicenda politica non sia diventata una "formula ", e i Valori

Premio S. Ambroeus, Milano, novembre 1980

che ciascuno di noi assume non siano una "sfumatura". La travagliata elaborazione di questi progetti di legge mi ha reso convinto che ad una "sfumatura", che mi consente un giusto distinguo dai Colleghi di altre parti politiche, devo un tributo di testimonianza; che questa sfumatura peraltro poi si sia legata alla cosiddetta "scommessa" dI Blaise Pascal, mi rende ancor più convinto del tributo da rendere in questa sede.

E continuando nelle reminiscenze, in ciò tento di commuovermi o meglio di muovermi con altri qui, ma soprattutto fuori di qui, a considerare i valori della storia e della tradizione millenaria dei cattolici e di un popolo che dalla fede cristiana e dalla carità ha tratto ispirazione e motivi ricorrenti per onorare Dio ed aiutare i fratelli. "Dal Libro Divino, su cui l'occhio non si posa e che il labbro non ripete senza che lo spirito si esalti" - sono parole del Sac. Don Angelo Roncalli - "ci viene dall'Ecclesiastico un inno commovente e sublime ai padri antichi ed insigni del popolo eletto". "Lodiamo, canta il Libro Santo, lodiamo gli uomini gloriosi, i nostri maggiori da cui discendemmo. Di molta gloria per essi si è circondato il Signore nella sua magnificenza, che è eterna. Uomini, cui la grandezza del valore e della prudenza elevò al governo del popolo, e rivestiti della profetica dignità, a questa recarono lustro e splendore; uomini, che ressero con forza e con saggezza le genti loro, fatti maestri ai sudditi da santissime leggi; amanti del decoro del Santuario, essi volsero l'ingegno alla ricerca di arcane melodie, e fecero risuonare il Tempio dei cantici scritturali; uomini ricchi in virtù; studiosi del culto della bellezza; amanti della pace nelle loro dimore. Tutti questi nella generazione in che vissero si coprirono di gloria, raccolsero il plauso della loro età. I loro figli lasciarono un nome che fa rammentare la gloria dei padri. Di parecchi si è spenta persino la memoria; perirono quasi non fossero nati, così come i loro discendenti. Ma essi furono gli uomini della Misericordia e non si estinsero le opere della loro pietà; la loro stirpe ne ha conservato i beni: nei loro nipoti è passata la santa eredità, i loro posteri stettero fermi all'alleanza antica; per loro i figli dei figli dureranno in eterno; e la loro memoria non passerà all'oblio. I loro corpi giacciono sepolti, in pace; ma il loro nome vivrà di generazione in generazione. Raccontino i popoli la loro sapienza, si ripeta il loro elogio in tutta la Chiesa". Questo ricaviamo dall'Antico Testamento! Questo viene riferito a quel popolo e a quei padri antichi, e su su nei secoli fino a tempi a noi più prossimi, che, pur non esenti da colpe e da debolezze, dall'esercizio della carità e della "pietas", cioè della comprensione, hanno ricavato il suggello per essere considerati eletti fra il popolo e nelle civiche comunità.

Ma, ripeto, venendo a tempi più vicini rispetto a quelli, come non ricordare i meriti insigni di quelle "Opere" che concorsero a segnare la via a forme nuove di beneficenza cristiana per i singoli e le comunità. E come non riandare a quando le varie Misericordie in tempi procellosi bandivano i precetti: "dar da mangiare agli affamati, dar da bere agli assetati, vestire gli ignudi, albergare i pellegrini, visitare gli infermi, visitare i carcerati, seppellire i morti". Poi, penetrando dentro l'anima degli afflitti cittadini, ne scoprivano le intime desolazioni, e così continuavano: "consigliare i dubbiosi, istruire gli ignoranti, ammonire i peccatori, consolare gli afflitti, perdonare le offese, sopportare pazientemente le persone moleste, pregar Dio per i vivi e per i morti".

Questo è quanto voglio ricordare, ed è quello che si ricava dalla "Regula" che il frate Pinamonte da Brembate ha dettato nel 1265, fondando il "Consortium Misericordiae" di Bergamo. Ma quante delle Istituzioni di beneficenza e di assistenza non fecero propri i precetti sopra ricordati? È la storia di tutto un popolo ed è la testimonianza che ciascuno di noi, sia pure - ripeto - con le proprie debolezze e miserie, pone come motivo profondo di antiche provenienze ad un fine di servizio alla comunità.

Ecco perché oggi, in questa discussione sul progetto di legge, mi sono permesso di introdurre motivi che a taluni potranno apparire non consoni al gioco politico che caratterizza questo momento delle Istituzioni. Ma mi è parso appropriato al caso recuperare da un capitolo importante della riflessione politica dei filosofi quello che per essi rimane una incrinatura enigmatica che si interpone tra la destinazione al bene, che dovrebbe essere caratteristica della politica, e la sua non meno caratteristica propensione al male. In questo spazio infatti mai come in questo tempo, che per molti segni ci riporta a Bisanzio, deve essere chiaro che l'ultimo perché della politica non può essere politico. Ecco il motivo giustificante che sui temi ai quali il progetto di legge si riferisce, mi è parso doveroso, ripeto, fare il discorso che ho fatto. Infatti, per me e per coloro che con me, superando residue forme del cosiddetto rispetto umano, riaffermano il loro credo nei valori della loro storia, delle loro tradizioni e anche - mi sia consentito - della loro cultura, questa ha voluto essere una rinnovata testimonianza, e lo sa il Cielo se non se ne sente il bisogno come per una sorta di liberazione dai giochi significativamente crepuscolari di questo nostro tempo politico.

Discorso in Consiglio Regionale sul Tema dell'Aborto
Milano, 1978

Sig. Presidente, Colleghi del Consiglio,

nel prendere la parola a nome del gruppo democristiano sul dibattuto problema dell'aborto e della modifica della legislazione vigente in materia, mi corre l'obbligo di dire che è con viva preoccupazione che mi accosto a questa tematica.

Non pare di cogliere infatti, attraverso i molti clamori, la grandezza dei valori in giuoco, ma pare piuttosto uno squallido riproporsi di moti d'animo che attengono a motivi libertari degni dell'individualismo di altre stagioni e propri di una pseudo-civiltà.

Questo non è riferito alle ragioni pro o contro l'aborto ma al modo con cui queste ragioni sono offerte alle comuni valutazioni. Ciò premesso, ritengo che, sia pur brevemente, debba dire alcune ragioni che motivano il nostro dissenso dalle tesi abortiste riproposte ancora qui stasera. Credo che sia utile una riflessione comune sui motivi che inducono la donna a scegliere la difficile strada dell'aborto.

Dico strada "difficile" perché ogni aborto ha, come è ben noto, implicanze di natura fisica, psichica e psicologica -per non dire morale -tali che non passa mai indifferentemente nella vita di una donna, anche nei casi in cui è presentato come una sfida alla società e al costume corrente.

Motivi di carattere sociale ed economico, si sostiene: una società che non tutela a sufficienza i figli, che non aiuta la famiglia nel compito di educarli e mantenerli, che si erge a giudice della donna che dà vita ad un figlio fuori del matrimonio e l'abbandona sola al difficile compito di, allevarlo ed educarlo. Certamente la nostra società ha queste colpe, e tutto può concorrere a determinare il comportamento nella vita di ciascuno.

Ma credo che il ricorso all'aborto abbia anche ed -anzi- soprattutto motivazioni che sono della persona: una educazione sessuale superficiale

intervento al Convegno MIP, S. Felice sul Benaco, BS, 23 novembre 1980

o distorta; l'aver sacrificato i grandi valori della difesa della vita, all'edonismo, alla opulenza, falsamenti concepiti come espressione di felicità e libertà. Questo problema va affrontato anzitutto, perciò, sul piano culturale. Intendendo col termine "cultura" l'espressione piena della personalità arricchita da capacità di conoscere e conseguentemente scegliere e volere quello che nel contesto sociale, appare mezzo di elevazione umana. Ora non vi è dubbio che c'è oggi una forte diminuzione della capacità di incidenza sull'opinione pubblica, per la sua elevazione, da parte degli intellettuali, degli artisti, degli educatori, di coloro che hanno il dono di una fede religiosa.

Talvolta si ha l'impressione che essi stessi rinuncino alla loro "funzione profetica" tentati dal successo che la moda corrente momentaneamente offre. Per questo il consumismo e l'edonismo diventano le mete più alte e gli esemplari che mezzi di comunicazione di massa propongono ogni giorno.

Da qui il valore della sessualità, ridotto a piacere egoistico di una vita istintuale del tutto avulsa dal dominio della ragione. E dal momento che abbiamo accennato a questo tema bisogna che ci diciamo con franchezza che il problema fondamentale è se noi dobbiamo optare per una concezione "ludica" e per una concezione responsabilizzante della sessualità.

E perciò dobbiamo interrogarci come uomini impegnati nell'azione pubblica sulle profonde ragioni di un fenomeno dei nostri giorni e della nostra società, che già Lenin nei colloqui con Clara Zetkin aveva sotto gli occhi; e che Lenin bollava con marchio di fuoco quella che definiva la fuga nella sessualità deresponsabile.

Tralascio per economia di tempo altre citazioni che, peraltro, immagino siano ben note.

Per ritornare all'aborto mi sia permesso di ricondurre il problema e quello che esso in realtà è: un problema di carattere ideologico. Per carità di patria non pensiamo alla vista una crociata! Diciamo le cose come sono: che si tratti di un'ideologia laica è più che evidente; è un'ideologia illuministica perché ipotizza un illimitato diritto al benessere psichico, al benessere economico, alla crescita indiscriminata dei beni globali; e in questa logica va emarginato chi si oppone al godimento della felicità, sia esso un subnormale o il figlio non gradito e non voluto.

Ed ancora: trattasi di un'ideologia tecnocratica, sostanzialmente borghese, con le opportunistiche permissioni, e con notevoli componenti di individualismo anarcoide come talune forme di protesta di questi giorni ci confermano in modo preoccupante. Non è questa la sede per ulteriori approfondimenti dell'enunciato e non voglio introdurre altri possibili elementi di polemica.

Pertanto l'opinione del gruppo democristiano e mio personale in argomento si traduce nella proposizione che dire di no all'aborto, è dire "si" alla vita; un bambino non nato è un "progetto "uomo", una "vocazione alla vita", e perciò ha diritto all'inviolabilità. Da quando si può parlare di vita umana con caratteri definitivi, anche se potenziali, da allora non contano le dimensioni più o meno apparenti: "c'è una vita da difendere". Questa è altresì una doverosa precisazione di un punto di vista dell'etica. Aggiungo che certo questa vita va "sempre difesa"; ecco perché; una seria "politica per la famiglia" è nella stessa logica di questo "sì alla vita".

Credo non sia male per tutti, ricordare quanto si dice nella "Dichiarazione dei diritti del fanciullo" approvata dall'ONU. Vi si afferma che è compito degli organismi internazionali la tutela dei bambini già concepiti, ma non ancora nati; che il fanciullo ha bisogno di una particolare protezione e di cure speciali, compresa una adeguata protezione giuridica, sia prima che dopo la nascita; che gli devono essere assicurate cure mediche e protezione sociale adeguata specialmente nel periodo precedente e seguente alla nascita. E' fuori di dubbio che per il raggiungimento di questi obiettivi una cura va posta alla informazione culturale e all'educazione sessuale in genere e in riferimento alla procreazione in modo particolare.

E mi sia consentito richiamare un brano significativo del Concilio Vaticano II:" ...in virtù del diritto inalienabile dell'uomo al matrimonio e alla generazione della prole, la decisione circa il numero dei figli da mettere al mondo dipende da retto giudizio dei genitori e non può in nessun modo essere lasciata alla discrezione dell'autorità pubblica. Perché questo giudizio dei genitori suppone una coscienza ben formata, è di grande importanza dare a tutti il modo di educarsi a una retta responsabilità quale veramente conviene ad uomini, nel rispetto della legge divina e tenendo conto delle circostanze. Tutto ciò esige un po' dappertutto un miglioramento dei mezzi educativi e delle condizioni sociali, soprattutto una formazione religiosa o almeno una solida formazione morale. Le popolazioni poi siano opportunamente informate sui progressi della scienza nella ricerca di quei metodi che potranno aiutare i coniugi in materia di regolamentazione delle nascite, una volta che sia ben stabilito il valore di questi metodi e accertata la loro liceità morale" (Gaudium et Spes -87).

"L'informazione" di cui si parla deve essere, dunque, adeguatamente offerta dalle famiglie, dagli educatori in genere, e dalla società. Certo non ci si illude che la somma d'interventi sociali per la famiglia, la maternità e l'infanzia, e la collaborazione a creare una coscienza responsabile di fronte alla procreazione, automaticamente significhino impedire il ricorso all'aborto.

Ho detto prima che il problema è soprattutto culturale, ma uno stato non può esimersi dall'assolvere il suo compito di salvaguardare la vita umana e il suo sviluppo, comunque questa vita si manifesta, rifiutando di misurare il valore morale e sociale della persona sul metro delle sue capacità produttive.

Ma ritornando al tema della libertà di abortire va detto che un dibattito serio di natura scientifica e filosofica può consentire una distinzione non tra laici e cattolici, ma tra chi crede che "è già un essere umano colui che domani sarà uomo" o chi crede che "non si può chiamare vita quella dell'embrione, a meno di non chiamare vita anche quella delle cellule". Nel primo caso l'aborto è l'uccisione di una vita, per di più debole e 'indifesa; nel secondo il problema si porrebbe in termini diversi.

Non si tratta dunque per il legislatore di tradurre in termini di legge le convinzioni di una corrente di pensiero religiosa, ma di decidere se si ritiene che l'aborto leda o no il diritto di un essere alla vita; perché non si discute qui di rispettare uno dei diritti dell'uomo, ma lo stesso diritto ad essere uomo.

E mentre è giusto che si demandi alla coscienza il maggior numero di scelte ed opinioni, lo Stato deve intervenire ad impedirle là dove queste scelte sono lesive dei diritti degli altri. Se l'aborto significa, come credo, uccidere una vita quali che ne siano le motivazioni, bisogna che ci si pensi seriamente: perché dall'aborto all'eutanasia, alla eliminazione delle persone alla discriminazione sociale, la strada è breve. Io credo che a questa tendenza ci si debba opporre democraticamente, e rifiutando scelte di campo che potrebbero farla apparire integralista; ad evitare inoltre che un problema di grande rilevanza etica ed umana si traduca in termini di fascismo e anti fascismo.

E' auspicabile che in Parlamento si discuta su questo tema e che le motivazioni dei vari gruppi siano chiare e offrano ai cittadini le valutazioni conseguenti.

Mi pare di non dover seguire altri colleghi sui problemi della modifica della legislazione vigente sull'aborto e qui sia chiaro che la mia parte politica è più per un'opera di ampia prevenzione che aggredisca in radice, nelle sue cause molteplici, il grave fenomeno dell'abortività.

A tale riguardo mi pare doveroso ricordare alcune concrete proposte che sono state avanzate in sede legislativa, e che, trattandosi alla fin fine di compiti che le istituzioni dovranno farsi carico di assumere, mi pare opportuno sottolineare:

a) Istituzione di un'ampia rete di centri di informazione e di preparazione prematrimoniale e matrimoniale, dove le singole coppie possano venire debitamente responsabilizzate di fronte al problema della procreazione, e al pericolo della trasmissione ereditaria delle malattie congenite; si eviterebbero così rifiuti tardivi della prole e numerosi ricorsi all'aborto. Presso tali centri le coppie andrebbero informate sulla natura e disponibilità dei metodi anticoncezionali, lasciando ovviamente a ciascuno il giudizio di moralità sui metodi stessi.

b) Promozione di una coraggiosa politica di "protezione della maternità", con provvidenze di carattere economico e morale, soprattutto nei casi di palese inaccettazione della prole, e di pericolo per la salute fisica e psichica della madre o per l'"integrità del nascituro". Le madri dovrebbero essere rassicurate che, nel caso di nascite di disadattati, sarà compito della comunità fornire ogni mezzo per un'eventuale aiuto per la terapia e il recupero del bambino.

c) In particolare, dovrebbero essere istituite provvidenze a favore delle ragazze-madri, e in specie di quante fossero state rese gravide da violenza. Tali provvidenze potrebbero consistere nella pronta e gratuita assistenza durante la gravidanza, adeguati soccorsi all'epoca del parto e, nel caso in cui la ragazza-madre rifiuti di riconoscere il neonato, l'eventuale ricovero di questi per un immediato affidamento preadottivo.

d) Finalmente, si dovrebbero opportunamente attenuare nella qualità e nella quantità (fino a ridurle, nei casi limite, a sanzione simbolica) le pene comminate dalla legge.

e) Infine una coraggiosa politica per la casa permetterebbe alla coppia di scegliere intorno al tema della maternità responsabile in modo libero senza impedimenti di carattere finanziario.

Signor Presidente, Colleghi del Consiglio, derogando da una linea di condotta che si affida alla scarsa loquacità per rendere concretamente produttivi i nostri lavori, su un tema di così grande rilevanza e nella ritrovata maestà della sede del Consiglio Regionale e dei suoi momenti di libero dibattito, ho ritenuto doveroso, per la mia parte politica, rendere testimonianza a valori ed a convincimenti che ci ostiniamo a considerare basilari per una civile convivenza e per il vero progresso della nostra Patria. Per questi motivi noi respingiamo la proposta del Consigliere Sorti.

Introduzione al Volume II degli Atti del Convegno
Economia, Istituzioni, Cultura In Lombardia Nell'età Di Maria Teresa
come Assessore Regionale alla Cultura e all'Informazione, *Milano, 1982*

INTRODUZIONE

Non è una forzatura riconoscere alla filosofia e alla scienza sociale tedesca del periodo intercorrente tra la fine dell'Ottocento e il primo Novecento, una svolta decisiva nell'interpretazione generale dell'Illuminismo.

Invero, da un lato, Dilthey, Meinecke e Cassirer hanno identificato lo specifico della cultura illuminista in una concezione della ragione come limitata dall' esperienza, sia naturale sia storico-sociale, e gravitante su di essa. Dall' altro lato, Weber - il più illustre esponente della scienza storicosociale tedesca in quel periodo - ha contribuito ad accertare il ruolo storico dell'Illuminismo avallando, con un poderoso sforzo teorico e storiografico, la tesi che lo sviluppo della razionalità nella società occidentale - e quindi la genesi dell'Illuminismo, che tale sviluppo ha assunto come programma - riconosce la propria principale condizione di esistenza nella tradizione ebraico-cristiana. Secondo questa tesi - che è stata generalmente condivisa dall'alta cultura del Novecento e che ha trovato eco in Italia con il *Perché non possiamo non dirci cristiani* di Croce - il profetismo ebraico, alimentando una concezione "disincantata" del cosmo e sviluppando una religione di tipo etico e non magico ha rappresentato un fenomeno storico atipico nel contesto delle società tradizionali ed ha posto le premesse di quel processo di razionalizzazione che costituisce il tratto originale della società occidentale.

Ebbene, la storiografia dell'Illuminismo successiva al periodo storico appena considerato, si iscrive complessivamente nel quadro di riferimento formulato da Dilthey, Meinecke e Cassirer; per quanto riguarda il significato dell'Illuminismo nella storia universale, lo schema interpretativo di Weber ha conservato intatta la propria validità, ed è stato oggetto di rifiuto - ma non di confutazione - nei periodi e nei contesti socioculturali caratterizzati generalmente da una scarsa disposizione alla riflessività. A tal proposito ricordiamo come la fortuna dell'associazione weberiana tra società occidentale e tradizione giudaica cristiana abbia toccato il punto più basso all'epoca della contestazione sessantottesca, notoriamente ispirata a motivi scarsamente razionali, e abbia sempre incontrato- con la ragguardevole eccezione di Croce – scarso credito nella cultura politica italiana, largamente arroccata su un'interpretazione ingenua, non problematica e non storicizzata dell'Illuminismo inteso come alternativa globale al Cristianesimo. A questo tipo di interpretazione dell'Illuminismo corrisponde un particolare costume politico-sociale del nostro paese: l'anticlericalismo ideologico e demagogico, "banale" e intollerante, che - mi si permetta il riferimento all'attualità - è stato riproposto anche in alcuni recenti dibattiti.

Formulate queste indispensabili considerazioni introduttive sulla fisionomia e sulla collocazione storica dell'Illuminismo in generale, intendo proporre una serie di valutazioni sul rapporto di genere e specie che sussiste tra Illuminismo europeo e Illuminismo lombardo, al fine di mettere a fuoco nel modo più appropriato possibile la differenza specifica che definisce l'identità dell'Illuminismo in Lombardia.

La presente relazione si articola in due aree tematiche, relative l'una alla cultura e l'altra agli aspetti sociologici dell'Illuminismo. Con riferimento alla prima delle due aree tematiche, vengono ricapitolati i tratti essenziali delle tre maggiori tradizioni culturali dell'Illuminismo europeo - quella inglese, quella francese, quella tedesca – rilevando pertanto, sulla base di questa ricognizione, la "differenza specifica" dell'Illuminismo lombardo. Con riferimento agli aspetti sociologici dell'Illuminismo, si rilevano, in modo schematico, tre variabili: a) il ceto di origine e di appartenenza dei "philosophes"; b) il rapporto tra movimento illuminista e mutamento sociale, c) il rapporto tra movimento illuminista e sistema politico-amministrativo.

Queste tre variabili verranno esaminate in riferimento al contesto inglese, francese e tedesco; e sulla base di questa ricognizione verrà indicata la "differenza specifica" del contesto lombardo.

L'Illuminismo inglese - si assume nella fattispecie la periodizzazione di Hazard in *La crisi della coscienza europea* che individua la genesi dell'Illuminismo nel periodo 1685-1710 - si caratterizza, all'interno della "divisione del lavoro intellettuale" tra le varie tradizioni dell'Illuminismo europeo, per l'elaborazione dei punti chiave del modello sia teorico sia istituzionale del movimento illuminista.

È sufficiente richiamare sotto il profilo teorico, i ruoli di Newton e di Locke nel promuovere una concezione empirica e non assoluta della razionalità, nonché nel valorizzare la scienza come fenomeno sociale di primaria importanza, il ruolo di Shaftesbury nel fissare gli elementi psicologicosociali del clima illuminista - l'ironia e l'umorismo come mezzi di polemica contro valori e atteggiamenti della tradizione -; il ruolo di Hume nel definire filosoficamente lo status della razionalità, il ruolo di Adam Smith come fondatore della scienza economica contemporanea; il ruolo di De Foe nella "invenzione" del romanzo moderno.

Sotto il profilo istituzionale, l'Illuminismo inglese ha "inventato" la pubblicizzazione della vita sociale e politica con il giornalismo moderno (lo "Spectator"); un modello di organizzazione e di mobilitazione politica, con la massoneria, un modello di convivenza e di animazione sociale con i club, un modello di istituzionalizzazione e socializzazione della scienza con la Royal Society.

L'Illuminismo francese si caratterizza invece per la mediazione intellettuale e organizzativa del modello di valori e di istituzioni dell'Illuminismo, elaborato dalla cultura inglese.

Si pensi, da un lato alla sensibilità verso le scienze sociali mostrata da Bayle e da Voltaire con riferimento alla storiografia, e da Montesquieu con riferimento alla scienza politica e alla sociologia. Dall'altro lato, si consideri come il movimento illuminista francese sotto il profilo istituzionale abbia tradotto le istituzioni illuministe inventate dagli inglesi – il club, la massoneria, la "Royal Society", il giornale periodico

- secondo un principio di semplificazione e di sproblematizzazione della complessità dei temi, cioè secondo un principio ideologico.

L'Illuminismo tedesco si caratterizza per la rilevanza dell'elemento teoretico; cioè per la filosofia intesa non già come mediazione tra teoria e prassi, bensì come pura speculazione intellettuale e tecnica concettuale. Si pensi all'orientamento verso la ricostruzione dei fondamenti della conoscenza filosofica, nonché nella predilezione verso la sistematicità, propria di Leibniz e di Wolf. Si pensi alla sensibilità verso la polarità di ragione e di sentimento di teoria e prassi collettiva nell'estetica di Baumgarten, nella filosofia della storia di Herder, e nell'approccio alla morale e alla religione di Lessing.

Orbene la differenza specifica dell'Illuminismo lombardo risiede nell'avere problematizzato il rapporto tra teoria e pratica, tra sfera intellettuale e sfera dell'esperienza, non da un'angolazione teorica e neppure da un'angolazione ideologica, bensì da un'angolazione operativa, pragmatica, che assegna maggiore importanza al punto di applicazione della teoria, anziché alla teoria in sé. E veniamo ad alcune considerazioni sull'Illuminismo in Lombardia. Il movimento degli illuministi lombardi si converge notoriamente nella vicenda biografica e politica di un piccolo gruppo di aristocratici lombardi sensibili al dibattito culturale d'oltralpe, che si riunirono in un sodalizio "Accademia dei pugni" - e che tentarono di mobilitare i ceti aristocratici e borghesi attraverso la formula del periodico divulgativo con finalità di critica dei costumi: il "Caffé". Questa élite illuminata dell'aristocrazia lombarda si trasformò da movimento in istituzione, allorché venne reclutata dall'amministrazione asburgica e pervenne a realizzare in misura significativa una politica riformatrice ispirata ai valori dell'Illuminismo. Come è noto, la storiografia è concorde nel caratterizzare l'Illuminismo italiano in generale, e quello lombardo in particolare, come un caso, forse unico in Europa, di connessione tra cultura e pratica riformatrice, tra dibattito ideale e capacità di calarne le indicazioni nella realtà concreta e storicamente determinata del proprio paese. Un principio di spiegazione, largamente approssimativa, della specificità del "caso lombardo" rispetto al contesto europeo, può essere ravvisato nella concomitanza cronologica venutasi a creare, nella Lombardia austriaca, - durante i decenni '50 e '60 - di due fattori, l'uno storico istituzionale, l'altro culturale. Il primo di questi due fattori è rappresentato dalla politica equilibrata e realistica di Maria Teresa, che seppe applicare nel campo dell'amministrazione civile la capacità di organizzazione dei popoli dell'Impero già sperimentata sul piano militare durante il Seicento nella lotta contro i Turchi.

Il secondo dei fattori che spiegano l'insorgere del "caso lombardo" è il mutato orientamento della cultura illuminista maturato nei decenni centrali del Settecento, allorché l'interesse conoscitivo si sposta dalla politica all'economia. Il Venturi riconosce tra i protagonisti di questo orientamento il Forbonnais, autore degli articoli di economia politica sull'Enciclopedia e il Plumard de Dangueil che sviluppa un confronto tra Francia e Inghilterra su un piano che non è più quello costituzionale, politico e religioso. "Il paragone – riconosce il Venturi - è tutto economico-sociale. La libertà di cui si parla è la libertà di commercio, l'eguaglianza riguarda la proprietà e le tasse, la giustizia consiste in un migliore investimento del capitale e della manodopera". E dunque in questa versione pragmatica e concreta che la cultura illuminista attecchisce in Lombardia: Pietro Verri si forma sui testi di questi economisti e si deve proprio al Forbonnais il più importante commento all'opera più emblematica dell'Illuminismo lombardo: il nuovo catasto compiuto negli anni '50 da Pompeo Neri.

Ma qual'é l'aspetto più originale, innovativo dell'Illuminismo lombardo? A mio avviso è la consapevolezza – forse unica nel panorama dell'Illuminismo europeo - del carattere problematico del rapporto tra sfera e interesse pubblico, e sfera e interesse privato.

Invero, gli illuministi inglesi e francesi non riconoscevano adeguatamente l'autonomia della sfera pubblica: essi ritenevano, infatti, che il perseguimento dell'interesse pubblico fosse una pura conseguenza automatica del libero perseguimento dell'interesse privato - si pensi al motto di Mandeville "vizi privati, pubbliche virtù" e alla formula di A. Smith della "mano invisibile" che fa coincidere gli interessi privati con l'interesse pubblico. Invece, gli illuministi lombardi - invero più nella prassi che nella teoria – mostravano di riconoscere l'autonomia relativa alla sfera pubblica, allorché concentravano il loro impegno sulla razionalizzazione dell'apparato amministrativo. Una razionalizzazione che era bensì diretta a garantire e promuovere l'autonomia della sfera privata di disposizione e di decisione, soprattutto sul terreno economico; ma ciò nondimeno presentava un campo problematico autonomo, relativo alla funzionalità dell'apparato amministrativo e all'interdipendenza che deve sussistere tra provvedimenti riformatori relativi ai singoli settori dell'amministrazione pubblica. È proprio questa specificità dell'Illuminismo lombardo che spiega perché esso intrattenesse con il despotismo illuminato un rapporto più intimo e più ampio di quello che è dato di registrare ad esempio nell'Illuminismo francese. Mentre, ad esempio, nella generalità dei paesi europei, la razionalizzazione e la centralizzazione amministrativa erano percepiti dal movimento illuminista come una strategia funzionale agli interessi dello Stato piuttosto e prima che agli interessi della "società civile", per gli illuministi lombardi questa razionalizzazione rappresentava invece il punto di equilibrio tra interesse pubblico e interesse privato, la regola aurea per realizzare simultaneamente l'interesse privato e quello pubblico. Il mito dell'epoca teresiana - cioè di quel periodo in cui si registrò la convergenza tra i progetti della monarchia asburgica e le istanze degli illuministi lombardi - rappresenta la proiezione ideologica di quella percezione - tipica degli illuministi lombardi - della complementarietà tra apparato amministrativo efficiente e consistente, e la valorizzazione della sfera privata individuale.

Invero la ricerca di un punto di equilibrio tra polo privato e polo pubblico, tra concezione meramente garantista dello Stato e valorizzazione dello Stato amministrativo come strumento centrale di attuazione degli ideali illuministi, rappresenta il motivo conduttore di molteplici manifestazioni dell'Illuminismo lombardo. A tal proposito, il Segre osserva come nel Verri la concezione utilitaristica dei fondamenti dell'agire economico, formalizzata dalla nascente scienza economica in Inghilterra - secondo la quale l'esperienza di dolore e di bisogno, e l'esigenza di superare ostacoli, costituisce lo stimolo del progresso economico - non è disgiunta da una visione dell'equilibrio economico che include una giustizia distributiva dei beni e dei tributi che oggi chiameremmo socialità.

Negli scritti economici del Verri, le tematiche classificabili come ispirate a principi di liberalismo economico, presentano una rilevanza non maggiore rispetto alle tematiche ispirate al principio della razionalità amministrativa. Lo stesso capolavoro dell'Illuminismo lombardo - *Dei delitti e delle pene* del Beccaria - è inquadrabile in questa visione equilibrata del rapporto tra dimensione individuale e dimensione collettiva-pubblica. Uno Stato - questo è il significato generale della riforma della legislazione penale proposta dal Beccaria - non può assicurare "la maggiore felicità, per il maggior numero", soltanto con una strategia negativa, imperniata sull'astensione dall'intervento nella sfera economica, ma deve perseguire quell' obiettivo attraverso una strategia positiva consistente in una appropriata politica legislativa. Per questo motivo il Beccaria viene considerato il fondatore del radicalismo filosofico politico sviluppato in Inghilterra da Bentham e da Stuart Mill.

L'equidistanza tra le posizioni opposte di contestazione e di integrazione al sistema politico-amministrativo che caratterizza gli illuministi lombardi, si manifesta esemplarmente nel loro atteggiamento verso l'autorità costituita. Da un lato nessuna condiscendenza verso posizioni settarie di chiusura e di contrapposizione alle istituzioni, nessun velleitarismo intellettuale, dedito alla costruzione di "polis" parallele.

Dall'altro lato però, nessun gregarismo - come osserva il Fubini in riferimento ai redattori del "Caffè"; ben diversa è la loro posizione da quella di studiosi o polemisti del primo Settecento, quali un Giannone e un Radicati, che con la loro cultura e le loro argomentazioni volevano fornire un'arma ai governi per le contese giurisdizionalistiche, o un Muratori, saggio consigliere di principi per la "pubblica felicità dei sudditi".

Vi è un secondo fondamentale aspetto - questo di ordine psicologico-culturale - in cui si manifesta l'indole pragmatica dell'Illuminismo lombardo: si riferisce ad un problema cruciale della cultura illuminista: il rapporto tra ragione e sentimento, tra egoismo utilitario e filantropismo sentimentale, tra individualismo e popolarismo. Tipico della cultura illuminista lombarda fu, a tal proposito, un atteggiamento umanitario, sensibile alla miseria e al dolore delle masse, tanto più insopportabili se confrontati con il lusso e il parassitismo del patriziato (si pensi al Parini); tipico è altresì il sentimento dell'insondabilità dei moti del cuore umano, della complessità della vita emotiva, della centralità della dimensione morale, così come della problematicità del giudizio morale.

Questo sentimento, che da un lato corregge l'utilitarismo gretto, il cosmopolitismo astratto e la prosaicità borghese corrente nell'Illuminismo, ma che dall'altro lato rifugge dalle esasperazioni della "sensiblerie" coltivata oltralpe, è il motivo ispiratore del capolavoro dell'Illuminismo lombardo - *Dei delitti e delle pene* del Beccaria - nonché, per decisivi aspetti, del capolavoro del romanticismo lombardo - *I Promessi Sposi* - che, come ha riconosciuto uno storico della letteratura italiana di ispirazione marxista, il Salinari, è intriso di motivi illuministici.

Dunque il pragmatismo caratteristico della cultura illuministica lombarda si manifesta non soltanto nella ricerca di un punto di equilibrio tra dimensione privata e dimensione pubblica sul piano politico-sociale ma altresì, nella ricerca di un punto di equilibrio tra dimensione razionale e dimensione sentimentale, e nella ripulsa di ogni estremismo intellettuale, sul piano psicologico-culturale. A tal proposito si consideri la singolare commistione di una componente razionale e di una componente espressiva nell'esperienza degli illuministi lombardi impegnati ai problemi economici e amministrativi, e animati nel periodo dell' Accademia dei pugni e del Caffè da un atteggiamento di ribellione giovanile e di entusiasmo innovatore; la fisionomia sociale degli illuministi lombardi soprattutto nella fase di formazione della loro identità di riformatori, presentava contemporaneamente il carattere di classe dirigente in incubazione e di "scapigliati", e nella loro esperienza successiva si intrecciavano il lavoro amministrativo e la scoperta di Shakespeare, come trapela dal carteggio dei fratelli Verri. Sintomatico dell'atteggiamento culturale equilibrato e refrattario al massimalismo ideologico, congenito all'Illuminismo lombardo, è il colorito giudizio dei fratelli Verri sugli enciclopedisti - ancorché a questi si debba riconoscere il merito fondamentale di aver irradiato la cultura illuminista nei ceti colti di tutta Europa erano tuttavia definiti dei "gradassi" - che danno prova di fanatismo e ciarlataneria. A costoro Alessandro Verri antepone la "tranquilla profondità" di Hume.

Dal punto di vista sociologico - e riferendoci allo schema esposto all'inizio - si osserva quanto segue:

a) sembra sussistere un nesso tra appartenenza di ceto degli illuministi e capacità degli illuministi di influenzare il mutamento sociale e politico: in Inghilterra e in Germania, dove gli illuministi provengono, prevalentemente o quasi esclusivamente dal ceto medio e non riescono a coinvolgere il ceto aristocratico, essi non esercitano influenza rilevante sul mutamento dei rispettivi regimi. E ciò altresì per un secondo ordine di considerazioni: il grado di evoluzione del regime politico era o troppo prossimo (Inghilterra) o troppo distante e arretrato (Germania) rispetto al grado di evoluzione della cultura attuato dagli illuministi, perché si registrassero le condizioni storiche per un'influenza efficace delle "avanguardie intellettuali" sul regime politico. Infine si consideri che il sistema politico o amministrativo non si presenta né in Inghilterra né in Germania come un interlocutore consistente e affidabile per il movimento illuminista di quei Paesi. In Inghilterra il sistema politico-amministrativo è troppo decentrato tra Parlamento, Corona e poteri locali per poter rappresentare un polo riconoscibile di antagonismo, di confronto e di dialogo per un ipotetico movimento riformatore.

All' opposto in Germania, e in particolare in Prussia – così come nella Russia di Caterina I e nell'Impero asburgico di Giuseppe II -, il sistema politico-amministrativo è troppo compatto e potente, e troppo integrato con una stratificazione per ceti rigidi e di tipo tradizionalista perché il movimento riformatore potesse influenzare il mutamento sociale. In questi Paesi, l'Illuminismo assume il trasparente carattere di "instrumentum regni" - si pensi alle professioni illuministiche di Federico II e di Caterina II di Russia - e pertanto è fattore di mutamento nella misura in cui ciò rientra nella strategia del monarca.

In Francia la situazione è diversa - a) il ceto di estrazione degli illuministi è prevalentemente aristocratico-borghese - nobiltà di toga, e in taluni casi popolare (Diderot, D'Alembert). Questo ceto riesce ad aggregare i ceti medi: borghesia professionista, finanziaria, commerciale. Inoltre il grado di evoluzione economico-sociale e politico della Francia non è troppo arretrato rispetto al grado di evoluzione delle avanguardie culturali (una tale arretratezza renderebbe inoperanti le iniziative di queste avanguardie) e neppure troppo prossimo al grado di evoluzione delle avanguardie culturali (una tale prossimità renderebbe superflua l'iniziativa di queste avanguardie). Dunque, in Francia, la misura del ritardo del regime rispetto alle avanguardie illuministe, nonché la composizione sociale di queste avanguardie e del loro seguito, è tale da configurare queste avanguardie come agenti per eccellenza del mutamento sociale e politico.

Gli illuministi francesi rappresentano il "tipo puro" del mutamento o, come dimostrano il radicalismo concettuale (opzione anticristiana) e organizzativo (massoneria anticlericale), l'impegno della semplificazione ideologica e della propaganda.

In tal senso, il giacobinismo e la rivoluzione dell'89 rappresentano un prodotto storico tipico della tradizione dell'Illuminismo francese. Gli illuministi lombardi si trovano in una posizione differente da tutte quelle esaminate: a) il loro ceto di appartenenza è aristocratico, e a loro non riesce di aggregare i ceti medi; b) il regime politico-amministrativo si trova - particolarmente in era teresiana - ad un grado di evoluzione assai prossimo al grado di evoluzione culturale degli illuministi lombardi; c) peraltro il regime politico amministrativo con cui i riformatori lombardi dialogano ha carattere sovranazionale, e non nazionale, e la sua sede è geograficamente distante. Queste tre circostanze atipiche concorrono a spiegare a) perché gli illuministi lombardi si rivolgono all'interlocutore politico piuttosto che all'interlocutore sociale: si dialoga cioè più con lo Stato che con i ceti medi; b) perché fatichino a percepire in termini globali e radicali i problemi politico-sociali e culturali posti dagli illuministi.

Infatti il centro politico-culturale del potere - Vienna – è lontano mentre per gli illuministi francesi è vicino: essi risiedono e lavorano a Parigi, capitale insieme politica-amministrativa e culturale della Francia.

Questa atipicità sociologica degli illuministi lombardi è all'origine, certamente, dei limiti dell'esperienza illuminista in Lombardia; ma altresì all'origine dei suoi valori: costretti dalle circostanze storico-sociali e istituzionali ad adottare un approccio non radicale e non astratto verso le problematiche illuministiche, i riformatori lombardi sono stati avvantaggiati nel perseguire un disegno gradualista di riforma e di mutamento sociale. E il lascito più prezioso di questo riformismo gradualista del tardo Settecento lombardo - che ha avuto successo in epoca teresiana - è stata la tradizione riformatrice, nutrita insieme di fermezza di principi e di inclinazione alla praticità e alla competenza tecnica, che si è snodata nell'800 (Cattaneo) e nel nostro secolo (riformismo turatiano, riformismo cattolico sociale ecc.). Quando Pietro Verri scriverà *Pensieri sullo Stato politico del milanese nel 1790*, l'atteggiamento degli illuministi lombardi verso gli Asburgo è passato dalla simpatia alla avversione, ma il ricordo della positiva esperienza dell'era teresiana trapelerà nella proposta formulata dal Verri, di una revisione costituzionale del regime asburgico, che riconosca una autonomia amministrativa alle diverse regioni dell'Impero. In questo costituzionalismo affiora il tema del decentramento istituzionale, che animerà la storia politico-culturale lombarda e avrà i suoi punti alti in Cattaneo e, durante il nostro secolo, nella battaglia per l'attuazione dello stato delle autonomie.

Nell'avviarmi alla conclusione, ritengo di non potermi esimere nella mia qualità di amministratore pubblico dal porre il seguente interrogativo: quale insegnamento possono attingere le presenti generazioni dall'esperienza dell'Illuminismo lombardo, e più specificamente, dall'epoca delle riforme amministrative durante la seconda metà del Settecento?

In quale misura e in quali forme l'era teresiana conserva la sua funzione di mito operativo? Se noi ci interroghiamo sui motivi profondi dell'interesse che hanno ad esempio le manifestazioni culturali celebrative del bicentenario di Maria Teresa d'Austria tenute in questo periodo, ritengo che la risposta vada ricercata in una specie di inconfessata nostalgia verso quel processo, esemplare per alcuni aspetti essenziali, di razionalizzazione della vita economico-sociale, che, regnante Maria Teresa, ha investito la nostra regione in virtù dell'iniziativa degli illuministi lombardi. Non è difficile individuare le motivazioni di questa nostalgia in un'epoca, come quella contemporanea, che vede il sistema politico indebolito nella sua capacità di filtro della domanda politica, lo stato-apparato, oberato dal sovraccarico istituzionale, e, in generale, il sistema politico-amministrativo costretto ad una "rincorsa di legittimazione" attraverso la dilatazione delle funzioni dello Stato-sociale e l'incremento di spese correnti sovente a puro titolo assistenziale. Questi indicatori rivelano una crisi di indentità dello Stato moderno come ente supremo e garante dell'universalismo che orienta la sfera pubblica e cioè del modello di Stato voluto dagli illuministi. In effetti oggi lo Stato tende a diventare un attore che negozia con gli altri attori socio-economici - imprese e sindacati - in una condizione di fatto paritaria, dando luogo ad un sistema politico del tipo neocorporativo, come illustra la letteratura politologica e sociologica dei paesi industriali avanzati.

Il punto in cui la crisi dello Stato, o meglio, del sistema politico-amministrativo contemporaneo, si manifesta in modo più diretto è nel sopravvento di un rapporto irrazionale tra prelievo fiscale e spesa pubblica: da un lato, qualunque tentativo di adeguare il livello del prelievo fiscale allo "standard" raggiunto dalla spesa provoca "rivolte fiscali" più o meno striscianti e pregiudica la stabilità di una "leadership" di governo; dall'altro lato, qualunque tentativo di comprimere lo "standard" della spesa pubblica corrente – ancorché eventualmente motivata con l'esigenza di potenziare gli investimenti produttivi - provoca una crisi di consenso sociale che il sistema politico-amministrativo non ritiene di potersi permettere. Ho voluto dilungarmi in queste osservazioni dedicate a quelle che Habermas ha designato come "crisi di razionalità del capitalismo maturo", perché è proprio l'irrazionalità del sistema politico contemporaneo, la sua "crisi fiscale", la perdita della sua identità moderna di principio di razionalità della convivenza sociale e il ripristino sotto le forme di una sorta di corporativismo, che ci fanno volgere con una punta di rimpianto all'età della razionalità amministrativa dovuta alla convergenza tra politica riformatrice dell' assolutismo illuminato degli Asburgo e movimento illuminista lombardo.

Ma il rimpianto non serve se ci induce alla rassegnazione, al fatalismo nei confronti dei fenomeni di disgregazione corporativa e di stagnazione dell' apparato pubblico; il rimpianto serve soltanto se sprona noi tutti - cittadini, associazioni, uomini di cultura, classe politica e amministrativa – ad accogliere l'invito degli illuministi lombardi a conservare e tradurre in atto i valori di universalità e di razionalità amministrativa tanto nell'ambito delle pubbliche istituzioni come nell'ambito della vita produttiva.

inaugurazione di una mostra a Palazzo Bagatti Valsecchi, Milano, novembre 1980

Intervento al Seminario *Istituzioni e Comunicazione: il Rapporto tra Livelli di Governo e Partecipazione*
come Assessore Regionale alla Cultura e all'Informazione, Milano, 9 aprile 1984

L'occasione di questo incontro mi è particolarmente gradita poiché sono convinto che sia di fondamentale importanza, per le Istituzioni, ricercare tenacemente momenti di confronto con quanti operano nell'ambito dell'informazione.

Non vi è dubbio infatti, che il distacco tra istituzioni e cittadino possa essere colmato attraverso una maggiore aderenza ai problemi della società che spesso vengono affrontati ai diversi livelli di "governo" con un tempo di inerzia ormai insopportabile per il cittadino. Un cardine sul quale le istituzioni possono imperniare una "rimonta" è certamente quello dell'informazione che può rappresentare l'anello di congiunzione tra l'azione istituzionale ed il Paese.

L'informazione che l'istituzione deve trasmettere passa attraverso i mezzi di comunicazione di massa con tutti i risvolti che ne derivano per la "mediazione" che inevitabilmente viene esercitata.

Il problema che si pone conseguentemente è quello della "filosofia dei rapporti" che si stabiliscono tra Amministratori e Operatori dell'Informazione.

Spesso si accusano i primi di pretendere dai mezzi di comunicazione di interpretare un ruolo di pura amplificazione di quanto si vuole mettere in risalto "a Palazzo"; non di meno accade che alcuni giornalisti siano tacciati di "profanare" gli Amministratori senza soppesare adeguatamente le situazioni precostituendo invece giudizi sommari e di parte.

Probabilmente né noi né voi siamo a volte del tutto scevri da logiche di questo tipo, ma spesso al fondo vi è una difficoltà di rapporti che deriva dalla frenesia con la quale Amministratori e politici svolgono la propria funzione.

Ciò non di meno ritengo che sia sempre più indispensabile salvaguardare la deontologia professionale esiliando quelle posizioni, a dir poco superficiali, che indulgono verso una informazione disinvolta e cinicamente irrispettosa dei valori della persona umana.

L'approfondimento della notizia, la garanzia della fonte rappresentano un patrimonio professionale di inestimabile valore e, del resto, solo nel rispetto di queste condizioni si può garantire l'utente dell'informazione.

Certo, la dinamica dello sviluppo delle nuove tecnologie e l'immediatezza con la quale si cerca di organizzare l'informazione non favoriscono la possibilità di approfondimento e rendono la professione, se fosse possibile, ancora più delicata e stressante.

D'altro canto le nuove tecnologie con l'avanzare dei processi di informatizzazione stanno producendo mutamenti che investono l'intera società. Ci troviamo probabilmente di fronte ad un processo di cambiamento del modello di vita e della qualità della vita stessa.

Per inciso, proprio su questo tema, stiamo organizzando un convegno che mira proprio a delineare uno scenario dei mutamenti innescati dallo sviluppo dei processi di informatizzazione.

Ritengo, infatti, che a fronte di così grandi trasformazioni le Istituzioni non possano perdere l'occasione di prendere coscienza di quanto sta accadendo per "tenere il passo" da un lato con lo sviluppo della società industriale d'altro lato per immaginare in tempo utile il modello sociale che ne scaturirà al fine di salvaguardare soprattutto il valore della persona umana.

Ogni forma di progresso per quanto cruenta è accettabile anzi auspicabile a patto che sia al servizio dell'uomo e non si creino condizioni di subordinazione alle nuove tecnologie.

Nuove tecnologie, dunque, che stanno cambiando anche e soprattutto il modo di comunicare: se è vero che suoni e danze, come sosteneva Mac Luhan, rappresentavano per i nostri "progenitori " il modo di comunicare è pur vero che dopo l'invenzione della stampa stiamo oggi vivendo "la vigilia della comunicazione totale" la cui portata probabilmente non è stata ancora debitamente soppesata.

Voglio dire, che il mestiere del comunicare ai nostri giorni acquista una valenza di rara importanza e delicatezza.

Ma su questi temi avremo il piacere di ascoltare stamane autorevoli interventi da parte degli addetti ai lavori.

Tra gli altri sono oggi presenti i responsabili dell'Ufficio Stampa della Giunta e del Consiglio regionale e di altri Uffici Stampa e proprio loro credo che abbiano da dire parecchie cose su un tema spesso trascurato ma che riveste una importanza strategica proprio perché rappresenta il primo anello della catena attraverso la quale "si sviluppa la notizia".

Voglio infine ricordare che attraverso l'indagine svolta dal gruppo cronisti sulla stampa locale abbiamo "scoperto" una ricchezza professionale che per qualche verso ci ha perfino sorpreso e all' interno di questo scenario è emerso un dato che ritengo meriti un ulteriore lavoro di ricerca: parlo dei giornali editi dagli Enti Locali che rappresentano un fenomeno in forte espansione e che ci permettono di cogliere l'essenza di questo problema.

Ma non voglio rubare altro tempo prezioso al dibattito convinto che il mio ruolo al riguardo sia solo quello di stimolare la discussione. Come Assessore alla Cultura ho ritenuto opportuno accogliere con vivo interesse la proposta di Sandro Caporali che mirava alla concretizzazione dell'odierno incontro soprattutto perché scevro di ritualità e formalismi.

Il piacere e l'interesse per noi tutti credo sia quello di trovarci di fronte ad un dibattito aperto con la serenità di chi è alla ricerca di cogliere le opinioni espresse di quanti operano nel mondo dell'informazione.

Intervista all'Assessore Regionale alla Cultura

Vita Lions, n.4 31 gennaio 1985

Con l'intento di privilegiare altri settori più legati al mondo della produzione e dell'economia, gli stanziamenti destinati al settore Cultura, sono stati progressivamente ridotti, fatto questo che ci stupisce perché lo sviluppo di questo settore non solo risponde ad una precisa domanda sociale lombarda ma è un valido supporto all'espansione del terziario al quale oggi, con il sopraggiungere della congiuntura economica per un assetto del sistema socio economico, la Regione Lombardia sul modello delle più avanzate realtà europee, va rivolgendosi.

Approfittando della cortese disponibilità dell'Assessore Regionale Alberto Galli abbiamo voluto appurare come si sviluppa l'attività di questo settore penalizzato finanziariamente perché purtroppo, svolge la propria politica, attraverso misure promozionali o interventi non sempre quantificabili in termini di risultati a breve e a medio termine.

Tra qualche mese scade il suo mandato, quale consuntivo personale trae da questa esperienza?

Operare in qualità di Assessore alla Cultura e Informazione, in una regione in cui la Cultura è uno degli elementi fondamentali è ed è stata per me un'esperienza stupenda. La società lombarda, non solo quella della metropoli, ma di tutta la regione, ha propensioni culturali di livello mitteleuropeo a prestare la mia opera in questo contesto è stato stimolante ed esaltante.

Quali le maggiori difficoltà incontrate?

Nel 1971 si trasferivano alle regioni alcune competenze. Al settore cultura venivano assegnate le biblioteche, i musei e parte degli archivi, nel 1976 con la legge 382 e successivamente con il D.P.R. 616 del 1977 alle regioni venivano demandate tutte le attività culturali: musica, teatro, cinema.

Il decreto presidenziale che tutt'oggi è in attesa di essere convertito in legge, ci ha, tuttavia, consentito di operare, talvolta arrischiando sul filo della lettera delle leggi, per promuovere questi settori. È comunque poco edificante pensare che, quando queste leggi organiche verranno approvate dal Parlamento, non saranno più in linea con le esigenze culturali sempre crescenti della società lombarda.

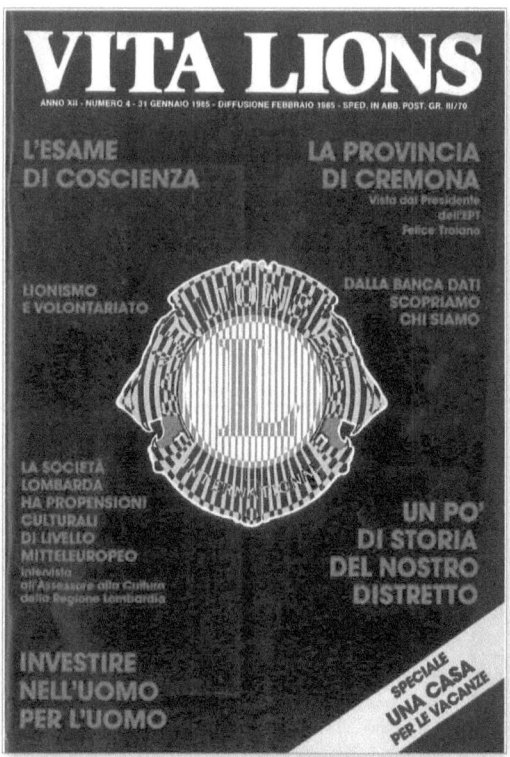

Anche in Lombardia la cultura rappresenta un incremento turistico. Cosa è stato predisposto per dare la possibilità ad italiani e stranieri di fruire dei beni culturali lombardi?

Lo sviluppo economico della Lombardia, e di Milano in particolare, ha come effetto conseguente il progressivo svilupparsi del turismo d'affari, congressuale e fieristico; a questo e al naturale patrimonio turistico, l'Assessorato preposto, per dare nuovo slancio al settore, propone fra le iniziative più rilevanti le "città d'arte e grandi città", i "circuiti storico-artistici", gli "itinerari culturali".

Compito del mio assessorato, oltre ad appoggiare quelle iniziative che ci vengono sottoposte dagli enti per la valorizzazione, il recupero o la salvaguardia del nostro patrimonio artistico e per lo sviluppo di quello culturale, è di promuovere iniziative culturali privilegiando quelle percepibili sull'intera scala regionale. E ciò, oltre a rispondere ad una precisa esigenza della popolazione lombarda, favorisce il turismo.

Quali sono in sintesi le attività in corso e previste per il 1985?

Per il consolidamento e la valorizzazione delle biblioteche, dei musei e di altri beni culturali, operiamo per il potenziamento dei sistemi bibliotecari e della parallela rete dei servizi di lettura; inoltre, intendiamo predisporre, mediante supporti tecnici e organizzativi, sistemi informativi coordinati che favoriscano, su scala regionale, l'utilizzo del patrimonio librario e di documentazione, nonché l'accesso alle reti di informazione bibliografica nazionale; è nostra intenzione selezionare le attività delle biblioteche attraverso una verifica dei programmi presentati dagli enti locali, per il potenziamento del patrimonio librario, documentario e audio visivo, per la tutela ambientale e la conservazione e catalogazione del patrimonio bibliografico e documentario corrente nonché dei "fondi speciali" per le iniziative concernenti l'informazione e la diffusione della lettura. Infine intendiamo effettuare la revisione della L.R. 41/73 in materia di biblioteche con una normativa finalizzata alla organizzazione e razionalizzazione del sistema bibliotecario dei ruoli e funzioni nell'assetto istituzionale.

Per la promozione delle attività teatrali musicali e del cinema, intendiamo sviluppare una politica in grado di valorizzare le potenzialità imprenditoriali degli operatori dello spettacolo in termini di stimolo alle iniziative più valide e professionalmente qualificate.

Mentre, per l'informazione e promozione educativa e culturale, il nostro obiettivo è volto a dar vita ad una serie continuativa di manifestazioni, dibattiti, convegni, corsi, etc. che si propongono di allargare le dimensioni della conoscenza in campo culturale, scientifico ed artistico. A tale fine si tratterà di: 1) razionalizzare e coordinare gli interventi regionali e degli enti locali per la valorizzazione delle potenzialità espresse da queste attività, sviluppando l'apporto di competenze scientifiche e la qualificazione dei legami con le istituzioni culturali; 2) programmare interventi volti a favorire un'ampia partecipazione sociale su programmi culturali qualificati per divulgare la conoscenza del patrimonio storico e delle tradizioni culturali lombarde;

3) valorizzare le attività espositive attraverso forme di coordinamento nell'ambito

regionale e di scambi a livello nazionale ed internazionale;

4) tendere a progetti culturali qualificati e che tali appaiono per l'intrinseco valore conoscitivo, per l'ampiezza degli interessi, per il raggio di diffusione degli effetti e finalizzati ad aggregare fasce sociali differenziate e strati estesi della popolazione, soprattutto giovanile. Nell'ambito delle attività conoscitive e di supporto, si prevede, come momento prioritario, l'organizzazione di un convegno sui beni culturali e le iniziative sulla "cultura del mondo popolare".

Per quanto riguarda il campo degli audiovisivi si continuerà la collaborazione con la Rai-TV sede regionale, per la produzione di filmati su "storia, cultura e tradizione lombarda" ai quali verrà data una diffusione su tutto il territorio della Lombardia.

Rivolgendosi questo giornale, ad un pubblico di Lions, ci piacerebbe sapere che cosa ne pensa di questa organizzazione e cosa ritiene possa fare per la cultura?

I Lions Club li definisco un'associazione libera di persone libere. Non più esclusiva coma una volta, che si agganciava solo alla borghesia, ma che, con l'immissione anche di imprenditori e professionisti che hanno raggiunto ottimi livelli in una società moderna, è in grado ora di poter svolgere un'azione di livello culturale. Ecco perché il mio parere è positivo riguardo la loro attività.

Sono clubs eccellenti, i cui componenti sono persone culturalmente preparate e attive, con tendenza a sempre fare meglio in una società moderna e civile.

Per le numerose attività che svolgono, per i progetti che sviluppano (tra gli ultimi un salvataggio di una Chiesa romanica in grande degrado) diventano in parte gli artefici per lo sviluppo della nostra collettività.

Il problema è come chiamarli a concorso, non sempre è possibile, ma quando sono stati chiamati, devo dire, hanno sempre risposto contribuendo a risolvere il problema di volta in volta affrontato.

Amelia Casnici Marcianò

Cultura e Turismo secondo Galli
Intervista all' Assessore regionale alla Cultura, *La Cervetta*, 1985

Abbiamo chiesto all' Assessore alla Cultura e Informazione della Regione Lombardia, Alberto Galli, di esprimere un giudizio su alcuni problemi di particolare attualità culturale e turistica per il Mantovano: la fruizione di Palazzo Ducale, gli scavi a Bagnolo San Vito, il costituendo Museo Archeologico Nazionale, i centri di Sabbioneta e San Benedetto Po. Ecco il pensiero dell'assessore.

Il turista e il bene culturale hanno esigenze spesso contrastanti. Se si pensa all'aumento di richiesta di fruizione di beni culturali da parte del pubblico che, in certe occasioni ha raggiunto vertici elevatissimi, si capisce come, al verificarsi di queste pressioni straordinarie, qualsiasi struttura organizzativa si possa rivelare "impreparata".

Oggi il turismo "culturale" è in generale aumento anche indipendentemente dalle congiunture episodiche della "mostra indovinata" o della "scoperta sensazionale".

Si registra un'accresciuta attenzione per il proprio passato, una volontà di risalire alle radici, forse talvolta con qualche intento di fuga da un quotidiano sempre più problematico, ma spesso anche con la speranza di trovare, anche testimonianze di quanto è trascorso, qualche risposta agli odierni interrogativi.

A questo punto il problema fondamentale da affrontare è quello del rapporto tra turista e bene culturale, tra la corale richiesta di fruizione e la "doppia natura" di questo bene, cioè in quanto documento storico ma al tempo stesso in quanto opera non di rado di notevole interesse artistico.

Facciamo un esempio: ad uno studioso che deve leggere un prezioso codice miniato, sia il British Museum di Londra che la Biblioteca Casanatense di Roma - come molti altri istituti - presentano il microfilm e, sulla riproduzione, pertanto, si svolgerà più della metà della ricerca. Perché dunque non concepire il turismo sulla stessa linea? Perché non puntare, molto più di quanto si faccia ora, su una fase propedeutica alla visita, da realizzare con tutto ciò che la tecnologia audiovisiva consente (si pensi alla ricostruzione della "Camera picta" del castello di San Giorgio presentata alla Mostra sui Gonzaga a Londra), al fine di snellire il momento dell'approccio diretto e farlo così diventare sempre meno dannoso per la conservazione del bene?

Questo potrebbe valere per un complesso monumentale come il Palazzo Ducale, per il quale le nostre competenze tuttavia non ci consentono nulla, ma ha un significato anche per uno scavo come quello di Corte Forcello di Bagnolo San Vito.

E su questa direttrice infatti ci si sta muovendo per promuovere, anche con il nostro aiuto finanziario, il "museo dello scavo" che, secondo i nostri intenti, dovrebbe essere costantemente aggiornato con opportuna documentazione fotografica sull'avanzamento dei lavori, per "parlare" al visitatore del primo insediamento etrusco finora ritrovato a nord del Po, e offrirgli un quadro preciso delle operazioni che si vanno svolgendo, a poca distanza, sul luogo della ricerca.

Quale apporto concreto la Regione intende garantire alle istituzioni museali del Mantovano affinché molti progetti non rimangano "sulla carta"?

visita ai sotterranei delle Mura con l'Ambasciatore di Finlandia, Kekkonen, Bergamo, gennaio 1979

Il problema, visto dal punto di vista regionale, sembra essere ribaltabile. Il Settore Cultura e Informazione da molto tempo ha imboccato la strada di una bilanciata programmazione al fine di riassorbire eventuali spinte di - chiamiamolo così - "particolarismo museale". Mi riferisco ad iniziative che teoricamente potrebbero anche avere un significato e sbocco duraturo se strutturate con una prospettiva di un certo respiro, ma che il più delle volte s'accendono e poi passano con la velocità di un'effimera meteora.

Se dopo la prima (talvolta seconda e terza) "concreta spinta" l'ingranaggio non s'avvia e non marcia anche con le proprie forze vincendo inerzie ed attriti; se all'appello non sono presentati "concreti risultati", il sostegno, giocoforza, si orienta su centri più vitali.

Possiamo dire che per il Museo di Sabbioneta un tentativo di "rivitalizzazione" era stato fatto nel 1981-82, ma tutto sembra essersi arrestato, non si sa se per ripensamento o per altri motivi.

Per quanto riguarda invece gli edifici o i complessi monumentali che non abbiano la caratteristica di museo istituzionale, posso dire che è all'attenzione della IV Commissione consiliare un progetto di legge regionale sulla falsariga della L.R. 1058/81 che garantirà finanziamenti annuali per interventi urgenti di restauro edilizio e questo provvedimento interesserà gravi situazioni di degrado come ad esempio quello della Chiesa dell'Incoronata.

Come l'incontro di più volontà rivolte a perseguire uno stesso fine possa dare ottimi risultati ce lo dice il caso di Palazzo Te. Questo straordinario edificio, inserito come uno dei poli qualificanti nella struttura dei sistemi museali del Mantovano, ha ottenuto largo appoggio dalla Regione che ha investito in questa realtà più di un miliardo, di cui seicento milioni nello scorso esercizio, destinati al restauro del monumento.

Tra i risultati avremo la prossima apertura della collezione egizia e successivamente sarà la volta di altre interessanti sezioni. In questo modo importanti nuclei di ciò che potrà, in futuro, far parte del Museo Archeologico Nazionale possono subito esser messi a disposizione del pubblico senza lasciar trascorrere i "tempi lunghi" dei finanziamenti statali, a tutt'oggi non ancora fissati, per la realizzazione dell'allestimento nella zona dell'ex mercato ortofrutticolo.

Ho citato Palazzo Te, ma dato che mi si offre l'occasione, parlo anche di San Benedetto Po. Non tanto di quello che la Regione farà, ma di quanto è stato fatto per ridare vita a quella fondamentale pagina di storia, scritta nel monastero. L'istituzione nel 1977 del Museo civico ha portato alla realizzazione di uno dei maggiori musei etnografici dell'Italia settentrionale e per questo inserito, con funzione di guida nel territorio, nei sistemi museali del Mantovano. Gli oltre trecento milioni destinati a tale istituzione sono stati ben spesi; l'attività del museo è vivace e soprattutto attenta all'aspetto didattico come ci testimonia la recente edizione sugli itinerari polironiani che è un'ulteriore conferma di come un'istituzione museale si debba fondare su un rapporto di reciproco sostegno e scambio col territorio circostante.

Il turista trova nel territorio i presupposti delle opere che vedrà in un museo, così come in questo i punti di riferimento necessari per la comprensione di quelle, e viceversa.

Lex Prima Consilii? Libere loquendi et Patienter audiendi

(la prima norma del Consiglio è di parlare liberamente e di ascoltare pazientemente)

Sala Tassiana, Biblioteca A. Mai, Bergamo

Il VI Congresso Regionale

Nuovi Confronti, bimestrale di politica e cultura, anno 2 n. 1, gen/febb 1990

La celebrazione del VI Congresso Regionale della D.C. lombarda è un'occasione non trascurabile per alcuni spunti di riflessione su un futuro che presenta anche indubbi segni di offuscamento dell'immagine dell'Istituzione Regionale dopo quasi 20 anni dalla sua nascita.

Le riflessioni accennate trovano una loro ragione in quell'art. 49 della Costituzione sui partiti e le loro oggettive responsabilità. Infatti è dai progetti che i partiti assumono ed è dai loro comportamenti, incluso la responsabilità dei componenti il Consiglio Regionale, se poi la produzione delle istituzioni risulta buona, meno buona o deteriore.

Ecco perché il VI Congresso regionale della D.C. in questo contesto socio-politico deve proporsi un progetto riformatore ed una meditazione, perché l'eventuale alternativa potrebbe essere una generale confusione dovuta alla ulteriore parcellizzazione del potere e conseguentemente l'ingovernabilità sistematica delle pubbliche istituzioni anche in Lombardia e con una D.C. in sottordine ad una forzata alternanza con le forze laiche, socialiste e "movimentiste" dopo la sua ventennale esperienza e rilevante capacità e presenza nel governo regionale.

Ciò premesso la riflessione inizia con l'enunciare che l'elemento sostanziale che, a mio avviso, andrebbe assunto come fine del progetto è una puntuale attenzione ai mezzi e gli strumenti per affrontare negli anni 90 la questione sociale, che è ancora di grande attualità anche se in termini modificati rispetto ai decenni passati.

inaugurazione esposizione fieristica E.F.I.B., Bergamo, 1988

Ne consegue che il progetto esige comportamenti culturali più unitari rispetto al passato e nel ripeterci che non siamo per le degenerazioni dell'assistenzialismo, che la polemica spicciola unisce a progetti con questo nome, dobbiamo avere il coraggio di ritornare al vero spirito "costituzionale" dello Stato sociale, ammettendo, con una certa dose di autocritica, il cattivo uso che se ne è fatto soprattutto in tempi a noi vicini (o non troppo lontani). Questo a maggior ragione in Lombardia. S'accompagna a quanto sopra detto il richiamo al fatto che occorre delineare concretamente i modi per dare consistenza ad un vero e moderno, *patto solidale* allo scopo di rendere più razionale e quindi più giusta la convivenza fra tutte le variegate componenti di questa nostra società. Può sembrare un'enunciazione utopistica, ma nel contempo domandiamoci come potrebbe delinearsi il contrario.

Comunque questo vuole essere il significato che l'area degli "Amici di Andreotti" si proporrà nell'introdurre il dibattito su un progetto riformatore per la D.C. lombarda.

Perché proprio mentre si assiste ad un dibattito sui moderni significati dello "Stato sociale" e sulla capacità dei partiti tradizionali di farsi carico dei complessi aspetti che da questa realtà emergono, sarebbe segno di incultura negarsi ad un confronto anche al nostro interno fra "momenti" (quelli dei cosiddetti gruppi) con idee e proposte fra di loro differenziate pur nella generale fedeltà a quel mirabile aggettivo di Cristiana che è tutt'uno con il sostantivo di democrazia come scelta della forma del governo. Ecco perché mi permetto di rivolgere un caldo invito, anche come ex-Segretario Regionale in un tempo politico difficile e delicato, affinché le varie articolazioni del partito riprendano il ruolo che sul piano storico hanno sempre svolto prima che degenerassero in meri centri di potere (i cosiddetti "comitati elettorali") ed in sostanziali fatti organizzativi all'esclusivo servizio dei medesimi centri.

A questo invito non può non accompagnarsi la rinnovata dichiarazione che in questo difficile momento noi vogliamo porci con una volontà di presenza che culturalmente fa propri i temi della società italiana e della nostra Regione.

E certamente un tentativo ambizioso e non privo di incognite, che non intende fermarsi all'esaurimento dei riti congressuali e nemmeno ridursi a mera interpretazione solo culturale dell'esigenza di una forza popolare qual' è ancora, amiamo sperare, il nostro Partito; bensì vogliamo porre il nostro impegno al servizio della persona in generale e del pluralismo associativo di questa società lombarda con un sollecito spirito di servire in questo quadro le persone dei più indifesi e ponendoci quindi con coloro che dello Stato democratico hanno vivo il concetto di servizio e non di soggezione e di subordinazione.

L'area denominata "Amici di Andreotti", nell'attuale scenario delle aree di aggregazione dei gruppi e sottogruppi che la composita realtà del Partito presenta anche nella nostra Regione, si pone questa prospettiva perché ritiene che essa ci consenta di riprendere e sviluppare quello spirito di servizio e quei fatti di vera unità senza i quali la D.C. lombarda verrebbe meno alla sua funzione storica e potrebbe aprire la strada a disavventure non solo elettorali.

Concludendo: anche questo VI Congresso regionale si celebra in un particolare mo-

inaugurazione della mostra dedicata a Manzù a Palazzo Reale, Milano, dicembre 1988

mento che, alla luce degli avvenimenti internazionali e della realizzazione dell'Europa dei popoli e delle culture, acquista un significato interpretativo di notevole importanza.

Abbiamo coscienza delle obbiettive difficoltà della D.C., ma proprio per questo si vuole concretamente aspirare a dare il nostro contributo perché la D.C. sia anche per il futuro la migliore delle forze politiche e la più aggiornata e corretta interprete del pluralismo democratico e nel costante impegno a riprodurre le condizioni di un rinnovato solidarismo per la società degli anni 90.

Per la Lombardia (ma non solo per la nostra Regione) questo è il motivo di cui ci facciamo carico come "Amici di Andreotti" insieme a tutti coloro che hanno a cuore anche l'accrescimento del livello culturale come elemento di base per una ripresa di fortune della Democrazia Cristiana.

Siediti lungo la riva del fiume e aspetta, prima o poi vedrai passare il cadavere del tuo nemico.

PROVERBIO CINESE

ISBN: 9788893272704
Title: **PER ME ERA MIO PAPÀ** (Bookmoon Saggi 010) di Silvio Galli
Editor: Soldiershop publishing. Zanica (BG) Italy
Contatto con l'autore sgalli@glasor.it

www.ingramcontent.com/pod-product-compliance
Lightning Source LLC
LaVergne TN
LVHW041926070526
838199LV00051BA/2728